光辉历程

——中国第二历史档案馆 70 年

曹必宏　主编

九州出版社 | 全国百佳图书出版单位

前　言

2021 年是中国共产党百年华诞，亦是中国第二历史档案馆成立 70 周年。

岁月不居，时节如流。从 1951 年初创时期的中国科学院近代史所南京史料整理处，到今日享誉中外的中央级国家档案馆，中国第二历史档案馆（以下简称二史馆）紧随共和国的脚步，已经走过了整整 70 载的光阴。70 年来，作为全国民国档案集中保管和利用基地，二史馆紧紧围绕党和国家工作大局，担当职责使命，发挥自身特色，努力推动民国档案事业向高质量高水平发展迈进。

回顾二史馆的 70 年发展，往事历历，成绩斐然。

建馆初期，民国档案事业拉开帷幕。新中国成立后，党中央高度重视民国档案收集工作。1951 年，二史馆之前身中国科学院近代史所南京史料整理处成立。创始人王可风同志带领第一代民国档案工作者，奔波全国各地征集接收档案，并进行了初步整理，经过先辈的努力创业，海量馆藏档案基本实现了有规可循、有目可查。这一时期，我馆所藏民国档案拥有了丰厚的"家底"。

改革开放，民国档案事业焕发生机。20世纪80年代，党中央作出开放历史档案的重大决定。尘封日久的民国档案首次迈出深闺，走向社会公众。二史馆依托馆藏档案，编辑出版档案史料，创办了《民国档案》杂志。90年代中后期，我们积极应对新形势，探索发展新思路，开展了细化整理、价值鉴定、著录标引等一系列工作，建成了民国档案案卷级目录数据库检索系统。这一时期，改革开放使民国档案活力迸发。

进入新世纪，民国档案事业发展引人瞩目。二史馆在新世纪的起点上，注重加强档案资源体系、档案利用体系及档案安全体系的全面建设，民国档案的保管保护条件悄然发生着巨变，其中部分馆藏珍贵档案被精心挑选作为历史珍藏加以特殊保护。多项特藏档案，包括孙中山题词手迹——"博爱"、孙中山与南京临时政府档案史料、民国时期筹备三峡工程专题档案等已入选《中国档案文献遗产名录》，以馆藏《程瑞芳日记》、"南京大屠杀照片写真集"为代表的"南京大屠杀档案"已列入《世界记忆名录》。这一时期，进入新世纪的民国档案价值日益彰显。

党的十八大以来，民国档案事业发展进入新时代。以习近平同志为核心的党中央高度重视档案事业，把档案工作摆在重要位置。二史馆深入学习贯彻习近平新时代中国特色社会主义思想和习近平总书记有关档案工作的重要指示批示，贯彻落实党中央精神和决策部署，高质量高标准谋划民国档案工作。2013—2017年所进行的档案数字化工程成效显著，全国民国档案文件级目录管理稳步推进，《抗日战争档案汇编》项目积极推进，"共产党人的初心与使命"档案文献展成为属地党政机关主题教育课堂，"庆祝建党百年 弘扬革命精神——新四军与南京"史迹展献礼建党百年，新馆建设项目进展迅速，已进入施工阶段，各项工作齐步迈进。这一时期，新思想引领下的民国档案展开了无比美好的新画卷。

70年光辉历程，党和国家持续关怀指导民国档案工作；70年硕果累累，一代又一代档案工作者接续奋斗、努力拼搏。栉风沐雨数十载，档案工作书华章。一是档案基础工作稳步推进，通过批量档案数字化，实现科学保管和高效利用；二是在服务党中央、服务各级政府及公众方面不断取得新成就，档案存史资政作用进一步凸显；三是档案编研展览成果实现了质的飞跃，积极承担国家、省部级科研项目，以项目带动人才队伍建设，使档案事业后继有人；四是积极开展对台文通，实现了两岸档案交流与项目合作，履行了服务祖国统一大业的责任担当；五是新馆建设从理想蓝图变成生动现实，新馆建成后将成为南京市南部新城文化标志建筑，二史馆的建设将全面跃上新台阶，民国档案事业将步入新的历史发展阶段。

在建馆70周年之际，我们向各个时期奋战在民国档案一线的新老档案工作者表达深切的敬意！同时也向支持、参与、推动民国档案事业发展的社会各界致敬！

回顾70年历程，既充满了成功和丰收的喜悦，也备尝路途之艰辛，同时给予我们很多经验与启示：第一，要始终坚持和加强党的领导，牢固树立"为党管档"的思想根基，积极主动服务于党和国家中心工作，确保民国档案事业发展始终沿着正确方向不断前行；第二，要以贯彻实施新修订的《档案法》为契机，扩展档案对外利用新手段新方法，充分发挥档案存史、资政、育人的价值，真正做到"让历史说话，用史实发言"；第三，要坚持以人民为中心，不断创新档案服务人民的方式和手段，让人民群众更多地共享档案事业发展成果；第四，干部要有抱负、敢担当、守廉洁，以"中办人"的责任使命，加强自我学习、自我修养，为民国档案事业的发展进步积蓄智慧和力量。

时序轮替中，亘古不变的是先行者的身影；历史坐标上，清晰镌刻的是前行者的脚印。二史馆将坚持以习近平新时代中国特色社会主义思想为指导，坚持政治指引、专业强档，继承传统、守正创新，接续奋斗、继往开来，为推动民国档案事业高质量发展再谱新篇，为在新时代创造中华民族新的更大奇迹作出我们的贡献！

马振犊

2021 年 7 月

目　录

前　言

第一章
档案接收与征集

　　档案收集工作是整个档案工作中极为重要的一个环节，其他各个环节的开展、馆藏的充实都是以档案收集为基础。只有收集了相当数量的档案，其他工作才有生命与活力。因此，不断丰富馆藏成为收集工作的不懈追求。70年来，一件一册一宗一卷，一束一捆一篓一箱，从四面八方接收征集的档案汇集本馆，形成如今拥有1354个保管单位，计258万余卷（宗）的民国档案中心，这段档案收集历程仿佛是一个远古的"聚沙成塔"的传奇。它在传颂着几代档案工作者的辛勤，见证了本馆70年档案收集工作的峥嵘岁月。

一、新中国建立前夕民国档案的基本情况

（一）南京国民政府溃逃时遗弃大量档案

　　辛亥革命推翻帝制，建立民国。从1912年到1949年中华民国38年间，特别是南京国民政府统治的22年间，形成了数量庞大的档案。1948年下半年，随着国民党军队在全国各战场节节败退，国民党政府开始将部分重要档案运往台湾省，同时将部分档案装箱后，随国民政府迁运广州、成都等地。国民党政府溃退台湾后，这些随迁的档案，除少部分被带到台湾外，大多沿途丢弃，主要遗丢在重庆、成都、昆明、广州等地。全国各地相继解放后，这些遗弃在大陆的档案自

然落在了人民手中，成为国家财富的重要组成部分。

由于南京国民政府的腐败，其内部管理混乱，崩溃逃窜时异常狼狈，他们遗弃的档案紊乱情况是不难想见的。南京国民政府原来的档案管理办法也不统一，有的有一套近代档案管理办法，有的仍沿用清末及北洋政府时代的一套做法，有的还有个粗略的目录，有的连登记册也没有，有的尚完整，有的就是一堆散乱文书，有的同属一个机关的却分散多处……要接收整理这样一大批散乱档案，困难是显而易见的。

（二）中央人民政府高度重视收集民国档案

面对国民政府遗弃的大量档案，中央人民政府用极大的注意力重视这一工作，发布严厉的命令，不准损坏，并注意保护。

1949年10月25日，新中国成立尚未足月，中央人民政府政务院第二次会议就决定组织以陈云副总理为主任的政务院指导接收工作委员会，负责统筹指导与处理有关国民政府中央各机关人员、档案、图书、财产、物资等接收事宜。同年11月底，政务院指导接收工作委员会组成以董必武副总理为团长的华东工作团，前往南京、上海等地进行接收工作。1950年1月5日，中央人民政府政务院总理兼外交部长周恩来发表声明，严正指出：所有前国民党政府驻外使领馆及前国民党派驻外国的办事机构和办事人员，"在中央人民政府接管以前均应照旧供职，并负责保护一切资财、图表、账册和档案，听候清点和接管"。同年1月9日，周总理又命令原国民党中央政府和地方政府驻香港的办事机构主管人员和全体员工，"务须各守岗位，保护国家财产、档案，听候接收"。并重申："保护国家财产有功者，将予以奖励，如有偷窃、破坏、转移、隐匿者必予重办。"

（三）各地对民国档案的接管与清理情况

1. 华东地区

南京和上海是国民政府的政治和经济中心，是国民政府中央机关的档案源头。

（1）军管会接管国史馆的情况。1949年5月，南京解放不久，南京国史馆北平办事处主任金毓黻给有关方面发函，建议重视国史馆及其文献资料，并对一批移往广州的史料提出"调查其真相，弄清其数量、内容和下落"。金毓黻认为，国史馆或开国文献馆所储藏的史料，值得加以保存，并应加以有计划的保存。此函被转至南京文教接管委员会并受到重视。

是年5—6月，由军管会军事代表赵卓与国史馆留守人员李汝谦等完成国史馆的接收、清点、移交工作，各类清册共72本。主要有国史馆文书案卷清册、国史馆典藏档案清册、国史馆图书室所藏案卷清册等。此外，还有国史馆运往广州档案360箱内容清册。

国史馆典藏档案主要包括：前清内务府暨民初内务部档案、内政部档案、内政部警察总署档案，行政院档案、军事委员会档案，重庆运来各机关档案，总计127箱又4144捆。

（2）华东区工作团来宁接收档案情况。1949年12月，政务院指导接收工作委员会华东区工作团来宁，并在宁设立办事处，负责处理国民政府中央各机关的接收工作。除应归地方人民政府接收者如房产等一律移交地方人民政府外，关于国民政府中央各部会署及其所属机关的档案和图书，数量极多，地方人民政府则很少需要，同时北京中央各部会署，对于国民政府中央机关的各部会档案，还需要参考，遂由华东工作团调用各该旧机关的原保管人员以及在华东人民革命大学南京分校学习人员（大都是国民政府中央各部会署的旧职员）共200人，分赴各该旧机关，担任挑选北京各部会署所需参考档案和图书、编造清册、装箱运往北京的工作，由于时间所限（1949年12月至1950年1月底），以及参加这一工作的人员又很少，所以除慎重挑选出运往北京的一小部分外，对于留下的极大部分的档案和图书实在没有时间和人力来整理，大都只编造一个很笼统的清册，清点一个总数，故国民政府中央各机关留宁部分的档案，仍旧极其散乱。华东工作团在宁接收的档案和图书，都是国民政府中央各部会及所属各机关的，包括40多个单位，档案的总数100

多万宗，图书约 300 万册。

因华东工作团系临时性的组织，1950 年 1 月底结束工作回京。但工作团文教组组长郑振铎考虑到国民党中央政府各机关档案、资料、图书有十分重要的历史文献价值和急需集中保管的紧迫性，还需由组内留人继续完成既定任务，决定组设南京临时办事处继续领导工作。是年 2 月 1 日，政务院指导接收工作委员会南京临时办事处成立，并在办事处内专设档案组，继续办理善后工作。此后，南京临时办事处档案组整理了国民政府、行政院、立法院、监察院、财政部、经济部、教育部、社会部、内政部、主计部、司法行政部、国民党党部、汪伪政府 13 个机构档案。接收各机关档案共计 2486 箱 667 类。

虽然当时各方面条件十分艰苦，但政务院指导接收委员会南京办事处档案组的同志克服重重困难，顺利完成了接管国民党中央政府各机关档案的任务。

2. 西南地区

西南地区既是中国抗日战争的大后方，也是国民政府退出大陆的最后一站，因此，遗留下来的档案数量巨大。1950 年 1 月 16 日，陈云副总理电示：西南原国民党中央各机关的档案资料等，应责成地方接管机关妥为保管，等待政务院决定处理办法。3 月 16 日，周恩来总理又电示西南军政委员会：应有组织有系统地搜集集中原国民党散在成渝两地的档案。西南军政委员会奉到电示后，当即转饬各省署市遵照执行，并责成成渝两地军管会着手清理。当时，总的清理目标是由各接管机关负责清理接管的档案资料，以成渝两地为中心，按先中央后地方、先重要后次要的步骤，有组织有系统地进行彻底清理，并酌量集中。

（1）在重庆方面，于 1950 年 4 月 15 日成立了原国民党中央机关档案清理委员会，由王维舟任主任委员，孙志远任副主任委员，委员会下设政治、财经及军事 3 个分会，分别由孙志远、刘岱峰、梁军等为召集人。按照清理的目标和要求，各分会印制统一的登记表，将档案审核分类，造具清册一式三份，以一份留存各该分会，其余两份送总会，再由总会将一份送中央。其中，第一分会（政治方面）接管了行政院、铨叙部、内政部、考试院、监察院、外交部、总统府、蒙藏委员会、司法院、教育部等机构的档案。经初步清理统计，这批档案为行政院等25个单位，275箱另190609册，150捆，又图书76箱另1336册，以及王世杰所藏字画等，造具档案清册24册。第二分会（财经方面）共接管财政部、国税署、盐务总局、中央信托局、兵工署、经济部水利司等37个单位，共10541箱71763卷3434册6634宗，又图书100本图表5768张。第三分会（军事方面）共接管伪长官公署、史政局、副官局、联勤司令部等7个单位357502件又376箱，造具清册共29册。

（2）在成都方面，原国民党中央机关档案清理委员会成都总分会于1950年5月8日成立，由安法孝任主任委员，薛一平、张纯选、杜万荣等任副主任委员。该会设后勤、军事、财经、政治等四组，分别由张纯选、杜万荣、马炳宗及雷洪负责。该会共清理了行政院主计处，联勤总部及其经理署成都被服总厂，中央、农民及交通等三银行的成都、西安、南郑等分行，四川省政府，四十四补给区司令部，川康区税务管理局、货物税局及直接税局、四川田赋管理粮食管理处等单位的档案共2634箱又192188件（册）。

此外，各地军管机关按照中央人民政府的指示，也积极行动起来，负责统筹指导与处理有关国民政府各机关人员、档案、图书、财产、物资等接收事宜，为中华文化的传承作出了应有的贡献。

二、南京史料整理处的成立与档案接收工作

中央人民政府一方面发布命令，不准损坏，并注意保护民国档案；另一方面积极组织人员接收，并进行整理。中国科学院近代史研究所南京史料整理处就是在人民政府正确指导下成立的新中国第一个规模宏大的历史档案管理机构。

1951年2月1日，中科院近代史所奉政务院文化教育委员会命令，接收原国民

党国史馆和政务院指导接收工作委员会临时驻宁办事处档案组，合并改组为中国科学院近代史研究所南京史料整理处。包括档案、图书和财产以及旧有人员56人（工友11人），统一由中国科学院近代史研究所接收，派研究员王可风为主任，助理研究员唐彪任秘书，资料管理员华明（女）任助理秘书，组建南京史料整理处。当时，党和政府交给的任务是负责收集、整理、保管旧政权的档案，指定接收的范围是1911年到1949年旧政权中央机关及其所辖单位的档案。按照这一范围，在短短几年的时间里，南京史料整理处接收和收集了数量巨大的历史档案。它的来源主要有以下四个方面：

（一）国史馆所保存的档案资料

国史馆早在1940年就开始筹备，但到1947年1月才在南京正式成立。国史馆直属国民政府，专门掌理撰修中华民国国史事宜。实际上，国史馆除保存有清末、北洋政府和南京国民政府一部分机关的档案资料外，没做什么工作。南京解放前，部分重要档案资料被运往台湾，尚存有档案资料24406册，1000捆又60箱。南京解放后，新国史馆从开国文献馆并入2000捆又60箱，又从江苏国学图书馆拨入73篓，又接收善后救济总署档案室1215箱，以后高教处结束又拨交14橱又35箱。据1949年12月28日制《国史馆现藏档案初步整理分类总目》所载，有清代政府内务府、礼部、学部、典礼院、陆军部、度支部等11个部院的档案；有北洋政府国务院（政事堂）、临时稽勋局、铨叙局、统计局、财政部、农商部、陆军部等44个单位的档案；有国民政府广州大元帅府、文官处、立法院、行政院、国防最高委员会等43个机构的档案；有国民党党部中央党部秘书处、组织部、宣传部等8个机构的档案；有汉奸政府伪维新政府立法院和汪伪国民政府文官处、立法院、司法院、考试院、行政院、监察院等院部会19个机构的档案。南京史料整理处接管国史馆时，国史馆有人员37名，保存的档案约30万卷。这构成了南京史料整理处的主要人员和馆藏基础。史料整理处将1949年6月18日至1951年2月1日南京解放后国史馆保存与接收档案数量及初步整理情况以表格形式作了统计。记录内容有机关名称、原存与接收数量、整理情况（人力、时间以及处理情况）、附注等四项。主要如下：清巡警部，原存 8 捆，登记卡片 403 号；附清代小单位 107 件；清民政部，原存 40 捆，登记卡片 2891 号；北洋内政部，原存 350 捆，登记卡片 27107 号（上三项共用 29 人整理，耗时 72 天）；北洋小单位，原存 4 捆，造目录 876 号，1 人整理 235 天；行政院档案，原存 110 捆，造目录 5419 号，7 人整理 27 天；立法院档案，原存 37 捆，无整理；中央党部秘书处档案，原存 50 捆，无整理；组织部档案，原存 185 捆，无整理；宣传部档案，原存 70 捆，无整理；训练部档案，原存 100 捆，完成初步整理类别，7 人整理 30 天；社会部档案，原存 185 捆，造目录 78817 宗；民训部档案，原存 8 捆，无整理；农林部档案，原存 3 捆，无整理；交通部档案，原存 4 捆，无整理；财政部档案，原存 47 篓，无整理；教育部档案，原存 32 篓，无整理；经济部档案，原存 3 捆，无整理；国防最高委员会档案，原存 4 捆，无整理；侨务委员会档案，原存 4 捆，无整理；建设委员会档案，原存 2 捆，无整理；内政部禁烟委员会档案，原存 35 捆，无整理；国家总动员会议档案，原存 75 捆，初步清理类别，2 人整理 50 天，附国民精神总动员会档案；中央图书杂志审查委员会档案，原存 40 捆，一部分已初步清理类别，造具清册，1 人整理 50 天；中央防御处档案，原存 8 捆，无整理；全国度量衡局档案，原存 4 捆，无整理；汉口商品检验局档案，原存 1 捆，无整理；卫生用具修理厂档案，原存 3 捆，无整理；军事委员会档案，原存 40 捆，完成初步清理类别，附办公厅政治部航空委员会档案；军政部档案，原存 139 捆；军训部档案，原存 110 捆；军令部档案，原存 50 捆；参谋本部档案，原存 78 捆，9 人整理 22 天，完成初清理类别；兵役署档案，原存 165 捆；重庆卫戍司令部档案，原存 15 捆；运输统制局档案，原存 14 捆；城塞局档案，原存 17 捆；赈济委员会档案，原存 90 篓，无整理；青年辅导会档案，接收 7 篓，附全国体育协进会档案，无整理；国立边疆学校档案，接收 16 篓，无整理；

国立东方语言学校档案，接收 19 篓，附建国法商学院档案，无整理；地政协会档案，接收 2 篓，无整理；汪伪文官处、五院档案，原存 30 捆，造目录 3111 宗，1 人整理 230 天；汪伪内政部档案，200 捆，造目录 7675 宗，13 人整理 18 天；汪伪警政部档案，原存 150 捆，造目录 3963 宗，13 人整理 18 天；汪伪特种警察署档案，原存 6 捆，造目录 971 宗，13 人整理 18 天；汪伪清乡委员会，原存 90 篓，造目录 1650 宗，13 人整理 18 天；汪伪经理总署档案，原存 60 篓，无整理；善后救济总署档案，接收 1215 箱，29 人整理 345 天，登记卡片 44804 号，尚余 9 箱 59 捆未整理，另提出 611 箱单据附件待整理。

（二）政务院指导接收委员会南京办事处档案组所接收的档案

1949 年 4 月南京解放后，军事接收机关就根据中央的指示，命令各机关将民国档案集中保管，并在政务院指导接收委员会南京办事处下设一个档案组，专门负责档案接收工作。当时的南京，国民政府各机关人去楼空，只剩下一座座空房和散乱的家具、档案、资料和图书。为把分散在各部会的档案集中起来，档案的包装和运输都是十分突出的问题。没有箱子，只好用竹篓；没有汽车，只能用人力板车。据于坚同志回忆："数千箱档案、资料、图书都是用这种板车靠人拉手推从市内各处分别运到国民党开国文献馆和总统府的。"当时条件虽然艰苦，但档案组排除万难，在很短的时间中就集中了 60 多万卷档案。指导接收委员会南京办事处结束，中国科学院近代史研究所根据中央文化教育委员会的决定，就原档案组的基础，同时接收原国民政府国史馆，成立南京史料整理处继续负责档案的搜集、保管和整理工作。

史料整理处将 1949 年 6 月 18 日至 1951 年 2 月 1 日南京解放后政务院指委会南京临时办事处接收旧机关档案数量与整理情况作过记录，已整理的档案有：总统府档案，69 篓，10 人整理 20 天，登记 5180 号，计 31000 宗；行政院档案，107 箱 36 篓，20 人整理 19 天，登记 2805 号，计 32671 宗，附军委会外事局第二厅、中央设计局、党政工作考核会、最高国防会档案；监察院档案，2 箱，32

篓，7人整理14天，登记1980号，计17217宗；立法院档案，16箱，9篓，8人整理9天，登记2090号，计4264宗；财政部档案，837箱，81篓，22人整理37天，登记6320号，计75119宗，附盐务总局档案；经济部档案，612箱，113篓，23人整理42天，登记10666号，计126834宗，附工商部、实业部、农矿部、资源委员会档案；教育部档案，162箱，31篓，23人整理15天，登记6970号，计19851宗，附政治大学档案；主计部档案，128箱，108篓，22人整理13天，登记2163号，计23789宗；社会部档案，20箱，2篓，7人整理7天，登记527号，计7081宗；内政部档案，7箱，6人整理5天，登记450号，计857宗；司法行政部档案，31篓，6人整理10天，登记1320号，17841宗；中央党部档案，10箱，16篓，6人整理19天，登记1154号，计2476宗；交通公路总局档案，76箱，6篓，9人整理13天，登记3553号，计12227宗；最高法院档案，339箱，15人整理65天，登记7156号，计168357宗；最高检察署档案，104箱，9人整理14天，登记1232号，计40230宗；汪伪政府档案，24箱，75篓，12人整理39天，登记3281号，计10545宗；汪伪储备银行档案，182箱，10人整理29天，登记4966号，计13705宗。未整理的档案有：外交部档案，44箱，55篓；盐务总局及各税局档案，113箱，80篓；儿童保育院档案，24箱；新运妇女指导委员会档案，13篓；军事参议院档案，19箱，13篓；侍从室第三处档案，20篓；后方勤务部南京供应局档案，5箱，29篓；行政院档案，86箱。以上共计接收2917箱，819篓，已整理2526箱，609篓，编登61813号，计604064宗。

（三）国民政府从南京逃亡时带到重庆、成都、昆明、广州等地去的档案，经联系后派人前往接收，集中到南京

1. 赴重庆、成都接收档案情况

重庆是国民政府遗弃档案最多的地区之一。1951年7月25日，郭沫若令派王可风前往重庆设立近代史所重庆史料整理处，接收整理重庆所存国民政府中央各机关档案，后因重庆所存档案达 15000 箱，约 100 万宗，需要档案库 60～80 大间，而当时的重庆机关较多，无法解决所需房屋，重庆史料整理处因而未能成立。1952 年 6 月 27 日，中央人民政府政务院决定将存放重庆的国民党旧档案运至南京史料整理处集中整理。1952 年 7 月，南京史料整理处接到科学院办公厅转来政务院 6 月 27 日政文齐字第（32）号公函：决定将存放重庆之国民党政府档案全部运至南京史料整理处集中整理。为此，南京史料整理处于 8 月底 9 月初，由王可风、华明、李佳、李鹤年 4 人前往重庆，与此前先在重庆的陈文起、李良才 2 人，共 6 人办理接收起运事宜。王可风等人到渝后，在西南军政委员会和西南文教委员会领导与协助下，了解的相关情况是：国民政府档案存放在重庆者为大部，成都有一小部分。这些档案以工业、贸易两部附属原单位为最多，分散郊区，路途远，多系地方性档案，以前系营业机关，故传票、单据、账册占二分之一或三分之一不等。经与各单位商洽，确定档案移交和接收的原则是：一是档案比较重要，有保存价值，各单位现在业务上不需要的，尽量移交集中到南京整理。二是旧档案与现在业务上有联系，时常调用作参考的，为服从当前工作，仍留原保管机关作参考。三是肯定没有保管价值的，如收发文簿、一般传票废表等，仍留存原保管机关将来报请上级批准处理。按这一原则，共接收了 3980 箱档案，分四批交长江航务局负责包运，由水路运至南京。

2. 赴昆明接收档案情况

从南京去往重庆接收档案前，史料整理处曾接到近代史所的指示，要将昆明所存旧档案，最好在这次接收重庆档案时能一并接收运宁。因此，王可风于重庆接收工作结束后，持西南军政委员会办公厅介绍信到了昆明。经协商确定可接收的档案有 5 部分：其一为云南省人民政府办公厅保管的财政部、农林部、军政部、经济部、资源委员会等档案；其二为云南省人民政府外事处保管的外交部驻云南特派员公署档案；其三为云南省交通厅保管的交通部公路总局第四区工程管理处的档案；其四为云南省人民图书馆保管的越南法文档案民国以来旧档案；其五为昆明铁路管理局保管的滇越铁路及抗日战争中有关美军军运的档案。以上档案共 207 箱，交国营运输公司由陆路从昆明经贵阳到广西金城江，再经湘桂路、浙赣路、沪杭、沪宁路运宁。于 1953 年 1 月 1 日起运，1 月 24 日到南京。

3. 赴广州接收档案情况

1954 年 7 月 17 日，王可风接中科院命令后，赴广州了解所存民国档案情况。王可风在广州期间走访了 17 个单位，了解到广东省公安厅、广东省财委、广东省图书馆、广东省劳动局等单位都保存着大量民国档案，共计有 100 多麻袋。8 月 27 日，史料整理处向政务院报告，要求政务院将广州所存国民党中央系统的档案批准由南京史料整理处接收整理。

1955 年春，史料整理处接到近代史所抄转的中央人民政府政务院 1954 年 9 月 20 日（54）政文习字第 66 号通知后，于 4 月 7 日派人前往广东接收了广东省公安厅、劳动局、交通厅等六个单位所保管的国民党中央系统档案共计 22 麻袋另两木箱，于 4 月 26 日安全运到南京。

（四）南京史料整理处成立后，南京各机关又陆续发现的一些零星档案，经过搜集、整理，有几千卷

它们分别是：1951 年 1 月，南京文物保管委员会移交的国民政府档案 4 箱。1953 年 1 月 22 日，接收南京人民法院保管的档案 2 捆。是年 3 月，从南京市人民广播电台接收 2 箱 5 捆。4 月，从南京机械厂接收经济部中央工业试验所档案 8 箱。由前西南军政委员会转来交通部、水利部档案 4 箱。1954 年 7 月，从南京建筑工程学校接收资源委员会档案 502 箱。10 月 5 日，收到中山东路小学交来军事委员会战地服务团档案约 5 捆以及少量励志社档案。12 月 3 日，从南京图书馆接收国立编译馆档案 42 箱。1955 年，接收南京博物院送来汪伪剪报 23 本。

到 1956 年止，南京史料整理处共搜集、接收档案 150 余万卷，为二史馆的创建奠定了基础。

三、南京史料整理处接受国家档案局指导后的档案收集工作

1956 年 4 月，国务院发布了《关于加强国家档案工作的决定》，规定了集中统一管理国家档案工作的基本原则。根据这一决定的精神，南京史料整理处在档案管理业务上接受国家档案局的指导和监督。1956 年 11 月，国家档案局发布了《关于清理和整理民国元年以来旧政权档案的暂行办法》，1958 年 8 月，国务院批转国家档案局《关于旧政权档案集中保管的意见》。这两个文件，明确规定了南京史料整理处收藏档案的范围和整理民国档案的基本原则和一般方法。1964 年 3 月，南京史料整理处更名为中国第二历史档案馆，并由中国科学院近代史研究所划归国家档案局领导，正式成为国家档案局所属的国家级档案馆之一，其基本任务和收藏档案的范围不变。1956 年后，在历史档案的接收方面，确立了边接收边整理的原则。

进入 1956 年，一方面堆积如山的档案待整理，一方面库藏量急剧增加，再接收档案入藏已无库房。因此，1956 和 1957 年的接收工作相对平淡。仅 1957 年上半年接收了南京市公安局移交的四部分档案：（1）总统府及所属机构档案共 1792 卷，33 本，人物卡 1582 个，目录 1 本；（2）行政院及所属机构档案共 2070 卷，人物卡 319 个，个人材料袋 2334 个，目录 1 本；（3）军事系统档案共 1231 卷，目录 1 本；（4）财政部及所属机构档案共 4516 卷，目录 1 本。

1958 年，新建的两幢档案库即将竣工，档案接收工作开始启动。是年 5 月 30 日，史料整理处给曾三的报告中陈述："属于南京史料整理处接收范围以内的旧政权档案，现在在上海有 5000 箱，在北京的约有 2000 箱，在重庆的约有 1000 箱，在其他各地的约有 2000 箱，共约有 10000 箱。"围绕上述目标，1958 年接收的档案主要有：北京图书馆交来伪华北政务委员会教育总署档案 46 箱；江苏邮电管理局移交档案 270 袋。国家档案局重庆管理处移交档案 811 箱及目录；浙江邮电管理局运来南京储金汇业局及交通部第二区电信管理局档案约 150 箱；最高法院送来中央

司法机关档案 108 箱，共计 69430 宗；财政部移交档案 750 箱；盐务总局移交中央盐务机关档案 210 箱；监察部移交档案 403 卷；地质部办公厅移交的地质研究所、地质调查所、矿产测勘处三个单位的档案，共计 1329 卷又两箱外文文件。

在"大跃进""四寸跃三丈"的档案整理速度下，当时的接收工作仍不适应整理工作的需求。为此，1958 年 10 月 11 日，史料整理处拟具《请通知各有关部门将旧政权档案尽快移交我处保管整理的报告》，报告称："国家档案局：自接你局（58）档二字第 450 号关于保管的国民党、北洋和日伪时期中央机关的档案应由我处集中管理的指示后，有些单位已将保存的民国档案运来我处，但至今尚有 27 单位还未移交。而我处接收整理民国档案的工作，计划在明年 8 月 1 日前全部完成。这任务艰巨，紧迫，然目前接收来的现有档案又早已整理完毕，如果不立即接收，11 月份将停工待料，有碍计划的如期完成。为此，拟请你局协助我处通知催促各部门从本月起至 11 月中旬之前，速将该项档案装箱径运南京淮海路 31 号；并将起运时间、箱数、档案清册等造册告知我处。运资可由各有关单位先垫付，而后我处可照数汇还。"

在"大跃进"的浪潮下，1958 年第四季度接收各单位交来档案达 18 批次，主要是：广东省邮电管理局保管的旧电信总局档案 38 箱，2911 卷；中央工商行政管理局移交的国民政府经济部档案 4000 余卷；水利电力部办公厅移交的资源委员会电管处和沪联处等机构档案 83 箱；安徽水利电力厅移交的导淮委员会档案 27500 卷。

1959 年，史料整理处接收了散在部分省市的民国档案 35 批次计 10000 尺。其中，中国医学科学院交来档案 100 余箱；财政部交来档案 37 箱；海关总署交来档案 90 箱；中央工商行政管理局交来经济部、资委会档案 14 箱；铁道部交来铁路系统档案 137 箱加 10 麻袋；中国银行和上海分行业务部交来中行档案 207 箱；中央印铸局交来中央印制厂的档案约有 80 箱；北京房地产局交来档案 331 卷。全年接收工作速度不减，但不难看出，接收工作显得被动零碎无目的。

1960 年的接收工作是继 1959 年之后持续跃进的一年，接收工作在开门红、月月红的气氛中开展起来。仅 1960 年上半年就接收了北京、重庆、上海、杭州等四个地区的民国档案 318 箱。

1960 年，在中央关于大兴调查之风的号召下，国家档案局提出"总结经验，巩固成绩，改进作风，提高水平"的要求。是年 10 月，南京史料整理处在贯彻国家档案局的精神时，对接收工作具体要求的标准是：接收档案的工作，应由史料整理处办公室组织包括整理组、保管组、事务组等人员在内的接收小组专门负责。了解掌握各代管民国档案的机关对档案的整理、保管情况，有计划有步骤地主动进行档案的接收工作。因此，从 1961 年始，史料整理处按计划从化工部、劳动部、水利水电建设总局及一机部上海供应处等接收了民国档案 1574 尺。分别向中央档案馆明清档案部、北京中国医学院、公安部南京档案处等单位移交出属于他们保管和他们急需的历史档案 910 尺。

1961 年 3 月 18 日，《中共中央宣传部、中共中央办公厅批转国家档案局关于对革命历史文件、资料保管与使用的几点意见》一文发出以后，史料整理处针对执行文件中发现的问题，专门给国家档案局打了报告，对接收工作作了如下说明：

"规定我处集中保管的档案，虽然绝大多数已经接收了，但有些属于同一全宗的档案，仍散存全国各地，没有较完整的集中，对档案整理和开展利用工作都带来不便。

"目前我处情况是：原接收的档案到今年年底即可全部初整完毕，急待接收一部分档案来继续整理，如不接收，对已经初步整理的全宗，由于档案不全，又不便于进一步整理，势必影响今后工作，对档案的利用也很不利。为了便于利用，为了今后整理工作，必须将散存在全国各地的旧政权中央系统各机关的档案，尽早全部集中起来。但由于我处对全国各地保存该项档案的情况不甚了解，急需进行一次摸底工作，为此，请予通知全国各地档案局、处、馆大力协助，代为先就各该地区作一调查，将所存旧政权中央系统各机关的档案填表登记，于今年 7 月底以前径送我处（调查登记表附后）。一俟掌握基本情况，作好准备以后，再有计划有步骤地分期分批接收。但希避免未经与我处得到联系，就把档案送来，造成库房容纳不了的困难，并影响进一步集中整理保管档案的工作。"

1962年4月14日，国家档案局转发了南京史料整理处有关集中旧政权档案问题的报告，同意史料整理处通过各地档案管理局（处）馆，对于目前仍然散存在全国各地的这一部分档案，要求协助进行一次普遍地调查摸底工作。

这样，从1962年至"文化大革命"前后，史料整理处较好地贯彻了"中共中央宣传部、中共中央办公厅批转国家档案局关于对革命历史文件、资料保管与使用的几点意见"，在国家档案局大力支持下，档案接收工作进入主动规划、有序接收时期。

1962年，史料整理处档案接收工作拉开了由被动接受转为主动规划，根据主客观条件，有目的、有计划地接收的帷幕。当年接收了19次，5万卷。其中，从上海市档案局接收了"中华教育文化基金董事会""全国经济委员会"等五个全宗档案，从广东省邮电管理局接收"交通部第六区电信管理局"档案36箱，从昆明铁路局接收了滇缅铁路、滇越铁路等民国档案218箱，等等。既完善了相关全宗，也填补了馆藏不足或空白。同时，向中央档案馆、广东、四川及南京等地的7个单位移交了不属于史料整理处保管的档案600尺。

1963年3月，长江流域规划委员会办公室发生大楼倒坍压损档案事故，长江流域规划办公室向湖北省档案局、国家档案局、水利电力部并南京史料整理处报送了关于《大楼倒坍压损的敌伪档案处理意见报告》，经由国家档案局协调，同年5月6日，史料整理处接收了扬子江水利委员会、长江水利工程总局、导淮委员会建委会模范灌溉局等3个单位的档案36箱，总计7005卷。

1963年春，经与中央档案馆办公室联系，接收了中央档案馆明清档案部分别保存的张静江和北洋时期筹备国会事务局的档案1506件包。

1963年12月4日，收到上海市民政局移交的档案共69箱，移交清册3册。

1964年3月，中国第二历史档案馆正式命名，由中科院改隶国家档案局直接领导，正式纳入国家档案馆系列。

这一年，主动联系接收的单位有：（1）与中国人民银行总行办公厅联系接收财政部、四联总处、中央银行、中国农民银行总管理处的档案。（2）与中国科学院办公室联系接收中央研究院气象所（1929.9.25—1949.4）、中央地质调查所（1949.1—1949.4）、（日本）东方文化事业总委会（约1925—1946）、中央研究院物理所（1928—1949.6）、中国科学工作者协会（1945.12.20—1950.3.8）、北平研究院植物学所（1930—1950）、安徽徽州府地方公文材料（1383—1929）、河南省府公文材料（1918）、中瑞西北科学考察团（1930—1935）、国立中央科学研究院动物研究所（1929—1949）、中央研究院科学技术资料和人事评议会、南满州铁道株式会社中央试验所、国立北平研究院化学所、静生生物调查所等档案。（3）通过国家档案局与政协商谈接收冯玉祥的个人档案。1965年5月，收到文史资料研究委员会交来冯玉祥先生的28箱档案，中国博物档案馆交来冯玉祥先生遗物2箱1包。冯玉祥先生遗留的文件档案，自李德全先生送交中国博物档案馆后，曾由全国政协文史资料研究委员会借用参考，1965年4月，经领导决定将这批档案移交中国第二历史档案馆保管。

接收的各单位交来的零星档案有：（1）中国第五机械工业部办公室交来军政部兵工署档案；（2）中国对外贸易部上海商品检验局交来旧上海商品检验局全宗的全部档案；（3）四川省人民委员会办公厅秘书处交来国民政府考试院、考选部、教育部、财政部等全宗的档案139卷；（4）广东省财政厅税务局保存的"伪财政部各省税务局有关人事任用和业务卷宗"58卷以及移交清册二份；（5）交通部西安筑路机械厂（驻在陕西省西安地区）保存的国民政府交通部公路总局第一机械筑路总队和该局管训处的档案，该档案已经过整理，共800余卷。

1965年在档案的交接中是个大进大出的年度。接收来的有上海等地36个单位移交的134个旧政权机构的档案，共2533箱，2053卷，206捆，其中1221箱在上海就地销毁。这些档案中，较为重要的有冯玉祥夫人李德全先生捐赠的冯玉祥档案、朱启钤后人朱海北先生捐赠的朱启钤档案、广西自治区档案馆移交的胡汉民档案23卷、中国革命博物馆寄来柳亚子遗物186件、中科院近代史所移交的北洋政府档案1460卷、中国人民银行移交的中央银行等8个单位共17868卷、农业部移交的农林部系统10箱档案计1748卷、上海市五金矿产进出口公司移交的中央信托局和中央保险股份有限公司各类案卷共34箱、中国红十字会移交的中国红十字总会及善后救济总署档案17箱、江苏省科学技术委员会移交的中国工程师学会及中国农学会档案4箱、上海市统计局移交的财政部国定税则委员会档案200余卷。

在对全国各地进行普遍调查摸底工作中，二史馆对全国各单位民国档案的保管情况有了基本了解，接收工作有的放矢。但与此同时，二史馆也在清理移交不属于保管范围的档案。因此，继1961年、1963年向中央档案馆、北京中国医学院、广东、四川及南京等地的有关单位移交了不属于史料整理处保管的档案1510尺之后，1965年又先后向中央档案馆、国防部、云南省等移交有关清代档案、民国军事机关、云南省政府等历史档案，共5万多卷。其大致情况如下：

1. 将本馆保管的清代档案移交给中央档案馆保存的计有：（1）清代巡警部等24个全宗，4030号，4303宗，计26箱；（2）清代陆军部等零散档案（未整，无目录）计46箱，310席包；（3）有关案卷目录一式三份。另外，清朝理藩部（代号一五二三）全宗中653、654、658、659等四个卷系由北京外交部于1960年借去，由中央档案馆直接向该部索取。

2. 将本馆保存的属于国民党和汪伪时期（北洋时期的军事档案，经双方商定，仍由二史馆保存）的军事档案、目录、卡片及有关资料等移交给国防部保管的计有：（1）国民党和汪伪时期档案共38个全宗，26605卷，有关目录45本，另有重份档案69卷和复制档案约105尺；（2）军事档案卡片约计15000张；（3）有关军事的军政专题史料12种（每种两套）计42本；（4）中国工农红军战史地图集

5大册（复制后将原图退回本馆）及底稿图、说明书等；（5）本馆移交给江苏省公安厅有关军事部分的目录清册17本。1979年2月，二史馆具函发给国防部办公厅，希望要回那些复制档案资料、卡片、绘图等不属移交范围的资料。4月9日，中共中央军事委员会办公室回函称："你们所列四项中前三项档案与资料，仍由我们保存，不改变过去的保管分工为好。你馆研究工作需要查阅时，可来我处借用。中国工农红军战史图集，因我厅档案处有一段时间被撤销，未能按时复印，待复印完毕，即全部退还你们。"

3. 将本馆保管的外交档案移交外交部保管的计有：国民政府外交部、外交部驻沪办事处、外交部驻云南特派员公署、北洋外交部、汪伪外交部、伪维新政府外交部等8个全宗，共3000余卷档案。

此外，还向四川省档案馆筹备处移交四川省财政厅、四川省高等法院重庆分院等档案44箱；向云南省档案局移交云南省政府档案4410宗；向广东省档案馆移交广东电信管理局、茂名地方法院等单位的历史档案134卷。

1966年2月，又向中央档案馆移交清代档案72箱，312席包。

接收进馆的档案有：1966年3月，北京大学交来黎元洪总统府的有关档案。5月，中央档案馆交来北洋（司法、陆军部等）及国民政府（水利、农林、经济部等）档案12箱。7月，近代史所交来北洋政府档案1460卷。

根据中发（67）312号文件，本馆于1967年底由解放军接管。1968年3月26日，正式成立了江苏省清查敌伪办公室（机构设本馆），以解放军为核心组织了高校师生、省级机关少量档案工作人员共800多人，对南京地区7个单位（二史馆，江苏省档案馆，南京市档案馆，省、市公安局，省、市法院）保存的历史档案，进行全面清理。清档期间，有中央和省级以上专案审查机构立案的800多个，均来本馆调查革命老干部的材料，为打倒老干部制造根据。原有的档案工作制度被废除。原来的专业干部队伍被砸烂。不少档案被窃取、裁剪、勾画涂改。反映在档案接收上，除 1971 年 1 月，因中国人民大学撤销停办，对于中国人民大学原历史档案系所存国民政府主计部、中央农业部病虫药械制造实验厂北平分厂等 12 个单位档案 1344卷，另 22 捆，并附目录 3 本，经人民大学革委会 1970 年 10 月 20 日报中央，由周总理批示移交二史馆处理；1973 年 6 月，上海市档案馆交来从陈布雷、宋哲元、曾仲鸣等人亲属中发现的一批信件、实物、照片等外，接收工作大多只是形式上的函来函往，并无具体实效。例如，1972 年 4 月 14 日，收到外贸部文件关于向中国第二历史档案馆移交海关总署档案的报告。报告称：该部"保存北洋军阀、国民党政府和汪伪政府财政部海关总税务司署档案共十六万卷，分存北京、上海、天津三地。按照一九五八年八月十一日国务院批转国家档案局关于旧政权档案集中保管的意见的通知，应移交南京中国第二历史档案馆集中保管。当时因南京中国第二历史档案馆库房不够，未移交。'文化大革命'中，根据 1967 年 10 月 8 日中发（67）312 号'中共中央、中央军委、中央文化革命小组关于接管清查敌伪档案的指示'和 1968 年 2 月 6 日中发（68）27 号'中央关于进一步做好清查敌伪档案工作的指示'，这批档案就地集中管理，我部保存部分，在我部军代表领导下进行清查；上海、天津海关代我部保存部分，在两市革委会清查敌组领导下进行清查。现在这批档案都已清查完毕。上海、天津两地档案，已分别退还上海海关和天津海关保管。1971 年 4 月，我们曾与南京中国第二历史档案馆联系，他们复信'如你们认为这批档案必须移交本馆，省革委会指示，须请中央首长或中央办公厅首长批准方可，否则本馆不予接受'。为此，特报请批示，以便办理移交工作。该文抄报中共中央办公厅，抄送中央档案馆，南京第二历史档案馆"。再如，1974 年 10 月 28 日，收到财政部 16 日的函，派二人来联系移交档案事宜。该部于 1959 年已移交了钱币司和清理委员会等单位的档案，还有财政部、中央银行、农民银行、四联总处等单位的档案待移交。财政部 1955 年对该批档案反复鉴定、研究，认为确有历史参考价值和保存价值并按照原国家档案局要求重新整理，目录齐全。1972 年 12 月 20 日和

1974年7月6日分别来函催办移交事宜，但因二史馆库房拥挤无空间存放，7月20日发函拒收，28日李镇怀副馆长指示"待以后看库房滕格情况再讲"。又如，1977年7月29日，二史馆收到中共四川省委办公厅来函，洽商将移交四川省档案馆保存的有关财政部、经济部、教育部等民国档案，但因库房紧张无法妥善保管，于8月17日复函暂不能接收。

1973年7月，撤销省清档办公室，恢复二史馆名称，档案总数除原二史馆88万多卷外，还增加了原江苏省公安厅合并来的10万多卷，另有零散档案25752捆待加工整理。

四、十一届三中全会至20世纪末的档案收集工作

1978年2月，本馆恢复了"文化大革命"前的体制和业务工作，并归中科院近代史研究所领导。1979年4月，国家档案局恢复工作。是年11月，本馆再度划归国家档案局领导。11月19日，二史馆函请国家档案局与外交部联系，促其早日移交北洋政府外交部、国民政府外交部及汪伪外交部等民国档案。12月30日，国家档案局发文外交部办公室协调移交事宜。本馆档案接收工作在国家档案局领导下有步骤地进行了恢复和发展。

十一届三中全会后，为落实政策，1980年3月，本馆将"文化大革命"中接收的宋哲元个人档案退还给上海市档案馆。5月，将方君璧个人档案退还给上海市工商局。

档案接收工作从"文化大革命"开始，已中断了十几年，自1981年国办发（20）号文件下达后，在集中统一管理的原则下，重新对民国档案资源进行集中管理。为乘国务院文件下发的大好时机，本馆拟具《关于做好接收工作的初步意见》，分析了馆外散存档案的情况，提出了档案接收步骤、方法与时间表。从1981年至1985年的"六五"期间，本馆在国家档案局和移交单位的积极支持下，先后接收了公安、军事、铁路、海关等系统的档案281个全宗，440636卷（长达11823公尺），

大大丰富了馆藏，使馆藏量达到 917 个全宗，1374987 卷（总长度 34749 公尺）。

各年度接收情况大概如下：1981 年，先后接收了海关、公安、铁路等系统 24 个全宗共 186498 卷，长达 5000 多公尺档案进馆。其中，海关档案从 1959 年就拟接收，据海关管理局函告，海关档案在北京有 20000 万卷（60 年代因战备运存华县），天津有 2400 卷，上海有 14000 卷。但条件一直不成熟，一拖再拖，终于在 1980 年底双方达成协议，随即本馆派人前往陕西华县（海关总署后库）接收海关总署所藏海关档案，在经历一个多月的天寒地冰与艰辛旅途后，1981 年 1 月，海关档案被接收进馆。同年 4 月，复派专人到天津海关接收海关总署保存在天津的海关档案。这两次接收均通过铁路部门调拨 60 吨的货车运往南京。1982 年，主要是将 60 年代移交给军事档案馆、公安部、外交部的民国档案重新接收回馆。其中，1965 年 9 月，移交解放军档案馆的 5 万卷军事档案，是由专人到洛宁解放军档案馆后库山洞中接收，用 800 只麻袋封装，交 14 辆解放牌汽车运至洛阳转火车运回南京；公安部交回的民国档案是到西安接运回馆；外交部交回的民国档案则是到北京接运回馆。此外，1982 年 6 月，接收了厦门市公安局保管的外交档案 3418 卷。11 月，从政协全国委员会接收了李根源《曲石盉簪集》28 册、孙中山为庾泽普将军题词"应为雄鬼"横幅 1 件、孙中山为邓荫南题词"博爱"横幅 1 件、1921 年 3 月 6 日中国国民党本部特设办事处成立大会上《总理孙中山演说辞》记录（孙中山亲笔修改稿）1 件。这些都是十分珍贵和重要的档案。1983 年，全年共接收档案 73 个全宗，共 30418 卷。这些档案中较为重要的有外交部移交的顾维钧、邵力子等人物档案。1984 年，接收海关总署等 6 个单位档案 133729 卷。1984 年，从上海接收入馆的海关档案包括：（1）海关总署档案目录（保存上、下）二册，82959 宗；（2）海关总署档案目录（封存）一册，12988 宗；（3）海关总署档案资料目录一册，28010 宗；（4）江务处档案目录一册，652 宗，总计接收案卷 124609 宗。1985 年，接收档案 19 个全宗 4611 卷，接收照片 217 张，胶卷 162 盒。其中，1985 年 1 月，上海市工商联合会继 1984 年移交 1046 卷的基础上，又补交中华民国全国商会联合会 1 卷、全国工业协会 1 卷、全国商业编制总会 1 卷。7 月，上海铁路公安局杭州公安分局于 1982 年 12 月移交浙赣铁路局文书档案及人员档案给予本馆，又将整理发现的人员档案 3633 人计 3633 卷，再次移交本馆。1985 年 12 月，国营第七七二厂移交中央电工器材厂档案 6 卷。1985 年 11 月，接收中国科学院交来中央研究院、北平研究院、中研院物理所与气象所、丁文江等档案共 637 卷。1982 年，外交部档案馆移交民国档案时遗留"美国国务院"胶卷 146 盒，于 1985 年 11 月 14 日交来本馆。

新接收的档案，不仅占当时馆藏的四分之一以上，而且大都较为重要，利用价值很高，有的更是十分珍贵。

1985 年，全国档案馆工作会议召开，提出了"七五"时期（1986—1990）全国档案馆工作奋斗目标和基本任务，特别强调了丰富馆藏和大力开发档案信息资源的问题。这是新时期对档案收集工作的总动员，在这一形势推动下，"七五"时期接收进馆的档案有：1986 年接收档案 13 米，卡片 42 米（28 万张）。在这些档案中，较为珍贵的是 1986 年 4 月贾哲中交来费瑞龄（镜秋）先生手稿一批及清末颐和园修复后风景照片 6 张，民初天安门开放后照片 1 张，民初北京前门侧广场照片 1 张，共 8 张。1987 年 6 月，南京市公安局档案科移交档案 36 卷。1988 年 6 月，上海市糖业烟酒公司交来社会部全国合作社物品供应处会计档案 15 箱。1988 年 7 月，外交部西欧司移交外交旧资料 10 箱。1988 年 11 月，中国广播电影电视部向本馆移交中央广播事业管理处档案 160 卷，资料 82 卷，目录 3 份。1991 年 4 月，中办秘书局档案处交来《中华民国宪法》1 册。

移交出馆的档案有：1986 年 9 月，应外交部档案馆之请，本馆清退了《外交文牍》等 12 本，在"文化大革命"中"抄家"抄来的私人珍贵图书。1987 年 12 月，本馆将南京永利䏁厂、南京市铁路管理处、鼓楼医院三个单位 610 卷档案移交南京市档案馆。1988 年 7 月，应海关总署之请，将部分股票证券样本（共 75 张）移交海关。1988 年 11 月，为《陈布雷日记》等档案留馆保存和陈氏子女达成了"委托保管"的协议。陈布雷个人档案是"文化大革命"中发现，于 1973 年 7 月，1981 年 5 月、9 月，先后三批由上海市档案馆和上海市委清查办移交进馆，1988 年，陈布雷子女将《陈布雷日记》索回，并与本馆就陈布雷相关档案的保管达成"委托保管"协议。1990 年 9 月，向苏州市档案馆移交"苏州中学生履历表"等文件 2 件。

"七五"时期与"六五"时期相比，收集进馆的档案数量大大减少，究其原因，属于本馆保存的档案，在大陆上的已基本收集进馆，虽然仍有一定数量的档案散存在有关单位及个人手中，需要继续坚持收集。但一味追求数量已不可能，必须在质量上和地域上有所突破。因此，从 20 世纪 90 年代后，一方面立足国内，一方面放眼海外。

国内征集仅有 1991 年从中央档案馆征集的《吴忠信日记》复制件 35 卷。海外捐赠与征集情况有：（1）1991 年，美国学者帕特·扬和费切孙女赠送有关"南京大屠杀"的照片和录像带等资料；（2）1997 年 9 月，接收英国学者阿南德先生所赠"孙中山伦敦蒙难档案史料"，其中有康德黎等英国友人为营救孙中山的来往信函 139 张（复印件），报刊 7 张（复印件），《一八九六年孙逸仙绑架记》4 本。

从这些征集情况不难看出，征集工作成效不大，更有一些不尽如人意之处。如 1991 年赴北京与中国社会科学院经济研究所洽商日本侵华机构档案的接收事宜，2000 年赴四川档案馆调研盐务档案的接收事宜，等等。前者对方不愿移交，后者经费库房不足，凡此种种，最终皆不了了之。总的来说，困扰档案接收征集的因素较多，丰富馆藏依然任重道远。

五、21 世纪以来的档案征集工作

步入新世纪，大量的档案接收工作已渐行渐远，除了 2006 年在国家档案局的支持下，前往北京接收国务院机构改革期间，原国家轻工业局所存民国时期资源委员会档案 532 卷之外，更多的是四处求访与远涉重洋的征集工作。

（1）2004 年，在国家档案局、中央档案馆的支持下，本馆成功地从美国征集了民国时期著名外交家郭泰祺个人档案。郭泰祺早年留学美国，1916 年回国出任北京民国政府秘书。后又到南方出任孙中山陆海军大元帅府参事、外交次长。南京国民政府成立后，他先后担任过外交部次长、出使过英国、巴西等国，任公使、大使。他作为民国时期一位外交活动家，一生中留下了许多宝贵档案资料和照片。郭泰祺 1952 年在美国加州病逝，其夫人长期保管着这批档案材料。70 年代，美国圣地亚哥大学朱葆瑨教授为研究郭泰祺，就找到郭夫人要求查阅郭的档案。由此朱教授和郭夫人建立了友谊和信任。80 年代，郭夫人已到耄耋之年，越感到没精力管理这些档案，就委托朱教授代为保管，并嘱咐在适当时候将它们交由学术机构保管。朱教授曾多次来本馆查阅档案，进行历史研究。本馆的馆藏和服务让朱教授满意，他决定将其保管的郭泰祺档案无偿捐交本馆保管。这批档案共 1735 卷，内含照片 1100 张，主要是郭泰祺出使英国、国际联盟、联合国期间的文件和照片，是研究国际关系、中美关系、中日战争以及国民党内部权力斗争等方面不可多得的第一手资料。这次大规模地征集散存在国外的民国档案在本馆尚属首次，不仅丰富了本馆馆藏，而且有利于带动海外华人华侨向祖国捐赠档案的举动。

（2）2007 年 3 月，组团赴美国斯坦福大学胡佛研究所档案馆收集蒋介石日记和宋子文个人档案。共抄写录入蒋介石 1927—1929 年所有日记，补齐 1926 年 7 个月的日记及 1931 年部分日记，摘录 1930 年的部分日记，共计 20 余万字（本馆馆藏蒋介石日记系由蒋介石私塾老师毛思诚孙子毛丁先生 1985 年捐赠，主要是 1919—1926 年、1931 年、1933 年 1—2 月日记类钞）。查阅复印了宋子文与蒋介石、戴笠、郭泰祺等国民党要员往来密电及宋子文与英美政要会谈记录 813 页。将收集复印的中央苏区时代中共档案资料 100 余页呈送馆局。

（3）2008 年 2 月，翁心钧先生捐赠其父翁文灏日记、信函等档案 31 件。翁文灏是民国时期著名学者、中国早期著名地质学家，对我国地质学教育、矿产开探、地震研究等方面有杰出贡献。其后，本馆派人前往上海拜访翁心钧先生，并再次征集翁文灏档案 52 卷及翁心钧档案 8 卷。

（4）2010 年 9 月 26 日至 10 月 1 日，派员组团前往瑞士日内瓦联合国欧洲办事处（UNOG）征集有关国联李顿调查团及九一八事变档案资料。在为期三天的工作时间内，征集小组扫描复制 1200 余画幅，照相翻拍约 500 画幅档案文件。相关数据刻录成光盘 9 张（其中 TIFF 格式存储的 DVD 光盘 8 张，PDF 格式存储的有 1 张）。本次档案征集的内容重点锁定在九一八事变、李顿调查团等国联档案资料的中文部分，同时还挑选了少量国联调查团与日本方面外交官员、军官等面谈的英文记录档案。另外，征集小组还翻阅一批英文档案，对内容重要的部分档案编制文件目录 200 余条，以弥补因时间紧迫无法对相关主题的外文档案进行一定规模的扫描复制的缺憾，为今后继续查阅或征集国联档案留下线索。

（5）2011 年 11 月 20 日，组团前往比利时、荷兰征集陆征祥个人档案及南海相关档案。陆征祥是五四运动时期北洋政府外交总长，赴"巴黎和会"中国代表团团长，会后留居比利时，成为圣安特勒修道院修道士直至被教廷封为名誉院长。陆征祥去世后，该院设立了"陆征祥图书资料馆"，保留了一批"巴黎和会"中国代表团及其个人档案与图书资料，此前从未对外开放。经认真鉴定，征集了珍贵照片、图片 100 幅，复印档案文件 250 页，包括蒋介石等赠给陆征祥的照片、孔祥熙等民国要人亲笔函件及陆征祥有关函稿等档案资料。对研究五四运动史和北洋政府外交史均极有价值。

（6）2013 年 6 月 30 日至 7 月 9 日，组团赴加拿大、美国收集民国名人档案及政治、经济、外交、军事诸多方面档案资料 800 画幅，1300 余页。

（7）2013 年 9 月 5 日至 12 日，组团赴英国接收《傅炳常日记》3 册。

（8）2014 年 9 月 1 日至 8 日，组团赴加拿大、美国征集档案，从加拿大国家图书档案馆征集民国档案电子复制件8516页（含74张照片）。主题内容为20世纪20年代到40年代中加经济往来、中加关系相关文件。

（9）2015年10月13日至17日，组团赴俄罗斯征集档案。在俄罗斯国家社会政治史档案馆发现部分档案资料，包括蒋介石与布柳赫夫（加仑）关于中国国防建设的来往函一组、宋庆龄、孙中山与鲍罗廷英文来往函一组。

（10）2015年10月12日至18日，组团赴法国、意大利征集民国档案。在意大利外交部历史档案馆征集到馆藏有关中国档案目录，拍摄到40余画幅有关中意关系方面档案；在法国国家档案馆征集到馆藏中国赴法留学生档案目录。

（11）2016年9月18日至25日，组团前往德国、瑞士征集民国档案，征集到1800余画幅档案及与中国相关档案目录397条，包括1270画幅有关民国时期德国驻南京领事馆及中国与蒙古关系方面档案，460余画幅抗战照片资料；确定联合国日内瓦办事处图书馆与中国有关档案目录187条，征集档案资料83画幅；确定瑞士联邦档案馆藏1912—1949年间与中国有关档案目录210条，拍摄征集档案10画幅。

（12）2016年11月27日—12月6日，组团赴巴西、阿根廷和智利三国征集民国档案。在智利国家历史档案馆征集到民国时期智利驻中国领事馆和智利对外关系部的通信、电文、商贸法规等相关历史电子档案120余件600余画幅。

（13）2018年9月16至23日，组团赴西班牙、葡萄牙征集档案，拍摄档案1100余画幅。内容包括：1928年签订的《中葡友好条约》以及围绕修约的各种来往文书；葡萄牙海关与中国粤、港、澳通商及地方（租界）管理的往来公函等。

（14）2019年11月8日，陶基强先生、陶静霞女士捐赠其父陶耀鑫在国民政府军政部任职及病故后受恤经过档案共计11件。此外，美籍华人关彬森先生、关嘉陵女士先后于2000年10月、2002年9月、2012年10月、2017年10月、2019年9月五次将关吉玉求学时期证书、任职时期档案、个人印章、照片等总计97件捐赠本馆。

　　本馆通过出访、参观、考察或学术交流等各种途径，发现在国外的档案馆和图书馆里都藏有一定数量的民国档案，且内容珍贵、重要，为本馆馆藏所缺。尤其是美国、英国、法国、日本、俄罗斯等国家在民国时期与我国在政治、经济、军事、文化等方面有密切的联系和交往，因而在其政府、企业、社会和重要人物档案中都反映了中国社会状况这一主题。经努力，郭泰祺、宋子文等名人档案，以及国联李顿调查团及九一八事变档案资料已成功征集进馆，但诸如收藏有蒋廷黻个人档案的美国哈佛大学燕京研究院，收藏有胡适个人档案的图书馆，收藏有黄兴档案资料的薛君度，以及收藏海关档案的英国国家档案馆等，都是今后征集工作需要进一步开启的门户。此外，一些民国时期重要人物如张学良、张嘉璈、熊式辉等定居海外，他们大多已作古，后代将其档案捐赠给国外档案馆和图书馆，或存放寓所不知如何处理。这些档案属中华文化遗产，收集进馆有利于我们馆藏档案的系统和完整，且开发利用价值更大，如我们不及早收集，让这些档案流失或存放异国他乡，实为可惜。因此，我们应加强对外联络，积极宣传，争取早日将依然分散在外的民国档案原件或复制件收集进馆。

　　广泛收集民国档案、丰富馆藏、服务社会是一项功在当代，惠及后人的工作。回顾70年的来路，档案收集工作经历了集中接收、边接收边整理、主动规划、有序交接、放眼全球广泛征集等不同时期或阶段，经过几代档案工作者的艰苦奋斗，中国第二历史档案馆在中央档案馆国家档案局的正确领导下，已成为享誉海内外的民国档案保管基地和利用中心。

（王俊明、徐延誉　撰稿）

第二章

档案保管

　　档案保管是档案馆最基础性的工作之一。通过科学化、规范化的库房管理确保档案安全，为档案利用提供高效便捷的服务是档案保管工作的基本职责。70 年来，本馆几代保管人满怀为党管档、为国守史、为民服务的神圣使命感，以默默无闻的奉献精神、科学严谨的工作态度，筑牢了档案安全的坚固防线，建立了科学规范的档案库房管理体系，在服务党和国家中心工作、满足社会利用需要等方面作出了自己的贡献。

　　本章将从档案库房建设、库房管理、档案安全保管等方面回顾总结建馆 70 年来的档案保管工作。鉴往知来，我们深知档案安全是档案馆工作的第一要务，档案科学规范保管是我们追求的目标。我们有信心在前人努力的基础上，以新修订《档案法》（2020 年 6 月审议通过）的实施为契机，全力推进档案安全治理体系和治理能力现代化建设，把档案保管工作的水平提升到一个新的高度。

一、档案库房建设

　　档案馆建筑作为档案事业的基础，是档案馆事业持续稳定发展的保证。随着我国经济发展水平的不断提高和社会文化需求的发展，档案馆建筑的功能逐步从传统的档案保管和利用逐步扩大到如今的"五位一体"。我馆建筑从最初只有从原国史馆、开国文献馆接收的馆舍，到在中山东路 309 号馆区逐渐增建档案库房，再到 2014 年立项启动建设近 9 万平方米的新馆，从一个侧面见证了我馆 70 年的变迁和发展历史。

（一）利用原国史馆、开国文献馆馆舍时期（1949—1956）

南京史料整理处成立不久，就接收了原国史馆位于淮海路 31 号的平房库房和政务院接收指导委员会驻宁临时办事处档案组位于中山东路 309 号原开国文献馆的宫殿楼房，并以此二处作为档案库房和办公地点。淮海路 31 号平房库房，总有 16 间。史料整理处刚接收的时候共存放档案 290887 宗，8457 捆，177 箱，14 橱，中外文图书 17752 册，刊物／杂志 37808 册，报纸 200 余种 897 册 348 捆。中山东路 309 号库房以宫殿楼为主体，第一层 19 间，第二、三层各 1 大间，第四层 2 间。该处另有平房库房 3 间，总共 26 间库房。共存放已经整理档案 607447 件，未整理档案 200 箱 134 篓。

史料整理处成立初期，不断收集南京各机关发现的零星档案，又从重庆、昆明等外地批量接收档案，原本不敷使用的档案库房问题更加突出。中山东路库房容纳不下全部档案，除宫殿楼一层留下部分作为办公用房外，其余地方，无论房间、过道还是楼梯，均堆满成箱成篓成袋的档案，多的甚至堆放高达 4 层。

1952 年 9 月，史料整理处从重庆接收 4178 箱档案后，曾要求以中山东路 309 号开国文献馆房屋调换面积大一些的中山东路 77 号房屋，以解燃眉之急，但未能如愿。库房严重不足直接影响到大批档案的接收，当时甚至一度考虑不再从全国各地接收档案的问题。

不仅库房面积严重不足，库房状况也堪忧，档案安全难以保证。原国史馆档案库房多为平房和活动房，年久失修，破烂不堪。史料整理处接收时，很多房屋已经出现房顶破漏、墙壁倾裂、地板折损、电线残毁等各种破损情况。中山东路 309 号是原开国文献馆，已经建成有 15 年之久，有些地方也开始出现渗漏现象。史料整理处成立以后，不得不花很大精力和经费着手进行库房修缮工作。1951年5月，对淮海路的28处房屋进行修缮；1953年5月，对淮海路31号平房共33间进行修缮；1954年4月，对淮海路31号及中山东路309号的房屋屋面进行修理。经过三次修缮，才基本上避免了库房漏雨走水的现象。

1954年6月，史料整理处向中国科学院华东办事处报告，首次申请新建库房，但因种种原因未获批准。次年4月，中科院上海办事处南京分处同意将中科院下属的鸡鸣寺1号书库分配给史料整理处存放档案，暂时部分缓解了窘境。

1956年3月，史料整理处编制了一份12年远景规划。其中基本建设问题，于第一个五年计划期内开始筹划兴建40328平方米面积的房屋，其中档案库房占22700平方米，足以满足未来馆藏500万宗历史档案保管和250名工作人员办公需要。

（二）原址扩建时期（1957—1988）

1.5号库库房建设

1957年，史料整理处终于获准在中山东路309号新建档案库房。在短短一年时间内，总面积大约4000平方米的一栋四层档案库房建设完成（即今5号库），充分体现了"大跃进"速度。其建筑设计理念为"环境安静、结构坚固、有现代化装置、注意适应工作的需要"。根据设计要求，库内温度夏季应为20℃～25℃，冬季15℃～20℃，尽量采用绝缘措施；库内不装置冷热机械设备；库内湿度65%。在缺乏库房温湿度控制设施设备的情况下，单凭建筑结构本身事实上是很难达到这样的设计要求的。这是史料整理处期间兴建的第一幢也是唯一的一幢档案库房。该库房后来经过两次大的升级改造施工，目前仍在使用。

2.宫殿楼东西配楼建设

1976年6月，本馆请求新建3500平方米档案库房的报告获江苏省革命委员会计划委员会批准，并列入省1976年基建计划。库房设计方案是在原主体宫殿楼前东西两侧各建一幢三层楼房，要求做到"六防"：防火、防窃、防潮、防尘、防光辐射、防高温。该方案是本馆与江苏省建筑设计院、南京市城市规划处以及南京工学院杨廷宝教授一起多次反复研究的方案。该库房 1978 年 3 月动工，实际施工时建筑面积扩大为 4400 平方米，总投资 46 万元。1980 年建成，并交付使用。这两栋配楼（即今 2、3 号库）在建筑设计上非常有特点，建筑外观上与北侧的宫殿楼风格高度协调统一，形成了秩序严整、对称平衡的空间布局。在当时条件下，从建筑设计的角度充分考虑到档案馆库房的功能需求：采用环廊和楼顶隔热层设计提高隔热防潮效果、采用多重窗户以增加保温效果、每间库房开设四只落地独扇窗以利于防潮通风、抬升库房地基做足防水措施等。1992 年，新建成的档案资料库投入使用后，这两幢三层档案库房的档案逐步搬出，其功能由档案库房逐步转变为业务用房和办公用房。

3. 档案资料库建设

1985 年 5 月，本馆申请扩建档案资料库房的报告获得国家档案局批准，1986 年正式列入国家计划。该库房采用平屋顶，绿色琉璃瓦小沿口，共 5 层。1986 年 3 月动工，1990 年 8 月竣工，被南京市评为优质工程。项目总建筑面积 8560 平方米，总投资 815 万元。在库房设计上，充分考虑档案资料的保护问题，能防潮、隔热、防虫、防尘、防紫外线，地震按 7 级设防。库房采用中央空调，并安装有火灾自动报警装置。这是本馆最后建成的一幢档案库房。

目前，本馆作为档案库房仍在使用的有三幢楼房：1958 年建成，1959 年投入使用的四层库房，现在编号为 5 号库；1990 年竣工的五层档案资料库房，现在编号为 4 号库，考虑到档案搬运安全等方面的需要，两幢库房之间建有两处空中廊桥相连；3 号库（东库），经过改造，普通库房具备恒温恒湿条件，主要用于保存完成数字化处理的部分全宗档案。另外，还建成低温库 1 间，以保存缩微胶片。

几十年来，本馆档案库房建设有了长足的发展，从建馆初期的 4500 平方米左右，发展到现有的两幢楼房共 12000 余平方米。库房条件也不断得到改善。从最初老旧平房为主体，只能解决档案的存放问题，到后来新建楼房库房具备一定的隔热、防紫外线等功能，最后发展到新建库房拥有中央空调、红外视频监控、消防感温和库房温湿度实时监控等现代化的设备系统，档案的安全保管条件和技术保护手段有了很大的进步。但是，现在的 5 号库房建成于 20 世纪 50 年代末，房屋老旧，几如危楼。4 号库房建成距今也已 20 年，当初在功能设计上也没有考虑到预留设置保管条件要求更加高的缩微胶片库、光盘库、照片库和地图蓝图库等专门用途的库房。档案库房面积严重不足、馆舍条件差、库房安全隐患大，已经成为制约我馆档案事业高质量发展的"瓶颈"问题。建设高标准、高质量的档案馆新馆已经势在必行。

（三）新馆项目建设（2014— ）

随着中国经济社会的快速发展、综合国力的不断提升，各级政府进一步加大了对档案馆工作的支持力度，长期困扰档案馆事业发展的基础条件差、馆舍面积不足的问题迎来了得到根本性解决的历史机遇。进入 21 世纪以来，各省市档案馆陆续开始建设新馆。

中央办公厅领导和国家档案馆局对我馆建设新馆非常重视，并给予大力支持。2013 年 6 月，中央办公厅副主任陈世炬同志来馆视察，在听取我馆档案库房面积严重不足、档案保管条件差、部分库房存在较大安全隐患的情况汇报后，当即指示二史馆要把新馆建设作为头等大事来抓，要求尽快与国家和地方有关部门沟通。地方政府对于新馆选址用地表示支持，提供了南部新城、汤山等几个候选地块。在与国家发改委、中直管理局反复沟通，取得支持后，我们正式提出关于建设新馆的请示。2014 年 1 月 4 日，中央办公厅领导批示同意筹建中国第二历史档案馆新馆，新馆项目正式启动立项。

2014 年 8 月，我们委托中国国际工程咨询公司编制项目建议书。在以往档案清点获取的统计数据基础上，我们积极组织力量特别针对档案破损状况、案卷厚度、非纸质档案数量种类、图纸、蓝图等大尺寸档案等直接影响建设规模需求的馆藏档案基础状况数据进行大规模抽样调查。2015年3月底，形成比较完整准确的基础数据，作为新馆建设规模需求测算依据。

馆藏档案分类统计表

序号	档案类型	单位	档案数量	备注
一	纸质档案	卷		
1	普通档案	卷	2251101	折合标准卷5760555卷（以案卷平均厚度26.61毫米，破损率44.25%折算）
1.1	已整理	卷	2191101	已整理档案，含照片复制件
1.2	待整理	卷	60000	待整理档案
2	簿册档案	卷	6694	已整理档案
3	地图、蓝图档案	卷	42428	
4	珍藏档案	卷	11538	
	小计（1～4）	卷	2311761	
5	照片档案	张	102000	从档案中提取照片单独建库保管
二	实物档案	件	92840	
三	异质备份件	件	43297	
1	CD、DVD光盘	张	24680	
2	胶片	盘	16617	
3	硬盘	盘	1000	
4	全国民国档案DVD数据光盘	张	1000	
四	图书资料	册	196000	
1	民国时期图书、期刊	册	130000	
2	民国时期报纸	张	6000	
3	现行图书	册	60000	

依据《档案馆建设标准》《档案馆建筑设计规范》等文件，结合我馆馆藏档案实际状况，经过测算，形成档案库房建设规模需求。

档案库房建设规模需求表

序号	档案类型	规模标准		面积需求
		标准值	单位	
一	纸质档案库			70503
1	普通档案库	65	平方米／万卷	45243
2	簿册档案库	实测		500
3	地图、蓝图档案库	20	件／平方米	21210
4	珍藏档案库	实测		1000
5	照片档案库	40	张／平方米	2550
二	实物档案	10	件／平方米	4677.5
三	异质备份件库	40	件／平方米	8797
四	图书资料库			2486
五	地方档案备份库			800
	合计			87263.5

项目选址方面，经与南京市反复协调，2014年9月9日，原则同意我馆新馆选址在南部新城红花机场跑道周边地区，用地规模控制在60亩左右。

2016年8月，国家发改委以发改投资〔2016〕1865号文件正式批复新馆项目建议书，建设规模为89469平方米，总投资额为101857万元。

2017年开始，我们围绕新馆项目可行性研究报告的编制和评审展开前期准备工作，完成可研报告各相关附件报告编制和行政审批。2017年4月，取得南京市规划局正式核发的《选址意见书》。5月，完成项目初勘，项目地块属河漫滩地貌，符合项目建设需求。7月，我们取得南部新城管委会证明文件，完成社会稳定风险评估。10月，我们自行完成了设计任务书的编制，明确了新馆项目建筑风格、设计原则、设计要求等。2018年1月，完成环境影响评估和节能报告评估，取得评审报告。获取南京市规划部门批复的规划要点。4月，完成土地预审，获取秦淮区、南京市及江苏省国土管理部门对新馆项目土地预审批复意见，最终取得国家自然资源部土地预审正式批复。5月，国家发改委国家投资项目评审中心组织专家对可行性研究报告进行评审。我们针对专家提出的可研方案、经济指标（投资估算）、人防、武警等问题共计110条意见，进行深入论证和说明，补充完善了可研方案。6月，完成地质灾害危险性评估、压覆矿产资源登记。7月，完成红线外电力接入方案设计。

2018年12月，国家发改委正式批复新馆项目可行性研究报告（发改投资〔2018〕1793号），核定总征地面积60亩，总建筑面积88752平方米，主要建设内容为档案库房、对外服务用房、档案业务和技术用房、地下车库和人防设施等，项目总投资105491万元。

2018年12月，经报新馆项目工作组批准，项目管理采取代建模式，确定南京市公共工程建设中心为代建管理单位。2019年5月，我们制定了新馆项目整体工作方案，明确了方案设计、初步设计、施工图设计、工程招标、项目实施等时间节点和任务要求。办理用地手续，6月，与南部新城管委会签订用地协议书、开发建设协议，并支付土地款24006.8万元。8月，通过招标确定江苏国际招标公司为新馆项目招标代理人。9月，获取规划条件和建设用地规划许可证，取得建设用地勘测定界成果报告和勘测定界图，用地总面积41936.57平方米。10月，获取文物勘探审核意见：新馆项目地块未发现古代文化遗存，可以进行项目报批。

2020年4月，通过"评定分离方式"确定同济大学建筑设计院集团公司为新馆项目设计单位。中国科学院院士、著名建筑学家郑时龄领衔的新馆项目设计团队，提出项目设计目标和理念是以"机杼之固"打造稳固端庄的均衡形体，以"历史印象"打造符合南京特色文化的轮廓与姿态，以"金匮石室"安全理念处理高规格档案馆的流线与安全防护设计。其设计灵感来自鲁班锁：稳固端庄的均衡形体展现了稳重大气的国家形象；机杆的锁扣结合实现档案库的安全稳固。2020年6月，新馆项目设计方案获得厅领导批准。7月底，完成桩基与围护施工图设计，9月初，完成初步设计及概算编制，10月，报国家发改委评审，11月，完成施工图设计并陆续报请图审，2021年3月，取得施工图设计审查合格文书。项目招标方面，2020年9月，完成全过程造价咨询招标，确定正中国际为跟踪审计单位；10月，完成监理招标，中标单位为南京苏宁工程咨询公司；同月，完成基础工程招标，确定中建八局为基础工程施工单位。另外，由项目管理单位组织完成临水、临电、基坑监测等多项限额下招标工作。2021年1月，完成项目工程总承包招标，确定中建三局为项目总承包单位。项目施工方面，2020年10月份，完成临水、临电建设，完成项目工地围挡；11月初，取得地基及基础工程施工许可，施工单位进场作业；完成施工道路硬化、临设搭建；完成全部工程灌注桩和支护桩施工；完成基坑出土3万余方；总承包单位已经顺利入场，开始生活区临设施工、细化施工组织方案编制、完成与基础工程施工单位交接。根据项目进度安排，预计2021年10月项目结构封顶，2022年10月竣工验收。

新馆项目是中办机关重大工程之一，是一项政治工程。中办领导一直非常关心和重视，多次作出重要批示，解决有关问题。中央办公厅成立重大工程项目领导小组，统一领导厅机关重大工程建设项目。领导小组下设各工作组，具体负责对各重大工程项目重要事项进行审议和监督并形成意见报领导小组。新馆项目工作组下设办公室，办公室设在中直管理局。根据厅领导指示和项目管理要求，2020年6月，新馆项目建设单位，由国家档案局变更为中共中央直属机关工程建设服务中心。工作组办公室下设工作专班，具体负责新馆建设项目日常管理工作。地方政府一直以来给予新馆项目建设以大力支持。江苏省及南京市将新馆项目列为地方重点工程项目、省、市有关领导作为工作组成员参与项目协调，南京市有关方面为项目顺利推进建立了专门的联络人协调机制。地方政府还在项目用地、项目规划条件、配套设施保障、项目开工前各项手续办理等方面提供了大力支持。

新馆项目预计 2022 年竣工。我们有信心按照中央领导要求，将新馆项目建设成为一个精品工程、标杆工程、安全工程。我们也有理由相信建成后的新馆面积充裕、设施完善、功能齐备、环境友好，能够更长久、更安全地保管好民国档案这一重要的国家战略资源。同时我们也期待，新馆建成后，在服务党和国家中心工作、服务社会、服务属地文化建设，特别是在推进海峡两岸关系和平稳定发展中，二史馆将发挥出更大的作用。

二、库房管理工作

库房管理工作是档案保管的基本内容，包括库房的设置与调整、档案的排架、全宗卷的建立与管理、档案的调取与归还、档案清点统计、库房卫生，等等。库房管理的水平直接关系到档案的安全保管和对外利用。几代档案保管人在档案库房科学化、规范化管理上辛勤工作，默默无闻地履行自己的职责。

（一）南京史料整理处时期

南京史料整理处成立时，接收了档案组和旧国史馆两处档案 90 万卷，档案分存于中山东路 309 号和淮海路 31 号两处。淮海路有平方库房 16 间，中山东路以四层宫殿楼库房为主体，另有平房库房 3 间。两处库房都有已整理的档案和未整理的档案。保管调阅均不方便。1954 年，通过对苏联先进的档案管理理论的学习，史料整理处明确了必须按"全宗"进行整理和保管的原则。从 1954 年起，史料整理处开始有计划地逐渐将已整理的档案都集中到中山东路保管，淮海路库房逐渐改为待整理档案存放地和整理人员的工作场所。1955 年，进行了一次比较大的库房调整，将原来存放在淮海路已整理好的 238 架档案，分别送到保管条件相对要好的中山东路库房和借用的鸡鸣寺库房，有的档案甚至用档案盒装起来作妥善保存，防止被破坏和遗失。库房调整工作彻底改变了以前已整理和未整理档案交叉放置的情况。整理场所和保管库房区分开来，对于档案的安全保管是非常有利的。

在完成库房大调整的同时，库房管理工作也纳入科学有序的轨道。档案库房绘制有档案存放位置图，标明机关代号、架号、案卷的起讫号，调阅、查找起来很方便。日常库房管理也明确按照"四防""四要"的要求严格执行，即防火烧、防潮霉、防虫蛀、防盗窃，要空气干燥，要内外清洁，要系统清楚，要使用便利。保管组人员直接参与档案架的设计与放置。

1959 年初，新建的 4000 余平方米四层档案库房投入使用，在史料整理处的统一领导下，保管利用组的同志突击搬运档案 7 天，将大批档案迁入新库房。随即，展开库房内部管理，对每间库房、每个档案架、每架的两面和每格都进行了系统的编号。同时编制库房档案的存放位置图。在梅雨季节到来之前，在新库房开展了防湿防潮工作，利用电扇通风，用数十口缸存放大量的生石灰和干木屑吸潮，把生霉的档案进行刷霉、晾干，使大批档案免受潮湿侵害。截至 1959 年年底，库房内存放历年整理好的档案 558876 号，1479500 宗。

1955 年下半年开始，为配合国家开展的各项政治运动，保管利用组开始了比较大规模的特殊性调阅任务。到 1961 年，调阅档案达近 56 万卷（宗）次。大量对外调阅档案暴露出档案库房管理工作中的一些问题。库房档案架子太密集，有些架子上双层摆放档案，有的把档案放在架顶上，影响调插卷的速度。调卷量非常大，调出来的卷不能及时归档上架，不仅影响调卷，而且对档案安全造成隐患。在档案点收点交过程中，经常发生少号的问题。史料整理处对此非常重视，从 1961 年 7 月开始，组织人员入库进行清查，结果发现缺少案卷 1959 个号，占保管案卷总数 689686 个号的千分之三，问题是相当严重的。经过六个月的努力，查清 97% 的案卷下落。

1965年，本馆按照国家档案局要求，在机关"四清"运动结束之后，集中力量进行备战。保管部门奋战10个月，在配合完成馆内全部150万卷2525箱档案的清理鉴定工作（区分重要档案）的同时，还清理了淮海路库房和朝天宫博物院库房内的杂乱档案43253捆760箱140席包50木盒。另外，还结合备战，接收和移交了一批档案；调整了库房，搬动了13个库房的档案，改变了全宗分散存放的情况。完成了对重要档案85589卷、特别重要档案9187卷和部分一般档案的逐卷清点，发现和纠正了不少错乱情况。

南京史料整理处时期，档案保管工作经过多年探索，形成了四条档案库房管理方面行之有效的基本原则：（1）档案的安全第一。不论是已整理的和未整理的，库房所保管的档案，首要的是注意安全，不使遭受损失和毁坏。（2）保管档案应遵守严格的组织纪律。对外要保守秘密，内部门窗的起闭、档案的进出，都有规定，大家能一致遵守。（3）档案的放存和装架，都力求系统化、科学化，须使其便于管理和调用。（4）要定期检查，以免档案被虫蛀、鼠咬、遭受霉潮等损坏。这些宝贵经验为本馆档案保管工作奠定了非常好的基础。

（二）"文化大革命"时期

"文化大革命"期间，本馆档案保管工作遭受较大的破坏。1967年11月，本馆由解放军接管。保管工作一切围绕当时政治斗争的需要开展。多年来形成的保障档案安全的库房管理工作经验被批判，库房管理制度遭到严重破坏。这一时期，本馆先后接收外单位分散保管的档案近40万卷，却只堆在库房走廊，不仅不能防霉、防潮，也无法防盗。库房管理上倒退到只能适时掌握通风，库房地面返潮，保管人员用拖把拖拖的水平。档案调阅，有时只要是重要人物或当权者一句话，根本不办理手续，就可以直接将需要的档案拿走。

（三）恢复整顿和狠抓基础工作时期

1978年，本馆拟定《档案库房管理规定》，逐步恢复了"文化大革命"前的一些好的规定。为纠正"文化大革命"以来档案管理方面的混乱以及档案库房管理制度废弛的状况，1978年8月7日至1979年3月，对馆藏全部档案进行了清点。清点结果是：全部档案71004尺，合23668米或47里。全宗总数1089个，案卷总数914313卷。重要档案（国民党、北洋、汪伪和个人）223个全宗，94374卷。需要纠正和处理的情况是：缺号653（其中重要号缺30个）卷，涉及有缺号的全宗190个。

这次档案清点是在"文化大革命"结束后，档案系统开展拨乱反正的情况下进行的，有特殊的意义。以这次的清点结果为依据，在库房管理上逐步开始建立全宗卷，记载每个全宗的数量、所属机构、档案整理说明以及档案变动及进出库房情况。

为了加快档案保管工作的全面整顿，尽快让档案保管工作走入正轨，本馆制定了"1978—1985年保管组业务规划"，明确提出"结合新建库房和档案的第二步整理，争取在1985年前对全部档案的科学系统保管方面有一个大的改进"的目标。

为明确档案保管工作职责，充分调动工作人员的积极性，确保档案的安全，做好档案基础工作，方便利用，1984年，保管部作为试点部门，率先在全馆试行保管工作岗位责任制。对每位保管员进行德、能、勤、绩的考核。考核采取百分制评分计奖法，总分为100分，其中按照要求完成工作定额60分，考勤、考德各20分。考核内容涵盖保管工作的各个环节。对考核优异的，给予奖励。对工作上发生较大事故造成损失的，扣发当月奖金；严重者，应给予行政处分。

1981年，在两幢4400平方米新库房投入使用后，保管部随即组织人员完成库房调整，并重新编制库位表。经过一年多的努力，共调整档案43万余卷。馆藏全部档案实现了首先按照历史时期或政权属性（北洋、国民政府、汪伪）区分全宗，同一政权机构档案再按其组织系统和重要程度分别集中、按全宗分类保管的科学化管理模式，从而完成了保管组预定的业务规划目标。这一管理模式客观地反映了民国档案的特点，是科学可行的。直到今天，我们仍旧沿用这种档案实体排架方式。

（四）全面发展时期

20世纪90年代以来，本馆档案保管工作进入全面发展时期。档案库房管理制度日趋完善，以制度建设带动保管工作规范化、科学化管理成为这一时期的重要特色。档案分级管理的思想引入保管工作实践，特藏库的建设成为本馆档案保管工作的一大亮点。充分利用各种现代技术手段开展档案缩微复制和数字化建设，以档案复制件替代原件提供利用，确保档案原件安全，尽可能延长档案寿命是这一时期本馆档案保管工作的又一重大使命。为此，我们开展了缩微胶片库、数字化档案光盘库的建设和异地备份工作。认真做好档案清点统计工作，摸清家底，为档案抢救性保护工作提供准确的基础数据，是档案保管工作的重要内容。我们成功完成了一次档案全面清点工作，不仅彻底摸清了家底，而且针对清点发现的问题，提出并逐步落实了改进相关基础工作的具体措施。

1. 库房管理制度日趋完善

经过几十年档案保管工作实践，我们已经建立了一套比较行之有效的制度体系，涵盖了档案库房日常管理、库区值班等诸多方面。为进一步筑牢档案安全保管的制度防线，贯彻"靠制度管人，靠制度管事"的理念，2003年起，我们对保管工作和各项规章制度作了全面梳理。根据档案保管工作的实际需要，对已有的规章制度进行修订完善，其中包括岗位职责、特藏档案管理、档案出入库登记等13项规章制度。另外，为适应保管工作的新情况，我们陆续出台了一些新的规章制度。2006年，为做好项目档案的管理，我们制定了《项目档案调用管理办法》。2007年，制定《项目档案管理办法》《商标档案出入库办法》《档案库房防漏职责分工》等。2008年，制定了《档案原件日常利用管理细则》《封存期档案原件调阅使用办法》等，从严控制档案原件调卷数量，明确调还卷手续，确保档案原件在流通过程中的完整与安全。2009年10月馆务会讨论通过的《档案库房管理工作规范》新增了有关档案封存的内容。2010年2月制定的《对外提供档案原件及扫描管理暂行办法》

专门针对开展档案数字化工作之后，为加强档案原件管理，有效提供利用服务而制定的。同年3月制定的《关于内部工作调用档案管理办法》，对内部用卷每次调卷数量和归还时间都作了非常严格的规定，减少每次调卷的数量，缩短用卷时间。2010年3月，我们将历年来有关档案保管的各项规章制度汇编成册。2020年，为贯彻国家档案局"制度落实年"总体部署要求，我们又对近年来各项档案安全保管制度进行全面梳理，根据实际需要和目前工作情况，对原来的制度进行"废、改、立"，从制度层面上建立了一套比较完善的档案保管规范和档案安全管理制度，对于我们从严依规科学保管档案提供了依据。在健全完善规章制度的同时，我们还加大了档案安全保管制度的学习和监督执行力度。将其中重要的一些制度制成展板，上墙张贴，让大家每天进库工作的时候都能看到，随时学习，对照执行。另外，我们还从这些规章制度中选出部分条款，制定了保管员行为"八不"守则，时刻警醒自己。对违反档案安全保管制度的人和事，我们组织讲评，有关当事人在年终考核时不予评优。通过以上举措，我们确保制度的刚性约束力，让大家真正对制度产生敬畏之心，让"依制度管人、按制度办事"变成大家自觉行为，努力提高档案安全保管和科学化管理效能。

2. 特藏库的建设

特藏库是本馆重要珍贵档案的集中保管地。建设特藏库既是我们对馆藏档案实行分级管理、用有限的优质资源对珍贵档案进行特殊的精心保护的具体举措，也是以陈列展览的形式对这些重要珍贵档案的一种活化利用。特藏库的建立不仅是档案保管工作的亮点，也是本馆对外交流、接待工作的一张靓丽名片。

早在馆"七五"（1986—1990）规划中，本馆就已经提出要做好珍贵和重要档案的保护工作。1987年，保管部内部成立特护组，专门从事珍贵档案的搜集、编目、复制、修裱和特藏。首先启动的是孙中山、蒋介石、冯玉祥等著名人物手迹的保护，随后逐步扩大到对珍贵字画、邮品、商标、债券、票证、证章、照片、地图及其他重要档案的集中典藏和保护工作。经过几年的努力，到1994年6月，正式建立了特藏库，但规模和藏品都有限。

1995年9月，本馆召开了一次有关档案分级管理的座谈会。会议针对馆藏量大、管理困难、工作头绪多但重点不突出的问题，一致同意对馆藏档案实行分级管理，集中有限的资源和人力对重要珍贵档案优先进行特殊保护和特别管理，在加快建立特藏室的问题上形成共识。

2001年，国家档案局召开的全国档案局馆长会议上明确提出："各级国家档案馆尤其是副省级市以上档案馆可以尝试建立特藏档案室，将特别珍贵、重要档案集中保管，采用先进的设施、设备，对重点档案实施特殊保管和提供利用。"2002年，本馆根据这一精神，在新库一楼重新扩建特藏库。经过一年多的努力，至2003年11月，全部完成1万余卷特藏档案的搬迁转移；4万多枚商标接收入藏；陈列室精品布展到位，新的特藏库建成开放。

现在的特藏库面积约500平方米，集中典藏约60个保管单位1万余卷（件）珍贵档案，包括孙中山、蒋介石、张静江、冯玉祥、汪精卫、宋子文、蔡元培等50位人物的个人全宗和字画、商标、邮票、钞票、照片、印信、证章以及其他珍贵档案汇集等。特藏库在功能设计上将藏与展有机地结合起来。所藏档案全部采用密集架，珍贵档案全部放入专门特制的红木、樟木盒和票册夹中存放。陈列厅则以展柜的方式展示具有典型性、代表性的特藏档案精品，分为名人字画、名人风采、北洋枭雄、大事掠影、珍邮宝泉、金石印章、徽章证照、火花商标等几个部分。这些具有鉴赏价值的档案珍品，从不同层面反映民国时期政治、经济、文化等方面的荣辱兴衰。

特藏库自建成以来，每年预约接待各级领导和来宾以及来自全国各地兄弟档案馆的同仁和台湾、香港及海外的专家学者、代表团前来参观。尉健行、李岚清等中央领导同志，中国国民党前主席连战先生等都曾参观过特藏展览。通过特藏档案展览，充分展示了民国档案的魅力，在极大地发挥档案社会价值的同时，提升了本馆的社会知名度和影响力。相信新馆建成后，特藏库将以更大的展示面积、更多的珍品档案、更佳的展陈效果出现在世人面前。

3. 档案缩微胶片库的建设

本馆自 1985 年开展档案缩微复制工作以来，经过近 15 年的努力，陆续完成蒋介石、陈布雷等个人全宗，国民政府、行政院、战史编纂委员会、中央大学等全宗以及新加坡和山西、宁夏等地区专题档案的缩微复制，形成 16 毫米、35 毫米片 8384 盘（其中母片 3881 盘）。为尽早发挥这些缩微胶片在档案对外利用中的作用，逐步减少对档案原件的依赖，降低频繁调用和复印给档案带来的伤害，1999 年，保管部购置专业的缩微胶片柜，并在档案库房设置了缩微胶片库房。同年，将所有胶片从技术部接收，移入库房，实行专库专柜专人保管。保管人员在最短的时间完成了胶片的清理、标注和编号工作。2006 年，保管部又采购了 20 套胶片柜专门存放母片，并将其转移到条件相对较好的特藏库房。还与技术部配合定期对其进行检查和倒片，以防粘连。2008 年 10 月，根据馆内有关停止使用档案原件提供利用的决定，对外利用改调缩微胶片。仅 2008—2010 年三年的时间，对外利用调取缩微胶片就达 6175 盘次。档案缩微胶片库的建设，既满足了社会利用者的查档需求，又促进了档案原件的安全保护，延长了档案的寿命。鉴于原来的档案胶片库房只是暂时借用特藏库过渡，且无法满足缩微母片较严的保管条件要求， 2014 年，我们利用东库改造的机会，新建档案缩微胶片低温库一间，除部分异地备份存放外，馆藏全部缩微胶片均转移到该库保管。一般情况下需保持在温度 13℃～15℃，湿度 35%～45% 的安全范围，每组胶片柜做好索引标识。我们还设置一个缓冲间，便于缩微胶片出库前从低温到常温的过渡。

4. 档案清点统计

历史档案管理工作中，档案征集、整理鉴定、保管利用等基础性工作环节中出现过一些工作上的疏忽或失误，非常容易导致档案发生"缺卷（号）"的现象。如有的全宗档案征集接收鉴定的原始记载上就不完整，有的档案因归属权变更被调出但相关登记记录不全甚至遗失，有的档案整理过程中出现一些错编号、漏编号、重编号以及编号不清，部分全宗档案重新整理时没有做好对照号，档案利用过程中将不同案卷的卷内文件搞混（串卷），档案修裱工作如果管理不善也会出现串卷问题。在目录管理上，有时未能针对档案实体变更情况适时填报登记。有时档案保管人员在日常还卷上架时（插）位置错误，等等。历史上，我馆曾多次开展档案清点工作，对缺号卷进行过认真查找。不过，囿于馆藏量庞大，档案基础工作薄弱，虽然多次进行过档案清点及暂缺案卷查找工作，但每次都有一些数量不等的缺卷在清点结束后仍然无法全部找到。另外，多次档案清点工作一直无法拿出一个可以令人信服的统计结果，这也让我馆长期背上家底不清的沉重历史包袱。2011年1月18日，馆务会研究决定，立即启动馆藏档案清点工作，把它作为档案基础整改工作的第一步和突破口。

通过清点，发现了在档案基础工作方面存在的一些问题，如有的档案编号不科学，容易混淆，部分档案号存在编重、漏编；档案在调阅后未能及时归入原来的架位，库房档案管理标识不全等问题；个别全宗档案目录未能及时反映与档案实体重新整理后的实际情况等。

针对这次档案清点发现的问题，本馆制定并采取了相应的措施。整理部负责对所有编号错误的卷、宗进行逐一纠正；对未整理档案按照数字化档案整理的统一标准和要求进行整理；空缺号问题通过数字化整理解决。保管部则以此次档案清点工作为契机，加快库房管理科学化、规范化的步伐，将所有点卷单按全宗、按库房进行装订，作为档案保管工作的重要资料长期保存。在目录管理上，改传统簿式纸质目录为电子目录为主，纸质目录为辅，在目录管理上明确整理、保管和利用三个部门的职责和权限，确保目录信息与实体信息完全一致，联动更新。

5. 档案数字化工作

我馆的档案数字化工作在全国同行内开始较早。1998年，我馆开始按专题进行档案数字化工作，先后完成财政、邮电、黄河水利等专题档案数字化，总量约1200万画幅。因专题电子档案均为选择性扫描，且数据标准不统一，检索、利用及保管上的局限性日益显现。2008年起，我馆制定规划，开始按全宗对馆藏档案进行数字化。经过四年多努力，完成9个全宗930万画幅档案的数字化工作。在档案缩微复制方面，我馆已完成25个全宗、1028.8万余画幅的档案胶片拍摄制作。至2011年底，我馆共计完成2130万画幅档案的数字化，约占馆藏总量的十分之一。

为加快档案数字化进度，更好地满足国家与社会对民国档案利用和档案原件安全保管的需求，我馆提出五年档案数字化项目申请（2012—2017）。该项目经中央档案馆国家档案局批准，财政部予以专项经费支持。

档案数字化工作作为全馆重点工作之一，引领和带动了档案整理、保管、信息化处理、技术保护和对外利用等档案馆基础性工作的变革和提升。档案保管部门全过程参与了档案数字化工程，承担档案提调、档案原件封存与保管以及档案光盘、数转模胶片等离线数据的储存保管以及档案装订等工作。

保管处会同利用、整理等部门，根据全宗重要程度、利用率，结合库房调整、库位分布等，确定数字化工程档案全宗整理扫描序列。档案调收组从库房提调档案，在指定区域与档案整理组、整理外包公司交接。交接时以卷（宗、件数）为单位对档案进行清点、记录，三方共同签署档案出库移交单，装车由保安协同押运至档案整理区。档案装订工作也纳入数字化工程流程之一，需剔除案卷内原来的金属物装订物（书钉、回形针、大头针和金属夹等），核实档案页码准确，采用最大限度保护档案实体的方式进行装订，最后还要填写案卷信息表。装订后的档案在完成消毒后向档案调收组清点移交进库保管。扫描数据组对检验合格的数字成果数据，按照国家有关标准及应用规范，进行数据备份。刻录DVD光盘一套，通过数转模转换制作缩微胶片一套。光盘入库保管，缩微胶片交保管处进行异地备份存放。

五年档案数字化工程，共调收档案 332 个全宗，884564 卷，完成 82524356 页档案的整理和编号。另外，从 2009 年至 2019 年，通过十年时间共完成 752950 卷档案的装订工作。

6.档案装具的发展演变

作为档案库房重要装具的档案架在 70 年间也经历了一个从缺到有、从木质架到钢制架（包括战备柜）、从固定架到密集架的演变过程。

1951 年，史料整理处刚成立的时候，淮海路办公处有各式书架 164 个，中山东路档案库有各式书架 157 个，档案橱 31 个，借用（中科院）宁处办公厅各式书架 130 个。由于档案架严重不足，大量的未整理档案用箱、篓、筐、袋等堆积存放在库房。1951 年，史料整理处新购档案架 274 个。1953 年 6 月，定做书架 140 只，7 格 6 层。1959 年投入使用的四层档案库房，安装有 594 只樟木档案架，所有的档案架都编上统一的号码，便于管理。这些档案架大部分沿用至今。

1965 年，为了适应战备档案转移工作的需要，本馆向上级有关部门申请制作尺寸为长 83 厘米、深 27 厘米、高 34 厘米的战备铁皮箱 3000 只，但由于国家钢材紧缺，至 1969 年，本馆配置的战备柜不到 400 套。这些战备柜在 1969 年档案战备转移中，发挥了作用。1978 年，为配合两栋三层库房的建设，在原有 623 套的基础上又购置了一部分铁箱，总数 770 余套，并全部放置在底层库房。现在，这些战备柜已经不再作为库房档案装具使用。

1991 年，新档案资料库交付使用后，三至五层购置金属密集档案架共 756 列，另外还有部分钢制固定架。档案密集架的使用大大提高了库房的有效容量。2009 年 11 月，本馆对这批档案架进行了一次升级改造，更换横面板及传动手柄（含上下牙轮及轴承座）593 套，增加面板 274 块，有效地延长了密集架的使用寿命。

2010 年，为配合档案原件封存试点工作，本馆采购了 200 套钢制五节柜作为档案封存的装具。五节柜坚固耐用，在遭遇诸如地震等自然灾害时，能够最大限度地保护档案实体的安全，还能便于档案的迅速转移。今后随着档案数字化的进一步开展，档案原件封存将变成一个常态化的工作，五节柜的需求会越来越大，将逐步成为本馆档案保管装具的主体。

2014年，为尽快将已经建成的低温胶片库投入使用，我们经过调研，采购了53组抽屉式胶片柜。其规格尺寸为125厘米×90厘米×45厘米，7层（抽），每层6格，每格21盘，可存放882盘胶片，基本能够满足原有的档案胶片和档案数字化后通过数转模形成的缩微胶片存储和保管需要。

三、安全保管工作

档案保管工作最核心的任务就是确保档案的安全和完整。在本馆70年历史上，档案安全保管一直是几代档案人的神圣职责，也是档案馆的第一要务。

（一）史料整理处时期

南京史料整理处成立后，1951年1月召开的第一次临时行政会议上就作出关于冬防的决定，成立冬防（不久改称安全）一组、二组，开展防火、防盗、防特的工作，以确保档案安全。2月，针对原国史馆档案安全事故进行安全排查，把破旧老化的档案库房维修问题提上计划。在完成维修之前，保管组经常注意通风、防虫、防火、防潮的工作，定期检查，并且派人轮流值班，以防发生事故。为了从制度上保证档案安全，史料整理处根据国家有关规定，制定了库房管理制度、保密制度以及保管组工作细则等，便于有关人员遵照执行。1951年通过的《中国科学院近代史所南京史料整理处档案初步整理办法》中涉及档案安全保管的专门条款就有4条。如档案库须有防火设备，严禁工作人员在库内吸烟；档案库须不时检查，注意通风，以防潮腐；档案库一律加锁，并指定专人保管等。1953年12月，史料整理处第二次处务会议讨论通过了"管理库房暂行办法"，确立了保管档案安全第一的思想，提出了档案的存放和管理系统化、科学化的具体要求。1954 年 9 月 1 日，制定了"档案保管工作制度"，第一次提出"双人进出库"和库房管理"四防"要求：防虫、防潮、防火、防盗，其基本原则和要求至今都是档案保管工作的必须遵守的准则。

在加强内部管理的同时，史料整理处还非常注重库房及办公场所周边环境的安全。1954 年 4 月，史料整理处向江苏省公安厅报告，请求通知处所在地公安机关协助解决周边安全问题，对有人在淮海路东库房边搭草棚居住、做饭生火等影响东房整理档案工作室的安全隐患，加以排除。

为了进一步明确部门之间的责任，确保档案在整理、保管和利用诸环节的安全，1960 年，史料整理处作出明确规定：所有档案，除整理组正在整理、每组因工作需要借出正在使用，分别由整理组和使用人员负责安全保管外，其他凡已整理和未经整理的档案，均由保管组负责安全保管；凡整理组整理好的档案，向保管组移交时，两组必须按登记目录进行点交，做好交接手续，明确责任；凡档案借调使用时，负责管理利用人员必须严格执行制度，办好手续，使档案既能发挥应有的作用，又能保护档案文件的安全；经常注意档案的安全保管，如库房的温湿度、安全设备、保管制度、安全检查，尽量做到有一定人负责，有一定的制度，能定期进行检查，以保护档案的安全。

由于思想上高度重视，相关档案安全保管完善，措施到位，到"文化大革命"之前，本馆克服了档案库房严重不足、库房条件较差等给档案保管工作带来的困难，在安全保管上一直没有出过什么事故，工作是非常有成绩的。

（二）"文化大革命"时期

1967 年底，本馆由解放军接管。1968 年 3 月，正式成立了江苏省清查敌伪档案办公室（机构设在本馆）。这一时期对本馆前 17 年来形成的一套确保档案安全行之有效的规章制度一概予以否定，一概斥之为"修正主义路线的产物"，是"禁条""旧框框""老一套"。正常的借阅手续不要了，只要是当权者或某个大人物的一句话，就可以将重要档案从库房取走。已有的库房保管制度被砸碎了，档案库房的大门日夜开放，查档者可随意进库调档案，还美其名曰"走群众路线"。库房管理、档案调阅利用制度的破坏直接给档案的安全带来影响。

"文化大革命"期间，在档案安全保管上实施了一项重要的工作——战备档案转移。为确保档案实体的安全，应对突发战争等对档案可能造成的破坏，早在1965年，国家档案局就对一史馆和本馆的明清档案和民国档案的战备转移问题作出过指示。同年，按照国家档案局要求，在机关"四清"运动结束之后，本馆集中力量进行备战。用10个月的时间，突击完成了馆内全部150万卷2525箱档案的清理鉴定工作，并且清理了淮海路库房和朝天宫博物院库房内的杂乱档案43253捆，760箱，140席包，50木盒。对档案按照重要程度进行了区分和清理：重要档案85589卷，特别重要的9187卷，主要内容包括对外关系、边界边防、民族关系、旧政府反共反人民的活动以及其他重要政治和经济档案文件。这些档案作为应急时需要转移的战备档案。1969年，清查敌伪档案办公室又从本馆一般档案中清理出部分具有重要价值的档案，对原先确定的重要档案中部分不重要的档案抽出重新归入一般档案，调整后构成完备的转移档案。为了便于转运和存放这批战备档案，经中央批准，本馆还专门制作了300套铁皮箱作为战备档案柜。

关于战备档案转移地点，1965年国家档案局原本已经确定以陕西凤县后库作为转移地点。1969年10月，中央档案馆根据中央办公厅指示，本馆档案不能存放陕西凤县后库。江苏省革委会清档办公室决定将战备档案转移地点改在小三线，最后选定距南京70公里的句容县境内茅山农场。

1969年11月，江苏省革委会决定，本馆从15日起，暂停对外接待，并立即将重要档案转移出南京。经过10多天的紧张工作，至28日，所有重要档案8万卷全部装箱，顺利转移到句容农场，并派专人看管。鉴于形势变化，1972年，所有转移到句容的战备档案全部运回南京，继续作为重要档案入库存放。

（三）改革开放时期

"文化大革命"结束后，本馆在档案安全保管的整顿恢复上采取了一些有力的措施。首先，启动追踪调查"文化大革命"期间"专案小组"等从本馆拿走档案下落的工作。1979年5月，本馆办公室专门致函原江苏省革委会清查敌伪档案办公室副主任，询问"文化大革命"中调出的某些档案的下落。组织馆内有关工作人员回忆这些档案的去留，帮助提供线索，设法索回。其次，对1978—1979年档案清点过程中发现的300个缺号进行查找，做到逐个落实。对找不出来的缺号，查清其来龙去脉。要求档案保管利用中不再产生新的缺号。最后，在档案安全保管内部管理上，把提高档案保管人员的安全责任意识当成一个头等重要的事情来抓。把库房保管工作的责任，实行按库、按人进行分工落实。

1981年3月，本馆通过了《关于加强档案保护工作的规定》，基本恢复了"文化大革命"前行之有效的档案安全保护的有关制度和规定。

本馆借用南京博物院朝天宫库房存放档案20多年。由于该库年久失修，房顶严重漏水，档案多年遭受水淹，处于不安全状态。1982年6月，本馆在完成对朝天宫档案清理鉴定的基础上，下决心将其运回到中山东路馆内库房存放，彻底清理了积存多年的"档案海"，解决了历史遗留下来的老大难问题，让这批命运多舛的档案终于有了一个安全的保管场所。

从1981年初两幢三层新库房启用之日始，本馆就把涉及技术保护方面的档案保管安全问题作为一项重要工作来抓。我们健全了各库房的内外温湿度记录制度，逐日逐周不间断地记录，积累了完整的全年库房温湿度资料。在梅雨季节，开启去湿机，降低库房湿度。但由于库房设计的局限和缺乏必要的设备，库房温湿度控制一直不很理想。为从根本上解决这一问题，1985年，本馆启动了以提高库房防火等级，增设防火安全设施；提高库房隔热能力，增设空调去湿设备；协调建筑外观，更换琉璃瓦屋面为内容的后库（现在编号为5号库）改造施工。经过施工改造，库房温湿度做到基本能够控制。

1988年4月，本馆发生了一起部分档案被浸湿的严重事故。事故原因是新档案资料库房施工工人在收工时，未将四楼的自来水龙头关闭，以致当晚自来水四处溢流，并通过新建大楼与5号档案库房连接的天桥透过墙壁流入库房。造成九间库房进水，部分档案受潮，完全湿透的档案300卷，还有1000余卷档案遭到了水溅，封皮受潮。事故发生后，本馆立即组织了抢救档案的工作。在两个小时内，全部排出库房内的积水。将受潮的档案，搬出原库房，放到干燥的房间摊开、通风、晾干。对受潮最重的300卷，为了避免结饼成砖，组织全馆人员将其逐页夹纸吸水，并专放一屋，烧暖气升温去湿。经数日紧急抢救，受潮档案被晾干。

这次事故给我们敲响了警钟。为加强档案安全保护工作，本馆在全馆开展档案安全教育，形成了"有效地保护档案，维护其完整与安全，使其'延年益寿'，是档案馆最基本的职责和任务"的共识。同时采取具体措施，专门成立由保管部和技术室人员组成的档案工作小组，对本馆档案基本保管状况进行全面调查。内容包括开展案卷状况调查，全面掌握档案破损、霉变、生虫、特殊大尺寸等情况；建立特殊载体档案数据库，为实施对照片、唱片、地图、证章、字画等档案特殊保护、特殊管理做好前期准备。经过调查，获取了档案破损状况基本数据：破损严重的档案占馆藏量0.5%～1%，约1万卷；一般破损的约占馆藏量10%～15%，15～20万卷。馆藏档案70%以上未装订。馆藏档案约有30%的案卷卷皮，已经破烂。珍贵和重要档案的状况调查也取得很大进展，完成了个人全宗和珍贵档案的目录编制，为特藏档案室的建立奠定了非常好的基础。

在调查掌握了馆藏档案基本保管状况的情况后，本馆充分利用国家档案局分配的全国重点档案抢救经费，从1984年开始，花10年时间持续开展了抄写并更换案卷封皮、修复破损档案等档案实体抢救性保护工作。共重新抄写并更换案卷封皮近70万卷（宗），修复破损档案210万张。同时还对8个全宗进行装盒保护，将近9

万卷装入 2 万多只无酸纸档案盒，进一步改善了档案的保存状况。

在做好库房档案安全保管的同时，我们还加强了档案在个人借阅期间的管理。1990 年 4 月，在淮海路宿舍发现了本馆某同志丢失的一卷档案。馆里抓住这一事件，从 4 月下旬起对全馆范围内个人调阅的档案进行了一次大清理。通过清理，发现了个人使用档案安全管理方面的一些问题。一是个人长期占用档案，久借不还，影响了档案的安全与开放利用。全馆 83 人调阅档案 6000 多卷，其中 23 人借调百卷以上，有的时间长达三年。有的案卷还被拆装。二是大量复印档案，有 30 人印了千页以上，最多者高达 18000 页。三是有法不依，有章不循。少数人违犯档案调阅规定，擅自提供、借阅，个别人擅自将档案拆卷带出馆外，以致丢失。这次清理工作收到了很好的成效，共收回档案 5320 卷。通过清理，大家普遍受到了一次档案安全方面的教育。个人使用档案的安全管理问题开始纳入档案安全管理的整体中进行规范。1996 年 7 月，本馆更进一步规范了个人调用档案的问题，制定了专门的规章制度，设立专门的内部阅卷室，不允许档案带往个人办公室使用。并严格调阅手续，从严控制每次调阅复印档案的数量，缩短档案利用的周期。

1991 年夏天，南京遭遇罕见的特大洪涝灾害，馆内成立抗洪抢险突击队，制定应急抢险预案，组织保管员调整库房，将存放在临时库房的待缩微档案进行了紧急转移，仅一天搬迁档案近 2 万卷。同时将库房底层架上的档案捆扎成捆。由于措施到位，预防积极，我们顺利地度过了这场可能发生的危及档案安全的严重水患。考虑到南京地处长江下游地区，每年夏天的防洪任务很重，为了将这项工作常态化，我们经过多年的摸索，于 2005 年专门制定了防汛抢险工作预案，确保事态发生时，各部门有条不紊、按部就班地负起各自的职责，维护档案的安全。

（四）21 世纪

进入 21 世纪以来，档案界对档案安全工作的认识普遍得到提升，档案安全体系作为档案"三个体系"建设的理念，逐步深入人心并得以贯彻落实。

1. 档案原件封存试点工作

2008年汶川大地震给受灾地县档案造成的巨大破坏，引起全国档案界的高度关注和深刻反思。如何确保档案原件安全再次成为摆在各级档案馆面前的一个重大而紧迫的课题。2010年4月，中央档案馆国家档案局杨冬权馆局长在本馆检查档案安全工作期间，就档案安全问题作出重要指示，明确提出了开展档案原件封存试点的要求。

本馆档案原件封存试点工作于2010年6月正式开始组织实施。为确保各个环节科学、有效地协同运转，我们成立了以保管部、技术部和行财处为核心的封存试点工作组。由保管部负责项目组织协调、整体方案的制定、封存工作期间档案的安全监管，承担拟封存档案的清点、移库、五节柜排列、封存后档案的装箱入柜、封存柜档案索引标识（牌）安装、封存档案条形码管理软件开发等工作环节。技术部负责档案除尘、消毒、抽真空。行财处负责封存档案库房的出新以及整个项目的后勤保障。

档案原件封存试点采取两种技术方式进行，第一种用抽真空技术（绝氧充氮）将档案抽真空封装，然后放入五节柜。采用绝氧充氮技术封存档案可以较长时间地使真空袋内档案的温湿度控制在一个符合要求的水平，还可以通过绝氧消杀各种档案有害生物。这种方法对人体也没有任何损害。第二种采用具备防火防霉防虫防酸等性能的纸箱将档案封装，然后放入五节柜。这种"四防"档案纸箱由陕西师范大学历史文化遗产保护教育部工程研究中心生产，纸箱表面处理剂中含有硼、铝、氟等多种无机阻燃成分，在火灾出现时瞬间自灭，并具有抑烟性能。同时纸箱中还含有八硼酸钠等高效低毒的驱虫防霉剂，能保护箱内档案不生虫、不生霉。

于9月份完成第一间库房封存试点，12月中旬完成第二间库房档案封存。共封存民国北京政府时期档案42个全宗，32000余卷，约占馆藏全宗总数的3%，不到馆藏档案案卷总量的2%。这次试点为今后大规模开展数字化完成后档案原件的封存工作提供了宝贵的经验。

2."技防"更新工作

在档案安全保管上，我们筑起了几道防线，除了"人防""制度防线"等之外，我们还有一套设备先进、可靠实用的"技防"体系。1991年，本馆新档案资料库建成投入使用的时候，库房内就建有一套消防系统。灭火剂采用的是"1211"产品。由于技术的发展，原来的灭火剂已经被淘汰。2006年7月，本馆这套系统进行了升级改造，灭火剂全部改用环保型的七氟炳烷灭火气体。管网改造充分利用原基础，对原管网进行吹气冲洗，保证管道内没有灰尘、杂质。烟感、温感报警设备采用了一种比较先进的光电环保型探头。这次消防系统改造非常成功，本馆也因此成为国内档案馆界第一个采用国家消防规范标准施工的单位。2004年，我们在进入档案库房的专用电梯上加装了IC卡识别器，除持有IC卡的保管员等少数人外，任何无关人员无法通过电梯进入库区。2008年5月，本馆还成功地建成了库房视频监控系统。每间库房、每条库房过道、通风机房等均布设了红外摄像探头，保证库房在零照度的情况下都会传送清晰的实时视频图像。相关视频经过嵌入式硬盘录像设备录制，保存时间长达三个月。

3.3号库设库

2012年，经江苏省建筑质量检测中心检测，该楼墙体承载力不足，综合抗震能力差，为Csu级危险房。为确保档案安全，我馆决定在新馆库建成前，将3号库改造为具备较好保管条件的库房，用于转移存放从5号库迁移的部分档案，达到为5号库减负的目的。

3号库总建筑面积2152平方米，共3层。有库房18间，每间使用面积约70平方米（5.5米×12.7米）。2013年11月，启动楼宇增设保温层施工以及安装中央空调及消防、监控、楼宇智能化控制等系统，将3号库改造为符合档案安全保管要求的库房。2014年6月，3号库改造工程基本完成。我们随即制定工作方案，充分利用 3 号库房有效空间，设立数字化档案封存库房 17 间（其中 1 间暂用作数字化工作周转库）、缩微胶片低温库 1 间。根据数字化进展，逐步将已完成数字化档案迁入 3 号库封存存放。据测算，16 间库房大约可以存放 30 万卷档案，档案迁移后，为 5 号库房减少近二分之一的档案存放总量，近两层库房可以腾空。其间，还需对档案进行批量倒库，将 5 号库档案（未数字化部分）迁移存放 4 号库空位。一层低温库可以存放 5 万盘缩微胶片，能满足五年档案数字化项目需求。在具体档案移库过程中，对完成数字化流程的全宗档案逐卷进行清点，清点结果与该全宗档案目录完全一致后，办理入库封存交接。按全宗、按卷号顺序依次装入五节柜；不同全宗另起一箱（节）封存；同一个全宗的大尺寸档案可以统一置于全宗尾部单独装箱封存，但必须在原来位置放置代卷标牌，说明案卷的实际存放位置；每一箱（节）档案的全宗号、案卷起始号均作详细登记；档案装箱要松紧适度。柜子上锁，完成档案封存程序。最后根据装箱档案全宗号、案卷起始号等登记情况，打印一式二份索引标识，张贴在每只箱柜的相应位置。每排五节柜再贴上排架索引。索引标识做到准确、清晰、完整。

4. 异地备份工作

根据馆局领导指示，我馆档案异质异地备份地点选定在中央档案馆后库。自 2014 年开始，我馆开始了缩微胶片的异地备份准备工作。当年 7 月，我们顺利地将第一批 46 箱 3987 盘档案缩微胶片（包含 14 个全宗及 13 个专题史料选编）运往后库备份存放。为确保档案异地备份工作顺利开展，我们认真选择第一批次异地备份的缩微胶片范围。选择至少两种形式的缩微胶片，以及数字化工程产生的两套缩微胶片成果数据中的母片，用来进行异地备份，以确保本馆缩微胶片的对外利用工作的正常开展，以及胶片档案的信息安全。我们还订制了合适的缩微胶片运输装具及备份装具。该装具系采用三层瓦楞纸板、尺寸大小为 38 厘米 ×31 厘米 ×21 厘米的纸箱，运输过程中既结实抗压也轻便易携，保管存放时既节约空间又增加舒适透气。在异地备份运送过程中，我们充分依靠机要交通的力量，江苏省机要交通部门负责从单位起运到北京的安全，中央办公厅机要交通局负责从北京到中央档案馆后库的安全，做到全程无缝衔接。为履行手续，明确责任，我们与机要交通、备份地均以整箱交接的方式，准备了交接文据，并打印一份详细目录置于备份库，以便日后管理。

通过第一次异地备份工作，我们已经探索出一条安全有效的工作机制和交通运输保障流程。在此基础上，我们于 2015 年 10 月，完成第二批次缩微胶片 40 箱 3577 盘的异地备份工作。2016 年 10 月，完成第三批次缩微胶片 39 箱 3498 盘的异地备份工作。连续三年，共计共完成了 125 箱 11059 盘缩微胶片的异地备份工作。今后我们将在国家档案局的指导下，继续开展这项工作。

回顾 70 年档案保管工作，档案安全保管条件得到较大改善，我们已经建立起一套比较完善的、具有较高水平的档案安全防线，即制度防线、环境防线、人员防线、技术防线和保密防线。库房管理水平也已经走上科学化、规范化的轨道。新馆项目即将建成，档案安全保管条件将会迎来根本性的改善和提高。围绕党和国家中心大局，为服务大局和满足社会需求提供档案利用方面也取得很大的成效。但从建设民国档案安全体系的总目标，从再保档案安全 100 年的要求来看，档案保管还有大量的工作要做。

第一，抓队伍，提高保管人员素质。保管人员要提高政治站位和大局意识，要认真贯彻落实习近平总书记有关档案工作的系列指示批示精神。要充分认识档案作为国家战略资源之一的重要意义，把做好档案保管工作上升到为国家安全服务的高度来看待。要不断学习，提高履职能力。要完善知识结构，融合档案管理学、近现代史和信息化管理等相关知识，要熟悉和研究馆藏档案，特别是全宗演变和档案接收整理情况，全宗排架长度、特殊纸张、特别纸型、档案破损、酸化状况等。对地图蓝图、簿册、书画、证章、邮票、钞票、商标、印章、照片、胶片、唱片等等特殊形态档案状况更要如数家珍。要具备严谨细致的工作作风、任劳任怨的奉献精神，有功成不必在我、功成一定有我的胸怀。

第二，抓管理，提升档案工作水平。要紧紧围绕新档案法实施为契机，全面推进档案保管工作治理体系和治理能力现代化建设。档案保管作为档案馆最基础、最核心的工作之一，要纳入档案事业发展规划中整体考虑。要健全档案保管规章制度，并根据形势发展和任务需要，不断完善。要认真研究、精心谋划新馆建成后档案保管工作面临的新问题，比如档案设库、档案安全转移、新馆库区安防和日常管理等。精心筹划特藏档案展览，对特藏档案实施精细化保管和保护。要与技术部门密切配合，制定库房虫害防治、破损档案修复、档案脱酸、数字化档案封存等专项工作方案。继续开展档案异地备份工作，研究异质备份档案数据检测和迁移工作方案。要提高档案保管工作信息化管理水平，加强对设库状况、档案调收、档案基础状况等数据的搜集和管理。

第三，抓安全，建设平安库房。要牢固树立安全是档案工作第一要务的思想。在档案安全问题上实行一票否决制，绝不含糊。档案保管工作处在保证档案安全的第一线，任务最重，责任最大。保管人员要把为国管档的神圣使命感转化为日常每项工作的责任心，从小事抓起，从细节做起。要严格执行库房管理各项规章制度，并将制度执行情况纳入考评机制。要制定各种专项应急预案，把握安全隐患风险走向，下好先手棋、打好主动仗，做好随时应对各种风险挑战的能力。保管人员要熟悉了解新馆档案库房各种设施设备，包括恒温恒湿空调、高压细水雾、楼宇智能化系统等，能第一时间发现问题并做紧急处置。要建立与相关部门联动机制，有效掌控库房安全态势、及时化解各种危机和隐患，共建平安库房。

（文俊雄　撰稿）

第三章

档案整理

　　档案整理是档案馆业务工作中最为基础的一项工作。70年来，本馆档案整理工作在上级组织的关心和领导下，取得了一系列工作成果，按时间顺序大致可以划分为以下几个工作阶段。

一、建馆前夕档案的整理（1949.5—1951.1）

　　本馆档案整理工作最早可以追溯到1949年4月南京解放以后。组织开展整理工作的实体性机构，一个是建馆时的第一个来源——被军事接管的原国民政府国史馆，另一个则是建馆时的第二个来源——政务院指导接收工作委员会驻宁办事处。

　　（一）原国史馆对其所藏档案的整理

　　1949年4月南京解放，为确保包括档案资源在内的国家财产的清点与接管，中国人民革命军事委员会主席毛泽东、中国人民解放军总司令朱德共同签发了《中国人民解放军布告》，明确规定：原国民党政府机关及其工作人员"在人民政府接管前，均须照旧供职，并负责保护资产、机器、图表、账册、档案等，听候清点和接管"。

　　5月，中国人民解放军军事管制委员会军事代表进驻国史馆，在国史馆接收移交报告上签名，正式对其进行军事接管，并着手开始接管后所存档案的清点与整理工作。

6月，清点登记与整理工作全面开展。面对混乱堆放的档案，该馆采取将现有档案依其所属机关各分为一个单位，各单位档案再依其形成时代先后逐一全部整理的原则，通过分散人力、使用卡片按宗按件，再按照一个单位集中一个时段、对几个部门档案同时进行逐一整理的方法，对其以往所保存的档案及其以后从开国文献馆、国学图书馆以及南京军事管制委员会高等教育处结束后所移交接收进馆的档案进行了清点登记和相对细致的整理。

到12月底，先后清点登记完成清代档案12个登记单位，北京民国政府档案42个登记单位，南京国民政府行政机构档案、军事机构档案和党务机构档案51个登记单位，以及汪伪政权档案19个登记单位，并以此为基础对部分机构档案进行了整理。

（二）政务院指导接收工作委员会驻宁办事处对其所接收档案的整理

1949年10月25日，中央人民政府政务院第二次会议议决组织以陈云副总理为主任的政务院指导接收工作委员会，统筹指导与处理国内外有关国民党政府中央各机关人员、档案、图书、财产、物资等清点与接收事宜。

11月底，以董必武副总理为团长的政务院指导接收工作委员会华东工作团组成，于12月初前往南京、上海等地开展档案接收工作，在南京清点接收国民党中央机关残留档案3700多箱、660多篓。次年1月，华东工作团将其在南京、上海接收的国民党各机关档案1200余箱移交国史馆进行接收整理。2月，政务院指导接收工作委员会华东工作团结束工作，另行成立指导接收委员会南京临时办事处，继续集中国民党各机关档案予以登记接收和初步整理。

该处采取分工合作和相对粗线条的整理方法，按计划在较短时间内，把某一机关形成的档案先分成若干大类，再按类配备人力，将每一大类中内容相同的案卷合并为一案，给予适当的标题，再以案为单位，用阿拉伯数目统一编号、拟制标题、编写档案目录，使所存档案能够尽快得到保管和利用，为国家建设服务。

这一时期是新中国建立后我国档案事业的开创时期，我国档案整理工作尚处于摸索阶段，整理工作的方式方法正在逐步形成过程之中。尽管如此，这一时期的档案整理工作却有着划时代的意义，在中国档案史上占有重要地位。

二、建馆初期档案的整理（1951—1953）

1951 年 2 月 1 日，根据中央人民政府文化教育委员会指示，以政务院指导接收工作委员会驻宁办事处和已被军事接管的原南京国民政府国史馆两机构为基础，采取机构合并方式，成立了中国科学院历史研究所第三所南京史料整理处，该处于清点接收完成两机构原先所藏的历史档案以后，便着手开展了所藏档案的整理工作。

为统一规范和有计划、有组织地开展好档案整理工作，南京史料整理处的同仁们分析了已经接收档案的基本状况和当时档案工作的基础条件，得出了五个方面基本看法：（1）民国档案数量巨大、零乱、复杂；（2）各类档案各有一套管理方法；（3）该处现有人力少，对档案整理没有经验；（4）如何能使这些档案为国家建设服务；（5）如何尽快地发挥所有收集到的档案的作用。并认为档案整理工作的开展，须以原来政务院指导接收工作委员会南京临时办事处档案组和原国史馆两个机构档案的整理方法为基础，通过经验交流，以求互相印证，形成统一的办法，并使这统一的办法能够达到两方面要求：一是使已经接管的档案能够分门别类统一编号，并能依次排列，使取阅时毫不费力；二是将每一部门档案按其业务特性制订分类目录簿，再在目录簿首页制定一个分类系统表作为索引，使查阅者可以按图索骥，一目了然。进而明确了整理工作的三个基本原则：一是按档案形成的机关单位和组织系统进行整理，不打乱它的机关和组织；二是整理方法必须统一；三是先进行初步整理，编制出可以使用的目录。按照以上要求和原则，制定了《中国科学院近代史研究所南京史料整理处档案初步整理办法》。该办法共计 23 条，分为清检、登记、校对、分类、抄目、典藏六个方面工作步骤，其中较为重要的整理方法和工作思路有：

（1）每一机关为一整理单位。原卷封面已标明类别的，依其原类别置放。原卷封面无类别标识的，作假定类别置放。

（2）成卷档案内容非同一案者，作散卷处理。散卷依假定类别分别归纳，无法归纳的提存一处，待登记时再予以处理。

（3）档案附件应力求与正件相连，离散者应尽可能合并，无法合并的另行提存。与档案无关的簿册等件，剔除另存。

（4）拟写档案名称，并应保持原卷立场。散卷按其内容性质予以归并，并拟订其名称。档案起讫年月写明公历年号。

（5）根据机关组织法及档案内容拟订卷宗档案分类排列表，对照分类排列表逐号排列卷宗档案。

（6）档案登记以案为单位，凡属一个事件的公文，无论其为一件或数件，一本或数本及其附件装订成一卷或数卷，均视为一案，每案编为一号，统一编写在原卷封面右下角。

（7）按照分类顺序，将已编号的卷宗档案登目造册，编成案卷目录。

同时要求：严格按照上级指示，对于整理中所经手档案，"片纸只字不得随意丢失"，档案文件须尽量加以保存，暂不进行鉴定销毁，免使其遭受损失。

依照这种整理方法，这一年先后分类整理完成了南京国民政府、行政院、立法院、监察院、财政部、经济部、教育部、主计部、社会部、内政部、司法行政部、公路总局、最高法院、最高监察署、外交部、国民党中央党部以及汪伪国民政府、中央储备银行等机关单位或机关系统18个全案。

次年，对上一年度的整理工作进行了总结，进一步明确了整理工作开展需要遵循的三项基本原则：（1）就卷整卷，层层深入。先分大类，次分小类，然后确定卷卷标题。（2）清检工作完成后再进行拟写标题工作。（3）清检与标题工作完毕后再进行卷宗标题登记与编号工作。

根据这一原则，全年合计分类整理完成北京民国政府内务部、政事堂，以及国民党中央党史会、中央训练部，南京国民政府内政部、交通部、行政院经济会议、侨务委员会、卫生部用具制造厂、国防最高委员会、国家精神总动员会议、禁烟委员会、中央防疫处、全国度量衡局、商品检验局、农林部等机构18个全宗，形成档案22954个卷号，合计53989宗。

到1953年年底，该处对于三年来整理工作所取得的经验进行了一次较为全面的总结，将整理工作的基本原则进一步归纳为五个方面：一是必须重视历史档案，片纸只字不使损失。二是档案整理应当依照它原来的单位以及原来单位的组织情况进行整理，通过整理，将它的轮廓恢复出来，使原先复杂紊乱的档案系统化。三是尽可能用统一的方法进行整理，方便于馆藏全部档案的管理。四是对于民国档案应尽量集中统一进行保管，以保持其完整性。五是国家经济文化建设和历史、科学研究急需使用和参考档案，必须迅速进行整理，以满足各方面需要。

同时，结合整理工作的开展，将整理工作程序调整为更加符合档案整理工作实际的清检、标题、装订、排比、编号、登记和索引等7个方面工作步骤。

按照以上办法，到1953年底，合计整理档案93个单位，形成档案959133卷。

可以看出，从史料整理处成立初期到1953年，档案整理工作在一定程度上吸收和借鉴了原政务院指导接收工作委员会驻宁办事处和原南京国民政府国史馆所采用的档案工作整理方法。客观地说，这一时期的档案整理就其实质而言，还是一种带有清理性质的初步整理，在全宗划分、分类、立卷及案卷题名方面还有不够科学的地方，但是在当时国家建设百废待兴、急需利用档案的情况下，这种整理应是符合当时社会发展需要的，其中的依照机关来源和机关单位开展整理工作，已经初步具备了全宗原则的思想。

三、学习苏联先进经验至"大跃进"前档案的整理（1954—1957）

如果把建馆初期我馆档案的整理工作定为经验积累时期，到了1954年，这一工作便开始进入基本理论与工作方法基本形成阶段。这一时期，国家第一个五年计划开始全面实施，我馆档案整理工作也随之有了新的变化与发展。尽管在前几年工作中，我馆档案整理工作已经积累了一些经验，形成了一些整理工作方法，但是也遇到了一些无法解决的问题，于是便产生了结合整理工作学习苏联先进档案工作经验的迫切要求。这一年年初，南京史料整理处制定了一个学习计划，开始系统地学习苏联档案整理工作的先进理论与方法，并成立了一个专门性的试验研究室，就清朝理藩院档案、北京民国政府蒙藏院档案和南京国民政府蒙藏委员会档案进行了试验性整理。以期通过试验吸取经验，将苏联档案理论与我国历史档案特点结合起来，以改进自己的整理方法。经过八个月边学习、边实践、边总结式的有针对性的学习和实践，逐步形成了馆藏档案整理工作中一些较为可行、较为规范的原则与方法。其中的新思想与新观点主要有：

（1）全宗原则。一个机关的内部文件与外部文件构成一个全宗整体，此一整体不容分割，也不能夹杂其他全宗的文件。

（2）分类。在整理某一全宗档案之前，须先确定分类方案，再根据分类六项原则对具体档案进行分类。对于历史档案，一般应按照组织原则、年代原则和问题原则优先的顺序进行。

（3）立卷。在保持档案文件之间历史联系的前提下，根据档案内容六个特征来确立案卷。对于历史档案，一般应依照年代、问题、名称优先的顺序进行。

（4）排列。根据卷宗内档案文件在形成过程中办文之间的联系、卷宗档案的重要性程度以及卷宗档案相互之间依赖程度排列案卷。历史档案一般应按重要性程度进行排列。

（5）鉴定。面对档案整理工作主客观条件发生的变化，本着积极慎重的精神，尝试性地运用一边整理一边鉴定的方法，对于在区分全宗、分类、立卷以及系统化排列等一系列工序中所经手的档案贯穿着进行一些档案文件的鉴定工作。

同时，在进一步肯定了以往整理工作成功经验与工作方法基础上，并从保持我馆整理工作延续性和实用性的角度，有选择地保留了一些虽有争议但具有一定可行性的符合我馆工作实际的档案工作整理方法。

（1）继续保留了案卷题名中综合性文件名称的标识方法。根据科学方法，案卷题名应当揭示六要素，其中文件名称是需着重标明的要素。但是在实际工作中，一部分由多种文件组合起来的案卷，由于文件种类繁多，标明文件名称往往比较困难。对于此类案卷，民国时期一般都用"案""卷"二字概括表示。由于"案""卷"内涵明确，用字节省，简单明了，因此决定继续保留，加以沿用。

（2）继续保留了案卷题名中附加标题的做法。民国档案的一些案卷中经常会出现一些在案卷题名中不能揭示但又属于一些特殊性内容档案的情况，当这些特殊内容的文件又属于一些比较重要的档案时，则有必要加以标识，编制附加标题。采用此种方法，较好地解决了卷宗内特殊内容档案的标识和利用问题。

（3）继续保留了自建馆以来就一直采用的具有本馆特色的统一编写卷号的做法。我馆自建馆之初，为了能够尽快地提供档案为国家建设服务，确定了两步走的整理工作方法。初步整理的主要目标是通过整理，尽可能快地体现出各个单位的档案轮廓，因而立卷便会较为综合，往往一个题名的案卷会包括若干个保管单元（即宗），从而出现一个题名的相关卷宗共同编写同一个案卷卷号，而每一个卷号之下再按顺序统一编写相应宗号的情况。尽管采取这种做法在统计上多了一个层级，但在实际管理中并未太多地影响到我馆档案的保管与利用，因而一直加以沿用。

此后，随着整理工作经验的不断积累以及对于先进档案理论认识的不断提高，到1955年，我馆逐步产生了借助举办建馆五周年纪念活动的时机，对以往工作所取得的经验和理论认识加以系统化的想法。于是从这一年下半年开始，正式启动了这一项工作，到1956年年初，一部名为《历史档案整理方法的经验总结》（初稿）的专著被初步写成。以后历经数次修改、补充和完善，终于在1957年年底被定名为《历史档案的整理方法》，由人民出版社出版发行。

该书站在理论与实践的高度，对建馆以来到1957年6年间我馆档案整理工作进行了系统的归纳、梳理、回顾与总结，形成了一些较具创新性的理论与方法：

（1）在馆藏档案基本状况的分析与判断方面。进一步将馆藏档案按照其形成与保管的基础状况划分为三种类型。第一种类型为档案全宗相当完整，原来立卷基础较好，均已装订成本，卷面有标题，类目清楚，又有号码可循的。第二种类型为原全宗内某一部分档案原来基础较好，另一部分则为杂乱零散的。第三种类型为原档案基础较差，全是零散文件，全宗又不完整，而其中又有些重要档案文件的。针对不同类型的档案，规定了不同的工作进度：第一种类型平均每天工作量为4尺左右，第二种类型平均每天工作量为8寸至9寸，第三种类型平均每天工作量为3寸至4寸。

（2）在全宗构成与判定方面。充分吸收和运用了苏联档案理论中关于判定全宗构成的三个必备条件——单独的预算、机关的人员编制、能够确定该机构组织相对独立的立法性文件，并通过大量实证，将区分馆藏档案全宗归纳为六个基本方法：①中央一级政权机关和管理单位，应按照清朝、北洋和国民党三个时期进行区分。②事业性机关或二级以下机关，区分全宗时可以不受三个阶段政权变迁的影响。③外国人参与主管的机关，区分全宗时应不受政权更迭的影响。④各省各地的政权机关和事业单位，应根据其自身的组织变迁情况来确定全宗。⑤地方军阀及其部队，应根据其存续的历史确立全宗。⑥汪伪组织的各种机构，应严格区分为单独的全宗。由于规定明确，区分全宗工作变得相对简便而易行。

（3）在对于分类中若干问题的处理方面。在确定了将年代、组织机构、问题、文件名称、通讯者和地理等六要素作为分类的六项基本原则的同时，根据历史档案形成的具体情况，提出分类一般应采用两种分类原则相结合的方法，首选顺序为年代—组织方案，或组织—年代方案，依次再为年代—问题方案或问题—年代方案以及分别由名称、通讯者、地理等原则与其他原则两两相结合的方案，使分类工作做到有规可循。

（4）在对于立卷中若干问题的处理方面。在突出强调了保持文件之间的联系是立卷工作重要原则的同时，总结归纳出档案文件之间所存在的两种联系：一种是文件之间一来一往的直接联系，另一种是文件之间在名称、作者、问题（或实物）、通讯者、地理以及年代等六个特征方面的共同性上所产生的间接性联系。强调应注意档案原来整理的特点，原来立卷是正确地按问题的，便应当按问题进行立卷；原来是按名称的，便应当按名称进行立卷。并以大量实例证明，在间接性联系立卷中，以名称、问题或实物和年代等特征立卷者居多，为立卷工作提供了参考和依据。

（5）在卷宗题名的拟定方面。除着重强调标题工作是整理历史档案的一项重要工作之外，同时要求标题应标明卷内文件的名称、作者、内容、通讯者的名称（指往来文书）、卷内文件所属地点的名称以及卷内文件的日期。特别是在拟写历史档案标题时，应具备正确的政治立场与唯物史观。在具体工作安排上，强调要结合立卷工作进行标题工作，以提高标题质量和工作效率。

（6）在整理过程中结合开展档案鉴定工作方面。为了在档案整理工作中，能够较好地解决档案数量大、人力少与急需使用之间的矛盾，我馆提出在继续实行"整理工作分两步走"工作方法的同时，实行一种"边整理边鉴定"的工作方法。其工作程序为：在进行编号、登记、造具目录等整理工作之前，须进行一次剔除没有保管价值文件的工作，范围包括：被包括了的文件、复印文件、重份文件和失去了意义的文件。

合理地运用"两步走工作方法"和"边整理边鉴定"等工作原则，大大加快了馆藏档案整理步伐。到1957年第一个五年计划结束时，我馆已经基本完成了这一时期馆藏档案的初步整理。根据我馆文书档案资料计算，到1957年底，我馆已接收进馆的档案总数约为140万个卷宗，从解放初期到1957年近9年的时间里，合计已经初步整理完成馆藏档案约计125万个卷宗。

1957年下半年，随着我馆初步整理工作任务的基本完成，按照两步走的整理工作要求和工作部署，我馆档案整理工作逐步过渡到细化整理工作阶段，于是结合本馆实际，拟订了一个总条目数为25条的《南京史料整理处整理历史档案暂行办法（草案）》，决定从这一时期起，结合馆藏档案鉴定工作，部分地开展馆藏档案的细致整理。具体做法为：采取一号一卷的方法对卷内文件进行顺序排列，去掉金属钉，用棉线装订档案卷宗，每卷厚度以便于翻阅为限。对所有被鉴定剔除的文件，进行综合立卷，给以笼统标题，不再排列卷内文件顺序，不去金属钉，也不装订，每号可以包括一个以上的案卷，暂时排列在该全宗全部所保存案卷之后进行编号登记，以备将来进行检查剔除。整理工作较为细致，工作环节较为繁复，工作进度也较为缓慢，经过统计，平均每天每人仅能整理4寸。

可以看出，这一时期我馆档案整理工作的基本理论与工作方法已经基本形成。其中的"整理工作两步走""利用原基础"以及"边整理边鉴定"等基本原则与方法已经开始在整理工作中得到普遍运用，为下一阶段整理工作的开展创造了一定条件。

四、"大跃进"时期至"文化大革命"前档案的整理（1958—1965）

1958年起，我馆档案整理工作开始进入一个新的发展阶段。这一年，国家开始实行国民经济发展第二个五年计划，提出了建设社会主义的总路线，在全国性"大跃进"运动的影响下，档案部门提出了"档案工作以利用为纲"的方针。面对形势发展要求，我馆对于当时仍有约计2万箱档案被分散在全国各地仍须由我馆接收整理以及我馆以往已经接收尚待整理档案的情况进行了分析和评估，得出了如果仍然按照此前做法对馆藏档案进行细致整理，光是将分散在全国各地的2万箱档案整理完成便需费时52年的结论。于是决定改变前一年度刚刚起步不久的第二步走进行细致整理的工作方法，把整理工作再次改变为两步走中的第一步，先进行初步整理，进而提出了"四寸跃三丈"的整理工作跃进指标，把过去细致整理时平均每天每人整理4寸的工作进度（注：指对零散档案的整理），跃进到每天每人整理3丈。按照上述方法，前后用时半年，合计完成了40600尺档案的初步整理，整理速度为细致整理时的81倍。

1959年6月，国家档案局组织召开了全国档案资料工作先进经验交流会，会议在肯定以往工作成绩的基础上，着重检查了出现在1958年档案工作中的一些虚假、浮夸和形式主义问题，提出了"进一步提高档案工作水平，积极开展档案资料的利用工作，为社会主义事业服务"的档案工作指导方针。

不久，根据国家档案局这一档案工作指导方针，我馆对前一阶段第一步走整理工作进行了认真的反思与总结，进而形成了一条新的档案整理工作思路，这就是第一步走整理工作应当与利用原基础的方法相结合，明确要求档案整理要充分利用原基础。同时，结合新接收进馆档案的具体情况，将其划分为三种类型，对于不同类型的档案采取不同办法分别进行整理。

第一种类型为接收进馆的档案已经过原保管单位整理，并编有目录且可以提供查找利用的。对于这一类档案应直接利用原来分类、立卷基础，整理时给予全宗代号，维持原编号码和原有目录，统一编制本馆目录后即可提供利用。

第二种类型为接收进馆的档案虽然已经过原保管单位的整理，但仅为部分整理，或原保管单位整理后，由于各种原因又弄乱，查找起来不便的。对于这部分档案，原基础好的可以继续利用，无基础可言的则须重新进行整理。

第三种类型为接收进馆的档案属于未经整理的零散文件或是被搞乱了已根本无法利用的。由于这部分档案已无基础可言，因而整理时则应根据"两步走"中第一步整理的要求，先进行初步整理。

依照这种方法，先后整理了该年度接收进馆的散存于部分省市的旧政权档案10000多尺，其中，清理和初步整理出第一种类型档案1000尺，第二种类型档案6500尺，第三种类型档案1000尺。

同时，根据这一时期我馆档案初步整理的进度情况，以及不久后计划开展的第二步走整理工作，在统一工作方法与要求方面提出了具体要求：第二步整理应是在第一步整理基础上使其更加科学化和系统化的加工整理，第二步整理不是对所有案卷都一律进行复整，而应当是有重点地进行加工整理。在具体方法上，首先是将经过第一步整理的全宗案卷划分为三种不同类型，再针对不同类型档案情况采取不同方法进行复整。第一种类型为初步整理时已经过细整并装订成卷，或者原移交机关已经细整并已装订，且现在保管和查找利用都很方便的。对这类档案不再进行加工整理。第二种类型为初步整理后基本上能够查找利用，但分类、立卷、标题等工作上还有些粗糙，案卷也未装订，使用起来不太方便的。对于这一类案卷，则应采取选择重点全宗的方法进行加工整理。第三种类型为已经过初步整理，虽然基本上能够使用，但全宗眉目不清，分类立卷有些杂乱，标题比较笼统且不能说明问题，又不便于查找使用的。对于此种类型的全宗，如果档案内容很重要，则需重新进行整理，使其达到科学化和系统化；如果档案内容价值不大，则进行一般性整理。但不论哪一类档案，进行第二步整理时，均应把同一全宗经过几次整理的和新接收尚未整理的档案一并按同一全宗合并进行整理。

不难看出，这一时期的第二步走整理工作在具体内容和方法上又有了新的改进和要求。

同时，这一时期，我馆还通过阶段性经验交流和专题讨论方式，对1957年以来我馆整理工作进行了比较全面的总结，形成了一部题名为《关于历史档案整理方法的几点经验》的文章汇集。其中所收录的较为重要的文章有《关于整理大量旧政权档案采用两步走的工作介绍》《整理旧政权档案如何利用原基础》《关于编制残缺全宗汇集的体会》《整理旧政权档案试行按历史时期分类的研究》《关于拟订历史档案案卷标题的几个问题》《我们是怎样编写旧政权机关组织简介的》《编制专题卡片工作经验介绍》以及《接收旧政权档案工作的点滴经验》等。文章具有一定的新思想与新观点，对于做好下一步整理工作提供了帮助。

此外，这一时期，针对民国档案整理工作中需要解决的若干技术性问题，还陆续形成了一些经验性总结方面的文章，计有《编制历史档案标题的体会》《整理历史档案分两步走的工作总结》《区分历史档案全宗的体会》和《历史档案的鉴定工作》等。可以看出，这一时期我馆早期档案整理工作已经进入相对成熟与稳定时期。

此后数年在上述思想指导下，我馆开展了一系列档案整理工作。

1960年上半年，合计整理南京国民政府档案71个全宗3819尺，汪伪政权档案5个全宗312尺。其中，整理第一种类型档案3116尺，第二、三种类型档案1015尺，并按政权区分北京民国政府零散档案3000尺。

1961年，按照整理工作第一步走的方法与要求，先后整理北京民国政府、南京国民政府和汪伪政权档案合计66个全宗3994尺。

1962年，整理北京民国政府档案220尺，南京国民政府档案3368尺。其中整理第一种类型档案373尺，第二种类型档案1473尺，第三种类型档案722尺。

1963年，按照第一步走整理方法和要求，整理北京民国政府档案845尺，南京国民政府和汪伪政府档案250尺。

这一年，我馆还结合整理工作的开展，对整理工作方式方法进行了改进。

一是在整理工作中增加了审卷工作环节。采取"虚实结合"的方法，对于在审卷工作中遇到的问题，采取原则问题从严、非原则问题从宽和领导、专家、青年三结合的方法，对于学术上的不同意见本着"双百"方针开展充分讨论，以提高整理工作质量。

二是将整理工作与研究工作相结合。对于在整理工作中遇到的一些内容重要而又疑难的问题，通过查阅有关档案文件进行相互印证，或借助有关图书、报刊和其他资料加以考订等方式，进行细致的考证和研究，以解决整理中所出现的疑难问题。

三是摸索出一种新的"就号整卷"工作方法。对以往整理工作中存在的部分案卷质量不高，部分档案全宗区分不清、分类不当、立卷过大以及部分档案案卷题名不能反映文件内容等整理工作中经常出现的问题，以卷为单位，用第二步走细致整理的要求进行整理。

1965年，按照当时国家档案局所规定的任务，我馆开始逐步将档案整理工作重点转移到备战工作上来，集中全馆主要力量，按照档案重要性程度，开展了清理鉴定工作。以备一旦发生战争，可以立即把清理出来的重要档案转移至后方库房加以保存。首先，通过分析和判断，将馆藏档案划分为全宗内案卷数量不多的重要全宗、全宗内案卷数量较多的重要全宗、一般性全宗以及显然不重要的全宗四种全宗类型。其次，按照档案的重要性程度和保存状况对清理工作提出了要求：一是对于重要全宗，原则上调出全部档案，逐卷进行清理鉴别，从中选出重要档案。但对于某些全宗内重要类项中重要案卷比例较大的，可以将整个类项的案卷都作为重要案卷，不再逐卷清理。对于某些全宗内整段档案中无重要案卷的，可以抽查部分案卷，不再逐卷进行清理鉴别。二是对于整理基础比较好的全宗（全宗清楚、案卷单纯、基本上为一号一卷），将选出的重要案卷，逐卷进行编号并在原有案卷目录上注明新号。其余的一般案卷，一律不做加工整理，只需重新编写案卷顺序号，并在原案卷目录上注明新的卷号。三是对于整理基础比较差的全宗（全宗混杂，案卷庞大，且一号多卷甚多），整理时在消灭了全宗混杂现象，按全宗编写案卷号，造具案卷目录与消灭了大号案卷并做到一号一卷之后，再选出重要档案，进行编号、调整案卷和修改案卷标题工作。其余的一般性案卷，只按全宗编写案卷号，造具案卷目录，充分利用原有整理基础，尽可能不动卷，不再修改案卷标题。

按照这种方法，这一年合计清理鉴定完成馆藏全部档案 150 万卷。其中，确定为重要档案的有 85589 卷，特别重要档案的有 9187 卷，一般档案的有 1414411 卷 9445 捆，拟销毁档案的有 33808 捆 1334 箱 137 麻袋 139 席包。

五、"文化大革命"时期档案的整理（1966—1976）

1966 年 6 月，"文化大革命"开始，我馆档案整理工作逐步停止。

1967 年 10 月，根据中央中发（67）312 号文件《关于接管清查敌伪档案的指示》精神，我馆被军事接管。1968 年 2 月，江苏省革命委员会接管清查敌伪档案办公室成立后进驻我馆。根据当时中央交付的任务，档案界开始启动敌伪档案清查工作，南京成为清档工作的重要地区，我馆则成为清档工作的重点单位。

为配合清档工作开展，清查敌伪档案办公室开展了馆藏部分档案整理工作。其中，1968 年合计整理零散敌伪档案 11 万卷，到 1969 年 7 月累计整理零散敌伪档案 157000 多卷。此后直到"文化大革命"中后期，又陆续整理零散档案 251 个全宗 2631 卷。

从中可以看出，这一时期的档案工作指导方针出现了问题，致使长期以来我馆有序开展的档案整理业务工作陷于停顿状态。

六、改革开放时期档案的整理（1978—2000）

（一）三年恢复时期档案的整理（1978—1980）

1978 年，党的十一届三中全会春风吹进了我馆。随着党的政策的落实，领导体制的改革，我馆开始逐层推进全面恢复和开展档案业务工作，着手规划馆藏全部档案的第二步走加工整理工作。

为切实做好这一时期馆藏档案整理工作，我馆对当时档案管理现状和整理工作进行了一次较为全面的分析和判断：我馆所藏历史档案，由于案卷庞杂、散乱，数量较大，整理工作任务比较繁重。为了能够及时提供利用，过去对整理工作曾经采取了"两步走"的方法，第一步整理工作，"文化大革命"前经过10多年的努力，已基本整理完毕，第二步整理工作，因"文化大革命"而遭到停顿。此外，还有一大批成堆成捆未经整理编号的档案，虽然在"文化大革命"前和"文化大革命"中曾进行过多次清理，但因先前判断总体价值不大，未能列入整理计划。同时认为，整理有价值的历史资料，是一件十分细致且需要经过多方查找、整理、研究和考证过程的工作，只有集中一批人力，进行埋头苦干和细致的工作，才能把有价值的历史资料整理出来，加以科学管理和提供利用。

对此，经过计划和部署，我馆于1978年提出了《中国第二历史档案馆三年、八年工作规划》：计划用八年左右时间，完成现藏档案的第二步加工整理工作，使之达到科学化和系统化的要求。同时，结合第二步整理工作，着手开展相关工具书编写、库房调整、目录编制、专题档案缩微制作和朝天宫积存零散档案的清理工作。

为切实做好档案整理工作，当时的整理部门也配套制定了《关于档案整理工作的八年规划》，进一步提出和明确了经过加工整理后的档案应当达到的标准和要求：一是全宗清楚，做到一个全宗一个代号，消灭一个全宗多个代号、一个代号多个全宗的现象。二是全宗内案卷分类科学，类项设置科学合理。三是一号一卷，消灭案卷庞杂和一号多卷现象。四是案卷标题简明准确，能够反映卷内文件内容，没有政治错误。五是大部分案卷都要装订。六是编制相应的案卷目录和分类索引。

同时还提出了整理工作的基本原则、步骤与方法：由于馆藏档案数量较多，保管状况各不相同，整理工作开展必须区分档案的不同情况，分期分批进行。首先是整理工作须按政权系统进行，逐步推开。其次是整理工作必须区别档案原来的整理情况，充分利用原有的整理基础。对于全宗清楚、全宗内案卷有分类、立卷情况相对较好的全宗，一律不动。对于全宗内部分案卷不合要求的，只动不合要求的部分。对于需要进行加工整理的全宗，也要充分利用原有的整理基础，特别是对已经立好的案卷，原则上不拆卷，决不能轻易打乱重新进行整理。

按照这一计划和要求，经过周密部署和安排，开展了国民政府教育部档案系统化加工整理工作。为确保该项工作的顺利实施，配套制定了《关于整理国民政府教育部档案的初步方案》。《方案》要求：经过重新整理的档案必须达到全宗清楚，分类统一，一卷一号，按照档案重要性程度分别编号，重要案卷及一般案卷都要装订。该项工作从 1978 年 10 月开始实施，历时两年多，到 1980 年年底，基本完成了教育部系统档案的加工整理工作，共计整理完成教育部及所属机构档案 20 个全宗 73914 卷，对其进行了分类、排列和编号，编制了案卷目录和目录索引，制出了案卷分类卡。同时，编制出重要文件卡 7430 张，写出了全宗介绍。其中，对教育部全宗约 15000 卷档案进行了教科书式的系统化和规范化整理。

教育部系统档案整理是改革开放以后我馆开展的第一个系统性档案整理工作项目。整理工作有计划、有目标、有要求，对此后我馆整理工作的开展起到了借鉴性和范例性作用，具有重要的指导性意义。

（二）"六五"至"七五"时期档案的整理（1981—1990）

1981 年，我馆档案整理工作进入第六个五年计划时期。在迎接建馆 30 周年之际，我馆对 30 年来整理工作进行了认真的回顾与总结，得出了三方面经验：第一个是在整理工作中，要以历史唯物主义观点为指导，保持档案的历史面貌和档案文件之间的内在联系。第二个是对于旧政权档案整理方法的认识问题。从我馆历来整理档案的情况来看，整理档案的要求可以表述为按全宗整理的原则与利用原基础的原则。这两个方面已不是简单的整理方法问题，而应当看作是档案馆整理档案的基本原则和要求。第三个要重视必要的技术性加工整理工作，这是做好基础工作的一个重要方面，决不能忽视和轻视技术性的整理。

根据这一指导思想，我馆重新调整了整理工作思路，决定在今后整理工作中，不再采用此前教育部系统档案整理中所采取的几乎全盘照搬教科书式的科学化、系统化的整理工作思路（注：按此方法，我馆全部档案整理完成，需要经历100年的时间），代之以实行的是符合馆藏实际的、切实可行的、灵活多变的整理工作模式，并将其运用到改革开放时期各个阶段的馆藏档案整理工作之中。

"六五"时期，我馆开展的整理工作主要有：对于教育部系统剩余部分金陵大学、金陵女子文理学院等机构全宗的整理，对于蔡元培、颜惠庆、黎元洪、蒋介石等个人全宗的整理，对于从海关、公安、军事、外交、铁路等系统接收进馆档案的整理，对于馆藏档案按全宗或按专题的缩微前整理，对于本馆原有全宗的改号整理，对于代号"四"国民政府经济部系统档案的整理，以及对于北洋审计院零散档案的整理等。

其中，在新接收进馆档案整理方面，按照档案整理的一般性原则，结合我馆档案的管理特点，在充分利用原有档案整理基础、区别档案不同类型的同时，采取了先粗后细两步走的做法，对新接收进馆档案进行了全宗区分和全宗内档案不同程度的分类整理，使这部分档案"客随主变"，纳入我馆档案实体管理的大家庭之中。

在对本馆原有全宗改号整理方面，面对"六五"时期全国档案工作发展的态势，为进一步提高馆藏档案管理质量，实现馆藏档案的系统化管理和规范化管理，彻底解决建馆初期我馆曾经采用过的按照档案进馆时间先后顺序给定全宗代号的做法所带来的全宗号编写顺序较为混乱的问题，经过研究，决定将我馆全部档案按照不同政权、不同系统，划分为一定区域重新给予相应的全宗代号，通过全宗号的改编整理，对一定政权、一定系统的全宗档案相对集中进行管理。具体做法为：南京国民政府档案全宗代号编列为1号至999号，北洋政府档案全宗代号编列为1001号至1999号，日伪政权档案全宗代号编列为2001至2999号，著名人物档案全宗代号编列为 3001 至 3999 号。

在代号四国民政府经济部系统档案整理方面，按照档案整理的新思想和新观念，采取按政权、按系统相对集中进行整理的方法，对馆藏已有档案进行整理，最大限度地保持档案文件之间的历史联系和整理方法的连贯性与一致性，进一步提高整理工作质量和效率。基本要求和做法是：就号整卷，恢复原卷，解决全宗混乱与案卷庞杂的问题。在实施初期，以原基础状况保持良好的国民政府实业部全宗为案例，进行了恢复原分类方案的加工整理，起到了示范性作用。

在馆藏档案缩微前整理方面，"六五"时期，随着档案工作现代化步伐的加快，缩微技术已经在一部分档案馆得到推广和运用。面对新的形势，我馆决定从 1985 年起启动馆藏档案缩微工作，采取以全宗档案缩微为主、专题档案缩微为辅的方式，以馆藏中较为重要的广州和武汉革命政府全宗作为首选，并结合《国民党中央执行委员会会议记录》专题选编项目，以试点方式，开展了缩微前档案整理工作，取得了工作实效。

在北洋审计院零散档案整理方面，北洋审计院零散档案系我馆于 20 世纪 80 年代初期，组织 80 余名业务人员在朝天宫库房 1000 余米长度的相关档案中，经过仔细鉴定检查后留存的。"六五"时期我馆经过慎重研究，决定启动该项目零散档案整理工作。面对留存档案数量较大的现实情况，在整理过程中，采取了借助社会力量，通过高校办学开展实习的方式进行了整理。项目开始阶段，先后接待天津南开大学分校档案系和天津新华职工夜大档案班两批实习生参加了这部分档案的整理，取得了阶段性进展。作为改革开放时期我馆较早借助社会力量开展的档案整理工作项目，为以后同类型档案整理工作起到了示范性作用。

经过一系列整理，到"六五"期末，共计完成档案整理 917 个全宗，形成档案 1374987 个卷号。

"七五"期间，我馆继续沿用"六五"时期档案整理的基本做法，在积极做好既有项目整理工作的同时，有计划、有步骤地开展了一些新的整理工作项目。

其中，在北洋审计院零散档案整理中，针对"六五"时期该部分档案整理的进度情况，进一步制定了《北洋审计院全宗整理方案》，将这部分档案按照十一大部类划分为三种整理状况，以小组为单位划分一定类别进行整理，同时采取考核与奖励相结合的办法，充分调动整理人员的工作积极性，进一步加快了整理工作进度，使这部分档案得以早日提供利用。

在馆藏档案缩微前整理中，针对往年整理工作进度情况，制定出1989至1990年度《档案缩微工作二年计划》，并向上级主管部门提交了"关于向社会提供档案缩微品的请示报告"，以期加快缩微前整理工作步伐。先后对国民政府行政院、蒙藏委员会、战史编纂委员会、中央大学等全宗档案和《汪伪行政院会议录》等专题档案进行了缩微前加工整理。

在新开展的代号"十三"汪伪系统档案整理中，借鉴了经济部系统档案整理的成功经验，通过区分全宗、组卷、案卷审查、抄写卷皮和编制卡片等工作环节，对该政权系统档案进行了加工整理。

到"七五"期末，共计完成档案整理897个全宗，形成档案1458522个卷号。

（三）"八五"至"九五"时期档案的整理（1991—2000）

"八五"时期，我馆档案整理工作继续沿用"六五"和"七五"时期的基本做法，除继续开展代号"十三"汪伪系统档案整理、全宗档案和专题档案缩微前整理等整理工作以外，进一步调整工作思路，加快了馆藏经济系统档案整理步伐，全面结束了代号"四"国民政府经济系统档案整理工作，合计完成档案整理36个全宗，184065卷。同时决定从1992年起，将整理工作重点转移到全宗代号"三"国民政府财政系统档案整理工作中来。

这一时期，随着社会利用档案需求的增加，为了确保档案有效利用和安全利用，进一步加快了馆藏档案缩微前整理工作。到"八五"期末，按全宗先后对国民政府全宗、行政院全宗，云南特派员交涉公署全宗，中央大学全宗，黎元洪全宗，熊希龄全宗，胡汉民全宗，孙科全宗和顾维钧全宗进行了缩微前整理工作，按专题对《国民党中常会会议录》《四联总处会议录》《汪伪中政会会议录》《汪伪行政院会议录》《南京国民政府统计档案选编》《陕西省情档案选编》《抗日战争正面战场档案选编》和《接收日军管理工作档案选编》等专题档案进行了缩微前整理。

到"八五"期末，共计完成档案整理918个全宗，形成档案189万个卷宗。

"九五"时期，我馆对于馆藏档案整理工作提出了新的目标和要求。这就是：到20世纪末，馆藏档案管理应力争实现标准化、规范化和制度化，基础工作进一步加强，完成全部零散档案的整理编目和排列上架。按照这一规划，这一时期除继续开展馆藏国民政府全宗、招商局全宗、新马地区专题档案缩微前加工整理工作外，相继开展了馆藏海关档案整理工作、馆藏北洋司法类案卷修改标题工作和馆藏审计档案整理工作，全面完成了代号"三"国民政府财政系统档案整理收尾工作（注：该项目从1992年启动到1997年结束，合计整理档案131847卷，分属于100多个全宗），有重点地开展了2188袋零散档案整理工作、邮电档案扫描前整理工作和中国银行档案扫描前整理工作。同时，为确保这一时期各项档案整理工作规范有序地开展，制定了《民国档案整理规则》。

其中，1996年制定的《民国档案整理规则》，集中了当时我馆整理人员的集体智慧，对于2188袋零散档案整理工作及其以后规模性整理项目的开展，起到了规范性作用。《规则》全面总结了建馆以来至"九五"规划之前我馆历年来档案整理工作所取得的经验，从主题内容与使用范围、民国档案整理的目的与原则、整理工作的程序与方法等方面对整理工作进行了全面规范。其中，关于馆藏档案实体的部类划分，区分全宗的方式方法，多宗卷的处理，全宗内案卷的分类，民国档案全宗号的给定等均起到了相应的规范性作用。

2188袋零散档案整理工作于1997年5月正式启动，历时三年零七个月，至2000

年12月基本结束。开始阶段全馆先后有近百人参加了该项目工作，整个项目经历了准备、启动、攻坚和收尾四个工作阶段，共计形成档案20大部类、17个汇集、83254卷。其间，为确保整理工作质量，统一思想和规范管理，相继制定了《馆藏2188蛇皮袋零散档案整理方案》《2188蛇皮袋零散档案整理要求》。其中，《整理方案》针对这部分档案的形成特点，提出了分清政权，立好案卷，判定案卷的政权（系统）归属，编制出与馆藏管理体制大体一致的案卷目录，经鉴定剔除残页碎片、重份文件、无检索价值的事务性文件和待销毁非档案物的总要求，明确了档案的实体分类应遵循来源原则，将这批档案按系统单独编列档案汇集，以维护档案实体管理体系稳定性的总方针。由于目标清楚，任务明确，这部分档案在有序和高效管理中顺利完成。

邮电档案扫描前整理工作于1998年2月正式启动，历时四个多月，全馆先后有100余人参加了项目工作，共计整理完成邮政总局和邮政储金汇业局两个机构9个全宗28500多个卷号，49600多个卷宗。其间，根据项目工作开展需要，先后制定了《邮电档案整理办法》《扫描管理办法》和《光盘刻录检查办法》等管理办法。该项目系我馆首次借助社会资金，采取合作方式，抢救整理和开发利用馆藏档案的案例，对于其后我馆组织开展同类型项目工作起到了示范性作用。同时，该项目还开创了我馆大规模结合档案整理工作开展档案扫描工作的先河。

这一时期，我馆共计整理文书档案15万余卷、照片档案17000张。

七、新时期档案的整理（2001—2010）

2001年，我馆档案整理工作进入一个新的发展时期。在中办、馆局领导下，我馆在档案整理工作开展方面又有了新的举措和突破。在整理工作实践中，不仅具有新思想，并且采取了新方法，取得了阶段性成果。"十五"时期的成就主要体现在国民政府财政部档案系统化整理工作开展方面，"十一五"时期集中体现在文件级档案深度开发与馆藏档案数字化工作开展方面。

（一）"十五"时期档案的整理（2001—2005）

"十五"时期，我馆对馆藏档案整理工作提出了明确的目标和任务，这就是：全面完成馆藏零散档案整理工作，着手编制全宗卷，使馆藏档案达到全宗清楚、标题准确、检索便捷的目标。同时，编制《民国档案资料等级划分标准及管理办法》，逐步对馆藏档案资料进行评估、划级，实行分级管理。根据这一规划，我馆全面结束了 2188 袋零散档案整理工作，相继完成了北洋时期 8 个全宗 3.8 万余卷档案的全宗号改号整理工作，同时，先后与中国银行、中国人民银行、中国烟草学会、黄河水利委员会档案馆等机构合作，完成馆藏中国银行全宗、中央银行全宗、烟草专题档案和黄河专题档案扫描前加工整理工作，并根据香港特别行政区政府档案处和澳门特别行政区政府利用需求，完成馆藏香港地区专题档案（5 万余画幅）、澳门地区专题档案缩微前整理工作，启动早两年接收进馆的郭泰祺个人档案文件级整理工作，并根据工作需要，开展了《民国档案分级标准》科研项目工作，采取分级管理模式，动员全馆力量，全面启动了国民政府财政部档案系统化整理工作。

其中，《民国档案分级标准》科研项目的研发，对于组织和开展国民政府财政部档案系统化整理工作起到了指导作用。该《标准》研制工作于 2000 年下半年正式启动，历时一年半，到 2001 年底全面完成。项目以全国民国档案为研究对象，从全宗和案卷两个层面对民国档案进行价值鉴定和分级评估，按全宗和案卷两个级次将民国档案划分为一、二、三等三个级别进行价值鉴定和分级管理。

以此为基础，有别于其他合作项目实用性的需求，我馆从 2002 年下半年起，运用新思想和新理念，采取分级管理模式，动员全馆力量，组织开展了国民政府财政部档案系统化整理工作。项目工作得到了财政部专项经费的大力支持。

为做好该项目，整理工作开始前对该全宗以往整理与保管状况进行了一次全面调查，形成了《馆藏财政系统档案基本情况调查一览表》，在此基础上起草制定了

《国民政府财政部档案整理实施方案》。《方案》要求：财政部档案整理要充分利用原基础，维护馆藏档案实体管理体系和检索体系的稳定性，在此前提下，力争用三年左右时间，全面完成 8 万卷左右档案的整理任务，实现档案实体有序、价值层次清晰、检索便捷准确、保护措施得当的总体目标。项目强调进行质量管理，各项工作质量标准均须按照《民国档案整理规则》《民国档案分类标引规则》《民国档案文件页号编制规则》《特藏档案挑选办法》等业务规则严格执行，确保项目各环节工作良性循环。

这一时期，我馆共计整理各类档案 12 万余卷。

（二）"十一五"时期档案的整理（2006—2010）

"十一五"时期，我馆档案工作再次进入一个新的发展阶段，档案整理工作面临着两方面任务：其一是在档案利用中，进一步提高馆藏档案的查全率和查准率；其二是在档案利用中，切实做到减少调卷数量，尽量不提供档案原件，确保档案利用安全。围绕这两方面任务，经过充分酝酿和研究，先后启动了馆藏文件级档案深化整理和馆藏档案数字化工作。

在馆藏文件级档案深化整理工作开展方面，进一步加大了文件级档案整理力度，决定从馆藏中相对重要的个人档案和特殊载体档案入手。在个人全宗文件级档案整理工作中，选取了当时社会关注度较高的新近接收进馆的民国名人郭泰祺个人档案和翁文灏个人档案进行了整理。整理中严格按照《馆藏档案文件目录编制暂行办法》的规定和要求，以文件为单位逐卷逐件进行整理和著录。在特殊载体档案文件级整理工作中，选取了社会关注度较高的商标档案进行了整理。根据馆藏商标档案的形成特点，先后制定了《特藏商标档案整理方案》和《特藏商标档案加工整理办法》，严格按要求对所经手的每一件商标档案逐枚逐件进行登记、整理、编码和目录录入，确保了文件级档案的整理质量。

在馆藏档案数字化整理工作开展方面，一方面通过外出考察，借鉴兄弟单位在档案数字化工作中所取得的经验；另一方面结合我馆档案特点，对馆藏档案的构成特点、整理情况及其存在的突出问题进行细化分析和量化统计，对项目工作进行总体规划、进度安排和组织实施。

为确保数字化工作的有序开展，我馆相继制定了《中国第二历史档案馆数字化工作方案》《教育部全宗档案整理中的问题及处理》以及数字化整理工作中《案卷标题问题及处理方法》《整理人员工作职责》和《值班人员工作职责》等工作规则。

其中，《工作方案》对数字化档案整理工作进行了总体规划，将全部工作划分为两个工作阶段。第一阶段，用五年左右时间，主要完成国民政府军事、教育、财政、经济、金融、审计、主计、外交、侨务、内政、社会、实业、资源、党务、卫生、考试、监察等中央部会及汪伪国民政府、行政院、军委会、中政会等机构档案的整理与数字化，基本适应查档利用需要。第二阶段再分为先后二期，时间为15年。第一期用5年左右时间，主要完成国民政府盐务、税务、铁路、航运、水利、邮政、司法、电讯系统及汪伪政权大部分全宗档案的整理与数字化；第二期用10年左右时间，主要完成北洋政权、个人全宗、国民政府公路交通系统、中央机构下属分支机构、企事业单位及不开放全宗档案的整理与数字化。

为确保整理工作质量，《工作方案》在总结以往整理工作经验的基础上，规定了数字化整理工作的五个基本原则：一是充分利用原基础，保持原全宗号、案卷号和卷号编排次序。二是整理工作开展应依据各全宗案卷实际情况，先易后难，并结合全宗重要程度和查档利用、库房调整等情况，妥善安排。三是按全宗进行整理，针对各个全宗的不同情况，制定出每个全宗的具体整理方案。四是解决好遗留多年的一卷多宗问题，将宗作为卷对待，每宗拟定适当的卷宗标题。五是同一卷宗内及前后连续卷号中的成册重复性文件，应在案卷题名或备注中予以标明。

同时，按照清点案卷，核对、修改案卷标题，固定卷宗，编排卷内文件次序，编写卷内文件页码，剔除卷内金属物，注明特殊档案和需要说明卷宗的情况，录入、校对和编制卷宗目录，检查卷宗质量，编写全宗档案整理说明和档案实体清点移交等程序和步骤，对第一阶段整理工作开展进行了细化规定。

在具体组织实施中，选取了社会利用率相对较高、管理级别相对重要的国民政府教育部全宗作为试点，采取了劳务派遣和钟点用工等用人方式，从2009年2月起全面启动，先后整理完成国民政府教育部、内政部、外交部、社会部等机构全宗的加工整理工作。

可以看出，馆藏档案数字化整理工作是这一时期我馆重点规划和组织实施的全馆性业务工作项目。项目工作不仅时间跨度大，参加的部门和人员众多，而且涉及档案实体整理、档案数字化、档案缩微和档案修裱等各环节工作，较好地解决了档案实体管理与数字化档案存储利用、缩微档案存储利用等诸方面问题，使我馆档案工作跨上了一个新的台阶。

八、民国档案数字化前整理工作全面推进的时期（2011—2020）

随着计算机技术与网络技术、现代通信技术的发展与结合，传统的档案工作产生了革命性的变化，向数字化的高级阶段发展。中央档案馆国家档案局为加快全国的档案数字化工作，对全国档案系统提出相关要求。2010年6月，杨冬权馆局长提出，要把纸质档案数字化作为一项档案安全工程和档案方便利用工程，作为方向性工作、必要性工作、基础性工作来看待，加快档案数字化进程。同年12月，杨冬权馆局长又进一步指出：各级国家档案馆要争取在"十二五"期间把馆藏重要档案基本数字化，建立数字档案馆。2012年12月，杨冬权馆局长提出了更高目标：到2020年，全国各级综合档案馆纸质档案数字化的数量比2010年翻两番。

国家档案局还专门对我馆下达指令性任务，要求全面开展数字化工作，以推动历史档案的抢救保护和资源开发利用。在国家档案局和我馆领导的高度重视下，民国档案数字化前整理工作从上个十年的起步、探索逐步进入快速发展阶段。

（一）数字化前整理目标的大幅提高

在中办、国家档案局和财政部的大力支持下，我馆启动了五年（2013—2017）档案数字化工程，在之前所制订的《中国第二历史档案馆数字化工作方案》的基础上调整了档案数字化目标，具体落实到前整理，每年需完成 1200 万页整理，五年共计完成约 350 个全宗，60 余万卷，6000 万页的前整理工作。

（二）前整理工作业务模式的重大变革

我馆的档案数字化工作始于 1998 年。1998 年至 2008 年的 10 年间，我馆工作人员依靠自身力量，完成了 600 万页的整理，平均每年为 60 万页；2009 年到 2012 年，在前十年数字化工作探索和尝试的基础上，我馆采取了劳务派遣和钟点用工等用人方式，来弥补本馆整理力量的不足，完成了教育部、内政部、外交部、社会部等机构全宗约 1200 万页的工作，平均每年约完成 300 万页的工作量，较前已大为提高。但五年档案数字化前整理的目标是 6000 万页，平均每年 1200 万页，是前四年工作量的总和，完成的难度非常大，对档案工作的体制和档案工作者的观念、工作状态提出了重大挑战，意味着需要在这些方面进行更多更大的变革，需要创新的思维和创新的方式，而业务模式的转变首当其冲。

在此形势下，档案前整理工作开始整合社会优势资源，引入外包服务，即选择专业化、市场化的档案服务供应商，通过与其签订合同，将我馆自身力量同社会力量相结合，获得社会化人力资源、技术资源以及智力资源的一种服务合作模式。在 2012 年 7 月和 2013 年 6 月，通过公开招标先后引入上海中信和北京星震同源两家具有一定经验和能力的档案整理及数字化专业公司。

业务外包有效地弥补了档案前整理工作人力资源和技术手段上的不足，在扩大档案数字化的规模、加快档案数字化的进度方面收到了显著的成效。截至 2017 年 12 月，数字化前整理共完成 217 个全宗（含 258 个保管单位），591972 卷，62559610 页，超额完成了五年档案数字化工程目标。

业务外包也极大提升了质量。劳务派遣和钟点用工等方式，由于管理体制的原因，严重制约着前整理质量的提升。业务外包后，从培训到指导，从分卷顺号到质检验收，整个项目环环相扣，保证了每个环节的规范，进而从整体上提升了质量。本馆档案数字化前整理工作中相关统计数据显示，过去标题差错率基本在1‰，编页差错率控制在1‰左右，而外包后，整理标题差错率低于1‰（实际差错率为0.74‰），编页差错率未超过0.3‰（实际差错率为0.21‰）。

业务外包还促进了馆藏档案数量的厘清。通过数字化前整理的规范运作，多宗、缺卷、漏号、抽重等现象已不存在，档案统计结果十分清楚。

（三）管理工作的扎实推进

但是，数字化前整理工作成果并不是简单的业务外包就能取得的。档案数字化外包服务是档案工作中的一项新内容，不可避免地会遇到一些新情况、新问题，从而产生一些不可预知的风险因素。诸如：外包档案的安全和保密的问题；外包公司不能很好履约的问题；外包公司人员良莠不齐的问题；我馆档案人员业务消长的问题；等等。为化解这些风险，除在外包公司选择、合同约束上设计周密外，我们从制度、管理上做了大量卓有成效的工作。

1. 确保档案实体和信息的安全工作

数字化前整理是我馆为数不多的能够直接接触档案原件的工作之一，安全是工作的重中之重。我们认真学习国家档案局及我馆关于做好安全工作的各项指示及具体规定，按照杨冬权馆局长对档案数字化前整理工作提出的"一件不丢，一件不坏，一件不乱"三个基本准则，仔细查找安全隐患，加强对整理场所及外包人员、临时务工人员的管理，切实履行安全保密相关规定要求，确保档案数字化前整理工作的安全。外包公司入场时，部门和公司签订相关安全协议，公司所有员工必须签订保密责任书；专门请安保处同志给公司员工讲授安全保密制度；安排整理现场负责人，排出安全巡视值班表，以确保我方有专人负责现场的安全巡视工作，也要求公司安排安全员巡查现场，将安全工作责任到人；为强化工作场所和出库档案的安全，凡有档案的场所加双锁，我方和外包公司各管一把锁；要求公司安排专门的档案管理员负责档案的进出库和人员领卷还卷工作，要求任何人员调阅案卷必须有签字记录；我方人员在公司档案管理员进出周转库调卷时全程陪同、监控，由我方人员负责开启周转库大门；工作现场的电脑外部数据接口通过软硬件封住，数据移交使用内网传输；设专柜存放手机等电子产品；要求公司加强对新入职员工的安全教育工作，并时时监督提醒。

总之，我们牢牢抓住安全这根绳，在内部管理上严格按照安全保密制度的要求，确保了档案实体和信息的安全。

2. 完善数字化前整理各项规章制度

在已有的各项整理规则的基础上，结合工作实际，修订、增补了多项新规定，保证前整理工作制度化、规范化。

2011 年，针对前整理工作制订了《民国档案数字化前整理规则》；2013 年，制订《档案数字化前整理安全工作细则》等四个细则；2014 年 3 月，结集出版《民国档案数字化前整理工作手册》，为档案前整理工作的规范提供了标准和技术指导文件。《手册》不仅包含了民国档案数字化前整理的各项规章制度，而且有丰富的前整理实践与案例分析，具有极强的指导性，是我馆历年整理工作的经验总结，凝聚了我馆整理编目处同志的心血和智慧。

为科学改进档案数字化前整理各项操作程序，及时处理整理现场产生的有关编目、编页、分宗等新的疑难问题，2015 年 3 月，整理编目处成立了整理规则调整审定小组，负责档案数字化前整理各项规则的新增、废止和修改事项。审定小组成立后召开了多次工作会议，讨论并通过了《档案数字化前整理规则调整办法》《档案电子目录数据移交规则》《档案案卷内破（残）损页的界定与标注规则》《案卷标题中历史事件的书写格式》《案卷标题中详细地址的书写格式》《标题相同的相邻案卷区别标注格式》《案卷标题中书名号使用规则》等多项业务规范。

数字化前整理的各项规章制度均书面提交给外包整理公司，并及时组织其员工认真学习消化，并在工作中运用。

3. 加强公司员工的培训工作

能够在档案数字化工作竞标中中标的公司是国内比较有实力的公司，具有一定的资质和相当的经验，但是其人员学历较低，基本是专科院校毕业，学历为大专或本科，绝大多数非历史、档案等专业，同时，人员流动性也较大。面对这样的困难情况，培训成为最重要工作之一。

通过解读各项前整理规则、实体档案讲解、实际操作及考试等方式，促使公司员工尽快熟悉整理规范，学习文种、行文关系及公文用语，辨别责任者、受文者，分析事由，等等；并针对在整全宗有的放矢地进行培训。例如，在整理资源委员会及所属电信事务所、钨锑联合运输处等全宗时，为了让外包公司整理人员在充分了解"资源委员会及相关机构"的基础上将标题拟写"完备、合理、准确"，对公司人员进行了"资源委员会系列机关"的讲解培训；在整理招商局全宗时，进行了招商局史、清代文书等相关培训。

同时，帮助外包公司逐步建立其自身的培训体系；要求公司不定期进行业务考核工作，就培训和实际工作中遇到的繁体字、标题拟写中责任者考证、时间查找、来往文判断等问题汇总形成试卷，对员工进行测试，测试完成后，及时将结果反馈给个人，并仔细讲解，以有效提高员工解决问题的能力和素质，提高前整理的工作质量。

4. 现场巡视，随时指导

为保证民国档案前整理的质量，我们严格工作流程，加强现场的巡视指导工作，避免公司人员违反操作规范造成档案整理失范或实体损坏的情况。我们明确规定，指导人员必须用数字化前整理各项制度、方案、细则作为管理和指导依据，必须统一标准、按章办事。对制度、细则等条文没有涵盖的问题，要记录并及时进行研讨解决。

5. 适时介入外包公司管理

外包公司人员流动性相对较大，会造成前整理质量波动。面对这一问题，我们适时干预公司薪酬政策，要求公司提高员工收入，切实做到待遇留人，保持项目团队的稳定性；督促公司做好人员招募、储备工作，并认真审核新进人员资料，确保其合乎工作要求；还就人员的岗位调整、轮调，管理人员的培养提出建议。

为解决部门与公司间的沟通与协调，我们出台了"部门联席会议办法"，联席会议每月底召开一次，人员由我馆整理编目处正副处长、科组长、外包公司负责人组成，主要任务是：传达、学习、研究及贯彻落实馆领导指示；分析当月工作情况，研究工作措施，协调科组、公司间工作；检讨安全保密工作执行情况。通过这种方式，加强了双方的沟通，提升了管理和合作。

6. 强化质检工作

档案前整理外包服务中质量控制是重点和难点。为此，我们采取三次质检的方法。一检要求外包公司产品做到百分之百质检；二检是我馆整理编目处人员在案卷标题、卷内文件排序等重要环节做到百分百质检，其余环节抽检20%，在档案整理竣工即将提交馆方质检组验收之前，还会再次对成品进行终审检查，一旦发现错误，会立即要求公司返工修改并确认改正；三检是我馆指派专家进行3%抽检，并对质检情况作出书面认定，通过三检流程达到质量控制的要求。在编制《2015年档案前整理服务采购项目招标书》时，我们还将其中的《档案前整理质量控制要求与标准》进行了修改和完善，在合同中，我们第一次增加了对于外包方产品不合格施加经济处罚的条款。

（四）切实提升我馆整理现场人员的业务能力

实行民国档案数字化前整理业务外包后，对于档案业务部门自身能力的要求不是降低了，而是提高了，需要有一支高素质的人才队伍，具有历史、档案与管理方面的专业能力。尤其在工作现场，档案业务人员必须具有在指导和质检工作中发现问题与解决问题的能力。为此，提升整理编目处工作人员业务能力成为工作的重点之一。

1. 整理编目处组织编写并编辑出版了《民国档案数字化前整理工作手册》。《手册》不仅为档案前整理工作的规范提供技术文件，而且是该处人员对于整理工作更深的理解，是对整理实践的总结和提高。

2. 开展了档案数字化前整理方式与方法课题的研究。以整理业务骨干为基础，自加压力，责任到人，通过课题的开展，促进业务人员对业务工作的研究，特别是让年轻同志担当课题子题目的编写工作，以此提高年轻同志的理论修养与实践水平。

3. 举办学术研讨会。2016年8月，整理编目处具体承办了"全国档案整理与编目学术研讨会"，会议紧紧围绕档案整理与编目的主题，特别就工作中的热点和难点展开了深入的讨论。该处有8位同志向研讨会提交了论文并作了报告，有6位年轻同志参加了会议的筹备工作和会务工作。通过研讨会，不仅提高了工作人员的业务理论水平，还锻炼了年轻同志的组织能力、沟通能力、协调能力以及应急应变能力。

4. 整理编目处安排骨干员工协助人事处对新进公务员进行培训工作。这些培训涵盖了二史馆的历史、各部门的基本情况和职能介绍、民国档案整理工作的发展历程、档案案卷级整理的规则和方法、英文案卷的整理难点和工作方法、民国文书的基本介绍以及全宗背景知识、繁体字、异体字、草书等知识在档案整理工作中的重要性和掌握方法，等等。

通过以上工作，我馆有效地提高了整理现场工作人员的整体素质，全面提升了档案整理工作的整体水平。

（五）对外提供专业培训和实践指导

早在1956年，受国家文物局委托，南京档案史料整理处派出了由金佳为首的专家组来到曲阜，对孔府档案文献进行了抢救性整理工作。专家组利用自己丰富的专业知识，对原先处于杂乱堆放和无序散存状态的孔府档案进行了全面的整理和保护工作，内容包括除尘、鉴定、分类、立卷、排序、编目、编号、裱糊、装订成卷等环节，至 1958 年结束，孔府档案首次得到了系统的案卷级整理、单独列项、专库保管、装箱保护，建立了完整的案卷级目录体系，至此奠定了有序典藏管理的基础。

步入数字化时代以后，曲阜有关方面对全部孔府档案进行了数字化加工处理，并对电子档案进行整理编纂工作。但在文件级著录工作中，遇到了文件区分、题名编制、文种辨识、零散件甄别、历史信息考证等一系列难题。为此，国家古籍保护中心办公室专门向我馆发出邀请，希望我馆派出档案整理专家，对曲阜市孔子文物档案馆、曲阜师范大学历史文化学院等从事孔府档案整理编辑工作的相关人员进行专业培训和实践指导。

2017 年 9 月，我馆再次向曲阜派出了由戚如高副馆长带队，在历史档案整理领域具备较高的专业技能和丰富的实践经验的整理编目处人员为主的专家组。

专家组在工作现场，深入了解和分析存在的各种问题和难点，并对数百条疑难文件进行了逐一解答。通过对著录过程中存在的普遍问题和突出问题进行分析，专家们短时间内总结出各种问题的通性，有针对性地举行了专题讲座辅导。这种现场解答与讲座辅导相结合的专业指导方式，既有效率，又收实效，受到了该项目参与人员的一致好评。

（六）积极响应国家和社会的民国档案利用需求

2018 年，本馆重点档案、利用率高的民国档案已基本数字化前整理完成，整理编目工作向文件级著录方向转型升级，但这不意味着案卷级整理工作的结束。相反，随着国家对历史档案工作的更加重视，社会对民国档案资源更大的利用需求，我馆将始终重视数字化前整理工作，并采取多种合作方式积极响应。

2016年，我馆与上海交通大学、上海交通大学东京审判研究中心签约，在我馆所藏战争罪犯处理委员会档案的整理及数字化的基础上，共同编辑出版《中国对日战犯审判档案集成》，此套丛书共103册，已于2020年9月出版。

2017年底，我馆与招商局集团签订了《招商局历史档案整理与电子档案制作协议》，向其提供100万页的档案案卷。我馆整理编目处承担了数字化前整理、文件级著录工作，共涉及10个全宗，完成数字化前整理12505卷，315424条文件级目录，1019478页。

目前尚有多个国家级和省级社科项目等待进行整理和编目工作。

九、结语

回顾我馆档案整理工作，可以得出这样一些经验和结论：70年来，经过历代档案人的艰苦努力和辛勤工作，我馆档案整理工作取得了显著的成绩。馆藏全部档案均已经过系统整理，形成了一个具有我馆特色的馆藏档案实体管理体系，使之达到有规可循、有目可查。同时，在档案整理工作实践中，还先后形成了关于整理工作两步走、历史档案整理充分利用原基础、结合鉴定工作进行档案整理、按照全宗和来源整理档案的原则和方法；在整理工作开展中，注意维护好档案历史原貌，重视技术性的加工整理，依照档案重要性程度和利用需求开展档案整理，以及借助社会力量开展整理工作、结合缩微工作和数字化工作开展档案整理工作等一系列基本原则和工作方法，确保了整理工作质量，提高了整理工作效率。但是，在整理工作中，我馆也曾出现过一些工作失误，走过一些弯路。如在第一步整理工作中，为了加快整理工作进度，曾采用过并小卷为大卷的整理方法，甚至于"大跃进"时期，提出过"四寸跃三丈"的整理工作口号，造成了案卷过大的情况，增加了保管与利用的难度；"文化大革命"期间，由于档案工作方针出现问题，我馆档案整理工作陷于停顿状态；在第二步加工整理工作中，曾出现过拆除原卷重新进行整理的情况，结果不仅破坏了档案原有基础，还费时费力；在整理工作规划中，曾经出现过因为某一时期工作需求，先后对同一全宗档案多次进行重复整理的短期行为，结果不但增加了整理工作量，还因为多次对档案原件进行整理，缩短了档案原件的保存寿命。所有这些都不同程度地影响到我馆档案的整理质量和工作进程。

新时期，经过不断反思与经验总结，我馆进一步加深了对于历史档案整理工作规律性的认识，根据新时期档案工作发展需要，大力进行档案数字化前整理工作，并取得重大进展。我们相信，随着历史的发展、时代的进步，我馆档案整理工作将进一步走向辉煌。

（任荣、龙锋　撰稿）

| 第四章 |

档案编目

　　档案编目工作是有关编制档案目录，并向档案工作的其他环节和档案利用者提供目录服务的业务系统。档案的收集、整理、保管等工作环节，是对档案实体变分散为集中、变无序为有序的过程，档案编目工作则是对档案实体和档案信息实行双重控制的过程，故档案编目工作是档案工作的核心内容之一①。同时，它也是档案工作的一个独立环节，诚如我国当代档案学家裴桐所指出："随着档案工作的发展，现在已经突破了50年代所归纳出来的六个环节。把编目工作从六个环节的整理工作中独立出来，有着特殊的重要性，因为科学的编目工作是档案检索的必要前提。没有目录或者目录不能很好反映内容，所谓'开发档案信息资源'就是一句空话。"②举凡馆藏量达到相当规模的档案馆，其档案目录的种类也是多种多样的，这是由利用者检索要求的多样性和馆藏档案的丰富性所决定的，我们以档案目录的基本职能和作用为依据，把档案目录分为三大类型：管理型目录、检索型目录和报道型目录，档案馆的编目工作即是围绕上述类型目录的建设而开展的，我馆70年的编目工作亦不例外。

---

① 孙钢：《档案目录学》，北京：档案出版社，1991年，第32–33页。
② 裴桐：《档案著录与标引手册·序言》，北京：红旗出版社，1986年，第2页。

一、管理型目录的建设

管理型目录，又称馆藏目录，主要由全宗目录、案卷目录、文件目录等组成，它们是根据档案整理的成果编制的，反映了档案实体的排列次序，便于对档案进行管理和统计。它们是以对档案实体进行管理为主要功能，编制初衷主要是供档案管理人员使用的工作目录。我馆70年来的管理型目录的建设基本完成了涉及全部馆藏档案的案卷目录，开启了文件目录的探索试验及实践，涉猎了全宗目录的编制。

（一）馆藏案卷目录的建设

案卷目录是管理馆藏档案的主要目录形式，是案卷的登记簿和花名册。它用目录的形式固定案卷的分类排列顺序，记录了全宗内案卷的内容和形式，反映和巩固档案整理工作的成果，是档案整理的结果。我馆馆藏案卷目录的形成、构成成分、特点和价值都有独特之处。

1. 馆藏案卷目录的形成

我馆馆藏案卷目录的形成与馆藏档案的接收状况、整理方式等密切相联，大致分作三个阶段：

（1）民国档案整理"第一步走"阶段（1951—1963）

民国时期在南京的国史馆，曾保存有清末、北洋军阀政府、国民党时代少数机关的部分档案。南京解放后，在政务院驻宁办事处下成立了一个工作组，将国民党政府崩溃时遗留下来的各机关档案60万卷，加以集中保管整理。南京史料整理处成立后，接收了以上两个单位及其档案，并陆续从南京各机关及重庆、昆明、广州、北京等地接收了4000余箱档案，至1957年，共计约有150万卷。此后，还陆续接收了不少档案。这些档案数量巨大、凌乱、复杂，各类档案各有一套管理方法，有的运用的是近代管理办法，有的仍沿用清末及北洋政府时代的办法；有的有个粗略目录，有的连登记册也没有；有的尚完整，有的就是一堆散乱文书。而史料整理处的人力很少，缺乏经验，但同时必须使这些档案为国家建设和科学研究服务，尽快发挥其作用，工作人员经研究讨论后提出了"两步走"方针，把档案的整理工作分为两个步骤来进行：第一步，进行初步整理（又叫粗整），尽快地按档案的机关单位和组织系统整理出档案，编出目录，使之能够查找利用。第二步，进行细整，按照"科学化、系统化"的要求，进行细加工，解决粗整后案卷过于庞大、卷内文件排列无序、未编页号、没有卷内文件目录等问题。截至"文化大革命"前，基本上是集中力量做好了第一步的整理工作，拟待以后有条件时再逐步做好第二步的整理工作。

在整理过程中，工作人员坚持了"利用原基础"的原则，即在整理过程中尽可能地利用原来的整理基础，而不轻易打乱档案原来的整理基础重新整理。具体而言，根据进馆档案的实际情况，把档案区分为三种不同的类型，分别提出不同的整理要求，采取不同的做法。第一种类型，整理基础比较好的，一般不再进行加工整理，沿用其旧有案卷目录，只是根据档案馆管理和提供利用的需要，编上全宗号，统一案卷序号。第二种类型，原来整理基础一般的，要进行部分的加工整理和编制案卷目录等项工作。我馆历年来接收和收集来的历史档案大都有一定的分类、立卷和编目的基础可供利用，亦即多属于第一、二种类型。第三种类型，原来整理基础比较差的，或者基本上属于杂乱零散的文件，要进行区分全宗、分类、立卷、排列编号和编制案卷目录等一系列整理工作[①]。

工作人员在馆藏档案整理过程中还坚持了按全宗整理档案的原则，我馆所收集保存的历史档案是在各个机关分别形成的，并且由形成机关分别加以分类整理的，在接收入馆的时候，全宗基本上是清楚的，相对而言，各个全宗互相混杂的为数不

---

① 赵铭忠、李祚明：《关于历史档案整理工作的若干问题》，载于《民国史与民国档案论文集》，北京：档案出版社，1991年，第40—41页。

多，大部分档案完全有条件按照全宗原则进行整理和保存，因此，案卷目录大多是以全宗为构成单位。个别全宗档案数量太少，则按机构系统归并为全宗汇集；或部分零散档案无法区分全宗，也共同组成档案汇集。全宗汇集、档案汇集在管理上均视同一个独立的单位，分别形成各自的案卷目录。

经过 10 余年艰苦细致的整理，到 1963 年，我馆已基本完成了馆藏档案的初步整理工作，除整理中剔除待鉴定的档案外，有 152 万个卷宗得到了系统整理，编有了案卷目录。

（2）民国档案整理"第二步走"改良阶段（1978—2008）

"文化大革命"期间，我馆业务工作基本处于全面停滞阶段。"文化大革命"结束后，从 1978 年起，全面恢复各项业务工作，按照"两步走"的设想和要求，拟定了全馆档案进行第二步整理工作的规划，并抽调了 10 余人用了一年多的时间，试验整理了国民政府教育部全宗的档案，试验实践否定了原来设想的"第二步走"整理方法，因为它主要照搬苏联的一套做法，不太适合我馆档案的实际情况。

从 1982 年起，改变第二步细整的设想和要求，采用灵活机动的做法，针对第一步整理过粗的问题，提出"大部分不动、小部分重整、避免打乱重整"的方针，集中力量重点解决了以下几类问题：

一是解决了部分档案全宗不清的问题。在第一步档案整理过后，馆藏部分档案仍存在整理过粗、全宗混杂的现象，即一个全宗代号内包含有两个以上立档单位的档案，有的全宗代号甚至包含有三四个政权时期几十个立档单位的档案。同时有全宗分散的现象，即一个立档单位的档案编有两个以上全宗代号，最多的竟编有 10 多个全宗代号。针对这一情况，我们进一步区分全宗，由按机关系统划分全宗改为按机关单位划分全宗，进而建成新的全宗内案卷目录。

二是解决部分案卷过于庞杂和标题不当问题。我馆部分档案在第一步整理后，案卷过于庞杂，有的一个卷包括有几十个乃至数百个卷宗，排放在架子上长度近百尺。在拟写案卷标题方面，因受当时政治氛围的影响，标题中常有政治性评判词句。对于前者，我们尽可能利用原基础，在分清全宗的基础上，取消一号多宗，改宗为卷，重新拟定案卷标题；对于后者，则采用客观具体的词句对案卷内容进行揭示，从而形成新的案卷目录。

三是解决了"2188"零散档案整理问题。在第一步整理中，我馆工作人员坚持边整理边鉴定的原则，将认为无保存价值的会计传票、单据粘簿、账册、基层机关的会计报表和档案复本等剔除集中存放。1982年，我馆对上述档案再次清理后分装入2188只编织袋，排架500余尺。1997年5月，我馆根据国家档案局关于"九五"期间消灭积存零散档案的要求，组织全馆力量对2188袋档案进行突击整理，到2000年底完成，计形成8个全宗汇集，共83000卷档案及其案卷目录。

在此期间，我馆还和社会各界开展广泛的合作，从1997年起至2008年，借助社会力量先后系统整理了邮电系统档案、中国银行档案、中央银行档案、烟草档案及财政系统档案，修订和重拟了所涉全宗档案的案卷目录。

至此，我馆全部1354个保管单位，220万卷宗档案基本达到有规可循、有目可查的目标。在20世纪90年代中期，我馆就计划建设计算机机读目录体系，其重要组成部分之一即是馆藏档案案卷级机读目录数据库，该数据库目录（一）库是以馆藏档案簿式案卷目录为基础，以全宗为单位，将案卷号、案卷标题、案卷起讫年月逐项录入计算机，到1997年，除当时刚整理完毕的财政部全宗尚剩部分未及录入外，馆藏档案全宗都已基本录入完毕，利用者可以通过这些录入项目中的任意字、词进行检索，较之人工翻阅更快捷方便。

（3）民国档案数字化前整理阶段（2009—2017）

我馆民国档案案卷编目工作经过上述两个阶段后，虽然取得了显著成绩，但要达到对档案安全保管、科学利用的要求却仍显薄弱。我馆馆藏档案构成特点总体来说，一是立档机构多，案卷数量大；二是归档成卷时基本没有经过鉴定区分，内容繁杂、玉石俱存；三是历经战火、迁徙，各机构案卷形成、案卷数量、损毁散失及保管情况差异很大，虽经前面两个阶段的整理，但馆藏档案仍存在着这样一些突出问题：档号复杂，一卷多宗，卷号中还掺杂不少空号、原缺、移交、改重等情况；卷内文件排列混乱，无固定次序，馆藏总量90%未编卷内文件页码；有部分卷宗内容与案卷标题不一致；邮票、照片、实物等特殊档案未作标识；部分档案霉变、破损严重以及大部分档案未进行开放鉴定，等等。为解决上述问题，我馆自2009年年初确立了以馆藏档案数字化为契机，调动全馆力量，加大对基础工作投入力度，推动档案整理、数字化工作快速有序开展，力争在20年内基本完成馆藏档案数字化的目标。具体依据馆藏档案各全宗整理难易状况、控制使用范围，结合多年来查档利用中馆藏三分之一全宗利用较多、三分之一全宗利用较少、三分之一全宗很少利用的情况，以及档案保管库房分布等实际情况，统筹兼顾，计划分三个阶段基本完成馆藏档案数字化前整理。截至2011年年底，完成了教育部、内政部、外交部、社会部、中央设计局等全宗档案数字化前整理，整理档案18万余卷，此外还完成了财政部档案3万卷、海关零散档案1.7万卷的整理工作，形成案卷目录23万余条。

但是这个20年基本实现馆藏档案数字化的目标，显然不能满足国家与社会对民国档案利用和档案原件安全保管的要求。为解决档案数字化工作进度与档案利用、档案原件安全保管的矛盾，2012年初，我馆对近十年利用档案状况进行调研分析，提出了拟在五年（2013—2017）内完成馆藏主体档案数字化的构想。在国家档案局和财政部的支持下，申请专项经费1.59亿，确立了完成6000万页档案整理，5000万页档案扫描，900万幅档案缩微拍摄的总目标。而为了方便档案数字化的进行，必须首先开展馆藏档案的数字化前整理，即根据档案整理的基本原则、程序与方法，以全宗或专题为单元，对已经过初步整理的民国档案进行系统编目，按照卷内文件的历史联系进行秩序排列，并通过编写页码加以固定，以实现档案实体有序化。

由于我馆馆藏档案数量巨大而馆内人手有限，单凭内部力量很难在较短时间内完成数字化前整理工作，基于业务外包在档案部门的有效开展，从 2012 年下半年开始，我馆将民国档案前整理工作引入外包。通过中央直属机关采购中心公开招标，2012 年与上海中信信息发展股份有限公司签订了第一期外包合同，2013 年 6 月又与北京星震同源数字系统公司签订了外包合同，形成了两家公司共同参与，同台竞技，每年整理档案 1200 万页的格局。此后四年均依此外包方式进行。

截至 2017 年，经过五年的艰苦奋斗，我馆共完成近 60 万卷民国档案的数字化前整理。这次数字化前整理编目工作特别注意解决了下列问题：消除多宗，每宗给予一个案卷号，并拟写相应案卷标题；破除厚卷，一般以 5 厘米厚度为界定标准予以重新分卷、拟写相应案卷标题；当然，如系裱糊造成的厚卷或案卷内容为严密整体者，则不再破分。对于档案原标题中"伪、匪、蒋匪"、对少数民族有侮辱性质、美化当时执政者、辱骂中国共产党的词句严格按照档案中的表述及反映的人和事，运用历史唯物主义观点予以修改。对于原案卷标题信息不全、责任人（主体）不清问题予以查证补齐。对于档案所涉时间、地点、人名、官职、机构名、专用术语、俗定称呼或特定时代用语、标点符号的运用、语法语义及用词等做了规范性要求并予以执行，所涉相应全宗的案卷目录也因此得以刷新提升。

2. 馆藏案卷目录的构成成分

案卷目录一般包括的构成成分有全宗号、目录号、目次（类目索引）、序言、案卷目录表、备考表等，我馆案卷目录也基本具备了这些成分。

我馆在档案整理过程中，每确定一个全宗，都赋予一个全宗号。为了便于管理，我们根据馆藏档案的实际情况，按照不同政权时期和全宗的不同性质（类型），把主要馆藏全宗分为四个部分顺序编号。这四个部分是：

（1）孙中山领导的南京临时政府和南方革命政权档案，国民党机构和南京国民政府的档案，全宗号自 1 至 999 号编列；

（2）北京民国政府档案，全宗号自 1001 起至 1999 号编列；

（3）日伪政权（含汪伪政权及其他伪政权）档案，全宗号自 2001 起至 2999 号编列；

（4）人物档案：全宗号自 3001 起编列。

在每一部分档案之内，全宗号的编列没有分类，一般按档案进馆的先后时间顺序流水编号①。

全宗建立后，在分批接收和分批整理的过程中，为保持档案的原保管系统，或记录该批次档案的来源，在统一的全宗号下编制案卷目录号，赋予其特定意义，如用（1）或直接是汉字数字的全宗代号代表该全宗主体部分档案；用（2）代表"文化大革命"期间清理鉴定时划出的重要档案；以（3）代表清理鉴定中剔除的暂存档案；以（4）代表从公安部接收来的档案；以（5）（6）……表示后接收整理加入的档案，或者代表全宗内某一类别的档案。但除（2）以外，有时也会有不合上述惯例者。

我馆大多数全宗目录号为（2）的档案是在"文化大革命"期间特定历史条件下组成的。1965 年 4 月起，根据中央关于备战工作的指示精神，我馆对当时馆藏 743 个全宗 152 万卷档案进行清理鉴定，将每个全宗的档案分成重要和一般两种，"所谓重要档案，是全部档案中的精华，是记述和反映旧政权机关基本情况的一些档案，记述和反映旧中国历史的重要史料。这些档案，对我们很有用，万一遭受损失对我们很不利。包括如下几个方面：（一）反映该机关主要职能活动的文件，即反映该机关重要的政治和业务活动的文件。（二）虽然不反映该机关主要职能活动，但记述和反映了重要历史情况的文件。（三）反映我党我军我政权情况和党领导下的人民革命斗争情况的文件"。对清理出来的重要档案在原全宗号下给予带（2）的目录号，案卷重新编号、编目，并在原案卷目录相应条目备注栏注明"改重"或"抽重"。

---

① 赵铭忠、李祚明主编：《中国第二历史档案馆指南》，北京：中国档案出版社，1994 年，第 7 页。

一个全宗的案卷目录还设有目次，即案卷所属类目的索引，包括案卷分类类目的名称和在目录中的起止页码、案卷的起止号。还设有序言，介绍使用案卷目录的方法和有关情况、立档单位和全宗的简史、全宗内档案的完整情况等。序言的这些内容并非所有全宗都有，而是根据各个全宗的具体情况而定。还设有案卷目录表，这是案卷目录的主体部分，以表格形式记录案卷的有关事项。还设有备考表，附在全部案卷目录之后，总结性地记载案卷目录的基本情况。

馆藏档案除上述四部分外，还有极少部分档案以特指字为首，序以数字流水命名全宗号。一是全宗号以"清"字开头的档案，系从馆藏档案中清理出来的一些清朝档案；二是全宗号以"新"字开头的档案，为新中国成立前后该机构被撤销或接收后的档案；三是全宗号以"资"字开头的档案，为特殊载体或特别形态的档案，如证章、关防章戳、家谱、照片胶卷档案等；四是全宗号以"特"字开头的档案，为馆内特藏档案。

（二）馆藏案卷目录的特点及对之客观公正的认识

馆藏案卷目录的建设是一项巨大的工程，迁延贯穿于我馆建馆后的整个工作历程，至今还在结合馆藏档案整理工作而修正升华中。我馆馆藏档案案卷目录的建成，标志着馆藏档案全宗清楚，组成了案卷，编出的目录基本能反映档案内容，可以查找利用，亦即达到了有规可循、有目可查、便于档案的管理和利用的目标。纵观其迹可以发现，它具有覆盖面广、发挥作用及时性强、使用时效长等优点，但也有题名揭示案卷内容欠佳等缺点，对此，我们应有一个客观公正的认识。

1.馆藏案卷目录覆盖面广

一个全宗内的全部档案，经过分类、立卷、拟写案卷标题，进行系统排列之后，要对案卷逐个进行登记，登记的结果是形成了案卷目录。可见只要经过了整理的每个全宗的每个案卷都被囊括于馆藏案卷目录中，即馆藏案卷目录覆盖了所有经过整理的馆藏档案。

2.馆藏案卷目录发挥作用的及时性强

在南京史料整理处成立后的三四年中，虽然工作人员不多，却清检整理了大量的档案，到 1953 年底，业经整理好的，计有 93 个单位，959133 卷，虽然整理出的目录比较粗糙，但在短期内使大量档案便于保管，也可以很快提供利用。当时有的档案，甫经整理完毕，就及时提供给各机关使用。如南京水利实验处曾按目录调卷查找许多水利资料；中央盐务总局调用了盐务历史资料；也有一些行政和公安机关不断地来查对人事材料。这说明一些旧档案已能发挥它的作用[1]。

3.馆藏案卷目录发挥作用的时效长

迄今为止，由于种种原因，包容了我馆全部馆藏档案的检索工具只有案卷目录，因此，一直以来，我馆的检索工具主要是依靠案卷目录。在早期，用人工抄写等方式复制多份案卷目录，提供各方利用。直至今天，向利用者提供案卷目录进行档案查找仍是我馆进行档案检索的重要方式。

但是，馆藏案卷目录也存在着不足，主要表现在一些全宗内没有分类或分类不科学、组卷过大及案卷题名对案卷内容揭示得不够准确全面，造成部分全宗的档案无规可循，有目难查，不少内容重要的档案被埋没。这些问题是由其形成过程和案卷目录本身固有特性所决定。我馆部分档案的整理属于"第一步"走的整理结果，整理的主要目的是恢复、保持其历史原貌和历史联系，解决其杂乱无章、堆积无序的状态，这种整理更偏重于档案实体混乱状况的解决。同时，由于建国初期大多数整理人员缺乏科学整理档案的知识和经验，又急于把数量巨大的档案清理上架，以供利用，因此档案整理很粗糙，一卷不少有厚达数百页的。而且即便是立卷正常合理的案卷，也不一定就是单主题，也可能是多主题。一个案卷所涉及文件主题、责任者众多，给全面概括、准确拟写案卷标题增加了难度，以致不得不采取挂一漏万

① 王可风：《三年来的整理旧档案工作》，载于施宣岑、华明编：《王可风档案史料工作文集》，北京：档案出版社，1989 年，第 28 页。

的方式，将其中主要的、重要的内容在标题中点出，其余则忽略不计，这样当然会使未被揭示的档案内容成为死信息，很难再被利用；抑或不得不将若干个档案内容的小概念概括上升为一个大概念，而其实这个大概念内涵是大于这若干个小概念内涵之和的，这样做不仅没能准确揭示档案内容，反而淹没了案卷的个性。可见，案卷内内容揭示得不够准确全面，从一定程度上说，是案卷级整理方式难以克服的弱点，期冀在这种工作方式内加以彻底解决是不现实的。

案卷目录是在保持文件之间历史联系的条件下，固定档案的保管单位和分类排列的顺序，初步揭示文件的内容和成分，对于档案的查找利用，只能是打下一个基础，创造一定的便利条件，亦即只能在一定程度上和一定范围内解决"便于查找利用"的问题，而不可能为查找利用创造一切便利条件，这是因为：第一，不同的人为了不同的目的，会从多种不同的角度来查找利用档案，而档案的整理工作只能主要采取某一种方法或者结合采用几种方法，只能解决便于从某一种或几种角度的查用，不可能解决便于从各种不同角度的查用。第二，从一个档案馆的整体来说，它保存有不同时期、不同性质的多样档案，而档案的整理工作是按各个全宗分别进行的，只能解决在一个全宗内便于某种角度查找利用的问题[1]。有鉴于此，我馆对馆藏案卷目录应该有一个客观公正的态度，不应对之求全责备，或抱有超越其功能实现可能的期望值。

（三）文件目录的建设

文件目录，又称卷内文件目录，它是在案卷整理完成的基础上编制的，其作用一方面是存储和检索文件信息，另一方面是为了固定文件在案卷内的排列次序，以便更好地管理和使用文件。它是在较深层次上揭示馆藏档案的一种目录。2018 年以

---

[1] 赵铭忠、李祚明：《关于历史档案整理工作的若干问题》，载于《民国史与民国档案论文集》，北京：档案出版社，1991 年，第 47–48 页。

前，我馆文件目录的建设基本上属于规划和探索试验性质，并没有真正实施开展，只是在个别全宗及专题目录中加以运用。至 2018 年，随着我馆民国档案整理编目工作实行战略大转移，由对实体档案进行案卷级整理的模式加以转型升级，改为更加精细化的档案数字化后电子文件级著录工作，从而正式启动了馆藏民国档案文件目录的建设工作。

我馆建馆之初进行档案整理时，提出"两步走"方针，其中第二步中就包含有编制卷内文件目录的规划。在 1956 年 3 月拟就的《关于南京史料整理处 12 年远景规划的意见》中提出："在全宗正确基础上，根据材料重要性程度与使用需要程度，有轻重有先后的按科学方法转入第二步。从第二个五年计划开始大力进行。此项二步复整工作不机械的一律按整个全宗进行，而是选择一个全宗内某几类某几项或某几目档案，全类、全项或全目进行复整。"事实上，由于二史馆馆藏量实在太大，二步复整并未在第二个五年计划时开展，直至"文化大革命"结束，"二步走"才再次提上议事日程。但 1978 年，我馆按"两步走"的设想和要求，就教育部全宗档案进行试验，试验结果否定了原来设想的"两步走"计划，就此，通过"两步走"开展文件目录建设的事宜被搁置起来。

2000 年前后，民国档案开放力度加大，对档案内容信息的揭示提出了更高的要求，原有的案卷目录因其形成过程和自身固有特性，其具有的部分功能——检索功能已难满足当时的民国档案工作需要，对民国档案信息作进一步开发，开展民国档案文件级整理工作逐渐被提上议事日程，并形成了以下认识：一是民国档案文件级整理应在案卷级整理工作基础上进行，与之实行楔形无缝连接。这是因为案卷级整理方式在揭示多主题案卷档案内容信息上有其不可克服的弱点，需要文件级整理工作对之进行弥补。至于单主题案卷，有案卷级整理结果已足以揭示其内在信息，则不必开展文件级整理。这一点与建馆初期对档案整理工作"两步走"的设想有异曲同工之妙。二是民国档案文件级整理应包含对民国档案机读目录数据库的延伸、完善。在 20 世纪 90 年代，我馆就根据民国档案著录标引的有关规定，对馆藏民国档案进行了案卷级著录标引，2000 年后，已完成了 140 万余卷。不过，这种案卷级著录标引从一定意义上说是案卷级整理结果的衍生物，因为它主要是依据案卷标题而进行的，而多主题案卷标题存在着如前所分析的弱点，据之进行的著录标引结果存在一定缺陷也就可想而知了。因此，对这类多主题案卷应和文件级整理相呼应，将著录单元按有关主题破解成文件级后再予以标引，使民国档案信息在机读目录数据库中得到延伸和完善，进而形成案卷和文件级标引相结合的民国档案计算机检索体系。三是文件级整理应结合档案馆数字化工作进行。当时，档案馆数字化建设已成为档案界研究和实践中最为热烈的话题与项目，并成为档案馆发展的必然趋势，而要进行档案的数字化，首先要进行档案的数字化前整理，文件级整理即可因此而与档案馆的数字化工作结合进行。

正是基于上述认识，我馆开始了文件目录建设的探索试验。我馆文件目录以文件级和文件级组合两种形式构成，并注意充分利用民国档案的原有整理基础，不改变原全宗号、卷号。编制过程中既注意档案的内容、数量和整理状况，又兼顾不同的利用要求，讲求实效，在维护档案完整安全的前提下，充分开发档案信息。鉴于馆藏档案基础较差，在编制文件目录时，结合整理案卷，以编目带整理，实行目录编制和加工整理相结合的原则。具体是从两方面进行，一是结合专题，开展文件目录建设工作，完成了馆藏照片档案、民国时期印章档案及香港地区、澳门地区、台湾地区、藏区档案资料等地区档案文件级目录的编制。二是以全宗为单位，开展编制文件目录的试验。在 20 世纪 80 年代，整理编目部就国民政府全宗进行了编制文件级目录的尝试。到 1997 年，为给修订《民国档案主题标引细则》提供依据，又着手对这批文件目录进行了分类主题标引试验。同期，先后又就南京临时政府、广州大本营、广州国民政府、武汉国民政府、全国经济委员会等全宗档案进行了文件级目录编排的尝试。

2018年前，我馆文件级目录的建设没有全面推展，在工作安排上是作为机动工作对待，见缝插针，有力量即进行，处于一种尝试探索试验阶段，和目录投入检索使用的目标还有相当的距离。我馆案卷目录建设的逐步深入，特别是五年馆藏主体档案数字化前整理的完美收官，为开展文件级目录的建设提供了坚实基础。为了从根本上解决民国档案家底不清、基础薄弱问题，夯实民国档案科学管理与利用基础，我馆决定从2018年开始，开展馆藏民国档案数字化后电子文件级著录工作，选择部分重要的、利用率高的电子档案进行深层次的著录，逐步全面掌握民国档案文件信息。

确定启动馆藏民国档案数字化后电子文件级著录工作后，我馆整理编目处根据《民国档案文件级目录数据采集操作办法》《国家重点档案文件级目录数据验收办法（试行）》等标准的原则、概念和基本要求，拟定了《中国第二历史档案馆民国档案文件级目录著录细则》，对馆藏民国档案文件级目录著录时的分件标准、著录项目、各著录项拟写要求、著录格式、标识符号、著录用文字等作出了具体规定，以保证我馆民国档案电子文件级著录工作的规范进行。

我馆民国档案电子文件级著录工作充分利用原有整理基础，不改变原全宗号、案卷号。文件级著录项目共设有15项，分为必填项目和选填项目。必填项目必须著录，选填项目可视具体情况选择著录。必填项目有全宗名称、档号、责任者、文件题名、文件时间、受文者、关键词、文种、画幅数（由系统自动生成）。选填项目有语种、稿本、载体形态、附注、控制使用标识。截至2019年年底，我馆共对社会部、内政部、外交部、军事委员会、委员长侍从室等22个全宗42576卷电子档案加以文件级著录，共计形成704492条文件目录。

客观、真实、完整地揭示档案内容是档案编目工作追求的终极目标。要达成这一目标，编目者需在主观上清醒地认识到自己是档案信息客观、真实、完整的传递者，要从档案责任者的角度认识档案内容，并以历史唯物主义方式表述档案信息，避免在信息揭示过程中根据编目者对档案价值的主观判断加以取舍。当然，要达成这一目标的一个重要客观条件就是尽可能地分解切割整理编目著录单元。纵观二史馆馆藏档案整理编目过程，就能发现该项工作正是沿着这一途径前行的。我馆在起始"一步走"阶段，案卷是异常庞大的，一个卷可以是一排档案架，拟写的题名就是"财务卷""人事卷""杂卷"，后来经历了一卷多宗、消宗为卷、厚卷拆分多卷，直至 2018 年开始的文件级目录著录，整理编目著录单元被拆解得越来越小，标题拟写也就越能接近达成我们的目标。因为编目著录单元越大，其包含信息量则越大，而档案标题容量有限，势必需要编目者有一个综合、提炼、纠结，最终加以取舍的过程。这个过程就是编目者错位成利用者的过程，编目者会将自己主观认为重要的信息予以保留，放入档案标题，而认为不重要的信息就放弃不予记载。这从我馆总结的案卷标题拟写方法名中就可窥见一斑，这些方法是：概括法、归纳法、重点法等。而俗话说，仁者见仁，智者见智。对同一卷档案，不同的利用者选择利用的档案信息可能会有差异，但利用者要从浩如烟海的档案中获知某一信息却有赖于编目者提供的检索工具，如果编目时即对档案信息有人为取舍，就等于剥夺了被舍弃信息部分档案的被利用机会。可见，案卷内内容揭示得不够准确全面，从一定程度上说，是案卷级整理难以克服的弱点，期冀在这种工作方式内加以彻底解决是不现实的，这也是我馆在经历了一轮又一轮对馆藏档案的案卷级整理后开展文件级著录编目工作的深层原因。两年的民国档案文件级目录著录的开展，为我馆民国档案整理编目工作的转型升级，即从案卷级粗放型整理编目转变为文件级目录著录精加工，创造了一个良好的开端。可以预见，持续和全面的文件级目录著录，必将对我馆的其他业务工作，如利用、编研以及保管等，带来意义深远的影响。

（四）全宗目录的建设

全宗目录是介绍档案馆馆藏所有全宗情况的一种检索工具，由全宗条目按某种特定顺序排列组成。全宗条目的著录项目包括全宗号、全宗名称、全宗内档案数量、起止时间等。全宗目录是对档案馆馆藏进行宏观管理的基本工具，一般在馆藏档案数量较大、全宗较多的档案馆中使用[①]。

早在 1962 年 9 月编制的《南京史料整理处 1963—1972 年十年规划的意见》中就计划"编写全宗介绍一册，约 200 万字……便于内外部利用档案者查找使用"。1987 年出版的《中国第二历史档案馆简明指南》中附录了《馆藏全宗一览》，内含全宗名称、全宗号、案卷数量等信息。在 2002 年 4 月，整理编目部和计算机中心合作完成了《中国第二历史档案馆馆藏全宗名册》。到 2005 年 5 月，整理编目部在多次清理馆藏案卷级机读分类目录数据的工作中收集形成了若干资料，初步弄清了我馆当时的全宗数和案卷数，编制了一套最新的《中国第二历史档案馆全宗目录（初稿）》。

我馆编写的上述全宗目录分别记述了当时每个时期档案工作者所能了解到的馆藏档案全宗情况，从中可以窥见馆藏变迁的过程，它们在每个时期都发挥了应有的作用，但客观地说，希冀借之真正了解清楚二史馆的家底状况，还嫌粗糙、不完全，有待进一步核对修改和完善。

二、检索型目录的建设

检索型目录的主要功能是对档案文献实行智能控制，为利用者提供多种检索途径。面对浩如烟海的档案文献，人们想凭记忆检索或逐件阅读检索，都是不可能的。现代社会的日益发展，社会分工也就愈益细化、专业化，社会需要造就档案工作这一专门职业的原因之一，就是要把覆盖整个社会的日益加重的社会记忆的职能集中起来，交给档案机构和工作人员来承担，从而使社会本身更加轻松而有效地前

---

① 孙钢：《档案目录学》，北京：档案出版社，1991 年，第 23–24 页。

进。档案工作者的社会责任和义务决定了他们必须向社会提供检索型目录[①]。建立检索型目录是根据利用者的不同需求来确定的，我馆建设的检索型目录主要有专题目录、人名目录、分类主题目录。

（一）专题目录的建设

专题目录是档案馆普遍采用的一种目录形式。从检索语言角度分析，它是介于分类目录和主题目录之间的一种目录。它具有选题的灵活性和专题结构的系统性。一方面，它集中了有关某一专题的全部档案线索，不受年代、全宗限制；另一方面，在专题目录中设类、项、目的检索层次，便于按专题的某一方面系统检索档案。它的条目著录单位，可以是文件级，也可以是案卷级。

1. 建馆至"文化大革命"结束时专题目录的建设

南京史料整理处在开展档案利用工作初期，全国各地利用者来处查找利用档案多属政治方面的，该处以编制的案卷目录和案卷存放地点索引就能解决问题。1958年后，随着社会主义建设事业的发展，全国科学文化机关前来调阅档案者日益增多，这时再用案卷目录和案卷存放地点索引则嫌不主动、不系统，因为科学文化方面的材料往往是跨全宗分布的。正是为了适应这种需求，本着"利用为纲"的方针，编制专题目录成了南京史料整理处的必要工作。该处在专题的选择上，从当时国家建设实际需要出发，并结合该处保存的历史档案情况而加以确定，先就经济、政治方面选择了若干专题，分工业、矿业、电业、水利、粮食、商业、经济、国际贸易、中英关系、中日关系、学生运动等专题。在制作过程中，采取按北洋、南京国民政府和汪伪三个不同政权分别进行，并充分利用档案原基础，如原全宗的分类方式、专题类别所属的基本全宗等等进行专题目录内的排列。到1963年，共完成专题资料目录卡片23万张，地区性资料目录卡片3万张，大事

---

① 孙钢：《档案目录学》，北京：档案出版社，1991年，第25页。

记卡片 8 万张。有了这些参考工具，馆藏档案变成了活材料，迅速地为国家各项建设提供了利用。

2. "文化大革命"结束后专题目录的建设

"文化大革命"结束后，随着经济建设的大力开展、历史档案的开放利用、社会主义市场经济的逐步建立及自身为弥补财政缺口的需要，从 20 世纪 80 年代起，我馆的专题目录建设再次驶入快车道。这个时期的专题目录主要分为地区目录、小型专题目录和大型专题目录三种类型。

（1）地区目录的建设

20 世纪 80 年代，全国各地兴起了编史修志的热潮，为适应各个地方大量查找档案的需要，我馆开始了馆藏地区档案目录的编制。该目录是以馆藏地区卡片目录为基础，对其中"各省市……"类卡片调阅原卷查明所涉省市补抄完全，再分入相应省市，然后首先按北洋、南京国民政府和汪伪三个不同政权区分开，再在"各省市"下按《民国档案分类表》的各级类目分类，类项内排列以问题为主，也可采用按年代（如计划、报告等），必要时还可按全宗，以全宗内的案卷号进行排列。以卡片形式完成后，再编印成册，到 1991 年 9 月，共完成全国各省市地区目录 118 册。

1992 年，为了进一步开发馆藏有关南洋和港、澳、台湾地区档案信息，我馆开展了南洋和港、澳、台湾地区文件目录的编制工作，将馆藏凡涉及南洋（包括新加坡、马来西亚、印尼、菲律宾、婆罗洲）及中国台湾、港澳（含九龙）等地区的档案文件均进行著录，著录项目有档号、文件标题、时间，然后对著录条目按《民国档案分类表》结合档案的实际类分条目，有序排列，打印装订成册。最后完成南洋地区目录 9675 条，港澳台地区目录 36000 条。

（2）小型专题目录的建设

除了按地区编制地区目录外，从 20 世纪 80 年代中期开始，我馆还根据利用者特定需求，并结合馆藏档案缩微拍摄工作，编制了一些小型专题目录。从1986年至2003年，先后编制了馆藏抗战时期军事档案目录选编，商标档案、日军在南京罪行档案、江苏房地产档案、韩国独立运动四个专题目录共13000余条，馆藏审计档案文件目录1800条，国民党中常会档案史料选编文件目录4000条，四联总处会议文件目录400条，抗日战争正面战场各战役案卷目录1597条，北洋大理院案例档案选编目录4447条，汪伪中政会及最高国防会议会议录目录2500余条，黄河流域档案史料专题目录2100余条，馆藏民国时期印章档案目录1500余条等小型专题目录。

（3）大型专题目录的建设

我馆在实行参照公务员管理前，属于科学文化事业单位，事业经费严重不足，每年预算经费只能维持人头费用、经常费用及一般性业务支出，如果要开展其他的工作，则往往感到心有余而力不足。另一方面，随着民国档案开放利用、宣传工作的深入，社会各界对民国档案价值的认识也在不断提高，从1998年起，主动前来寻求或愿意合作开发档案资源的机构日益增多，如原邮电部文史中心、中国银行、中央银行、中国烟草学会、英国剑桥大学等机构就出资与我馆合作进行相关档案的整理开发工作，相应形成有关档案专题目录，具体为：馆藏邮电档案专题目录30册；中国银行档案专题目录23633条；中央银行档案专题目录约36000条；海关档案专题目录57910条；烟草档案专题目录6570条，等等。此外，我馆还对馆藏照片档案进行文件级著录，完成了17800条。

我馆专题目录的建设，在选题上，紧扣当时社会对民国档案利用的需求，既选择了地区目录这种具有长效性和较强生命力的专题目录，又为特定的利用者度身定做了针对性极强的专题目录，较好地实现了专题目录即时性和长效性兼具的功能。

（二）人名目录的建设

人名目录是档案特有的目录形式。它以档案中记载的有关某一人物的、具有检索意义的情况为基本记录事项，提供人名检索途径。档案具有查考性和凭证性的特点，利用人名目录查证有关人物情况的检索需求，在对档案的利用需求中占有相当大的比重①。人名目录一般是根据利用需要按专题编制的。我馆的人名目录具有鲜明的时代特征，其中一部分是直接采自原始档案形成，主要有国民党党政军人员和敌特伪人员卡、抗日阵亡将士名录、黄埔军校同学名录等三种。

1. 国民党党政军人员和敌特伪人员卡

我馆国民党党政军人员卡是从江苏省公安厅移交接收的，分作一号卡和五号卡两种，主要为民国时期国民党党政军机构人员卡，其中部分是直接由国民政府铨叙部人事档案卡片构成，涉及国民党中央、各院部会及各省市县政府公务员和备用人员。

我馆敌特人员卡是"文化大革命"时期，大约从1967年开始至1973年止，为满足当时社会上各单位对所谓反革命分子、右派分子、变节分子内查外调的特定需要而编制。制卡人通过重点清查敌伪党、政、军、警、宪、特、法院、监狱的政治性档案，以及经济、技术档案中夹杂的政治性档案，对被捕、被俘、投敌、叛变、自首分子，对特务、间谍分子，对敌伪反省院（自新院、感化院）和其他集中关押、处理政治犯机构中训育科长（主任）以上人员，对不属以上范围但有严重政治罪行的反革命分子等摘录制卡，共制成259万张人名卡。此类人名卡是为适应"文化大革命"时期特定的政治斗争需要而编制的，"文化大革命"结束后，绝大部分被销毁。

2. 抗日阵亡将士名录

20世纪90年代，我馆根据当时为落实政策到馆查找抗战时期国民党军队伤亡官兵抚恤金的人日益增多的情况，决定将有关的档案编制人名卡，制作成抗日阵亡

---

① 孙钢：《档案目录学》，北京：档案出版社，1991年，第27页。

将士名录，共有 20 余万张。建卡以后，作用显著。未建卡前，查找一名抗日伤亡人员的材料，少则须调五六卷，多则十几卷几十卷，阅档三四天；建卡后则连复制材料在内，仅需半小时至一小时[①]。2003 年 4 月起，我馆启动了抗日阵亡将士名录电子数据库建设，将原有的名录卡片全部输入电脑。该数据库启用后，可以通过阵亡将士的姓名、别名、籍贯、部队番号、阵亡地点、遗属等要素快速准确地进行机检。

3. 黄埔军校同学名录

为了满足利用者查询黄埔军校历届学生履历、就学情况等信息的需要，我馆根据馆藏档案中黄埔军校同学录等资料编制了黄埔军校同学名录，并于 2005 年输入电脑，实现了计算机检索。

（三）计算机检索分类目录及分类主题一体化目录的建设

"文化大革命"结束后，随着历史档案开放利用工作的开展，计算机技术被引进到民国档案工作中，民国档案编目工作逐渐由对档案实体进行整理获得案卷目录、卷内文件目录等方式转变成对档案信息的深层开发，将图书情报界普遍运用的分类检索和主题检索方法引入档案界，开始编制计算机检索分类目录及分类主题一体化目录。档案界采用的档案分类法是一种以国家机构、社会组织从事社会实践活动的职能分工为基础，并紧密结合档案记述和反映事物属性关系，采取从总到分、从一般到具体的分类方法，以号码和类目相结合的方式来揭示档案内容，使利用者能"按类索档"，可在较大范围内满足利用者对档案查全的要求。运用分类法形成的分类目录是检索型目录的主要形式，它的特点是系统性和严密性。而主题法是建立在规范化的语词的基础上，运用主题词及其相关的语义关系

---

① 黄丽辉：《浅论档案馆阅览室的接待利用工作》，载《中国档案学会档案馆学术讨论会论文选集》，北京：档案出版社，1988 年。

来表达档案主题内容的一种方法。运用主题法形成的主题目录是根据主题词法检索语言组织的目录，它以档案文献的主题作为编排的依据，以主题词作为排检标识，并按主题款目词的字顺排列。主题目录具有集中性、直观性、灵活性、参考性的特点①。而分类主题一体化目录则是同时运用分类主题检索方法、综合兼具二者特性的一种目录。

我馆开展这项工作之初，限于当时的技术条件：既无电脑也无复印机，因此首先组织全馆职工、家属、驻馆武警战士逐个按全宗对案卷目录抄制案卷目录卡，到1984年，抄制完成90万张案卷卡片，抄制工作告一段落。其后几年又陆续整理出30万张案卷目录卡。在此期间，开始了相关目录建设的理论和实践的探索。

为了建立统一的档案分类检索方法，实现我国档案分类检索体系的规范化，我馆编制了国家标准《中国档案分类法·附表·民国档案分类表》（下简称《分类表》），该标准于1987年正式颁行，继而又编制了兼具分类和主题两种标引功能为一体的《民国档案分类主题词表》（下简称《词表》）。从1990年开始，我馆按手工检索的要求，依据《分类表》类分手抄案卷卡，到1992年，完成1009944个条目的分类工作。为了给运用计算机管理民国档案创造条件，使馆藏档案管理手段现代化，从1993年2月起，由为手工检索改为机读目录数据库做准备，开始了按国家标准《档案著录规则》，并以分类检索为主，人名、地名、机构名等主题检索为辅的方式对手抄案卷卡进行标引，旨在建立起馆藏民国档案案卷级机读分类目录数据库。到1997年，共标引完毕146万余条分类主题目录，并将其中120万余条标引条目输入计算机，从而初步建成了按《分类表》进行的以分类标引为主、主题标引为辅的馆藏档案案卷级机读分类目录数据库。该数据库按照馆藏分为国民政府、北洋政府和汪伪政权三大部分。当时，已在馆内各主要业务部门联网使用，在一定

---

① 孙钢：《档案目录学》，北京：档案出版社，1991年，第25—26页。

程度上缓解了仅靠案卷目录等原始手工检索工具查找利用档案时所产生的不便。

在对案卷级机读分类目录的使用过程中，逐渐发现了以分类检索为主方法的一些不足之处，诸如专指性差、多维性差等，并意识到如果沿分类法一条道走下去，该检索目录必将有其不可克服的缺点，而主题法具有专指性强、多维性强的特点，两种方法特点互异，因而决定了相互间可以互补。另一方面，民国档案主题法标引的重要工具——《词表》即是分类与主题法一体化初步结合的产物，在1997年前后也计划正式颁行。《词表》的推出能为实现二者的一体化创造一定的条件。同时，国家档案局设置于我馆的全国民国档案资料目录中心将承担该中心案卷级数据库采集标准的研制，这些标准、规则需要在实践中加以验证。正是这种种原因，促使我馆开展了民国档案分类主题标引试验工作。

民国档案分类主题标引试验工作开始于1997年年初，历时10个月。该项工作可以分为两个部分：第一部分，对馆藏案卷级目录数据库中按类选取的8000条目录选择进行了主题标引，合计完成数标引3500余条；第二部分，对馆藏国民政府全宗5000余卷档案17000余张文件级著录单进行了分类主题标引，共完成15300张。主题标引法与分类标引法的结合运用，当时在档案界并未普遍开展，我馆的这项试验可谓开风气之先。这次试验体现了分类主题标引一体化思想，充分利用分类标引的现有成果，在进行案卷级主题标引时，借助已标引分类号，利用《词表》中的"分类号—主题词对应表"明晰出档案主题，选定恰当的主题词予以标引。在进行文件级主题标引时，课题组制订了《馆藏国民政府全宗文件目录分类主题标引的要求及管理办法》，并在分类主题标引中出现的题名、责任者的认定、标引操作程序、主题分析、单主题和多主题的确认、主题词的选定及标示等方面执行相应规定，如发现问题，经过讨论研究，对《办法》予以修订补充，形成若干次补充规定，从而在解决了部分问题的同时，获取积累了宝贵的经验教训。

为了完善馆藏案卷级机读分类目录数据库，完成向全国民国档案资料目录中心的案卷级民国档案报目工作以及按照国家级档案馆达标要求的有关规定进一步提高库存数据质量，我馆分别于2001年和2005年两次对该数据库进行了清理，从中发现了存在的问题，并对下一步工作提出了建议。

馆藏案卷级机读分类目录数据库存在的主要问题是：

（1）数据库数据不全。该数据库是就1984年全馆人员手工抄制案卷目录卡进行，目录卡在抄制过程中，全宗和案卷条目有遗漏或重复；1984年目录卡抄制完毕后至1993年开始标引这十年间，因数次搬迁有遗失；在标引过程中标引人员对一些难以标引的条目暂时存疑而最终漏标；十几年来，档案实体的整理及其他原因造成数据与实体不相对应等，从而造成数据库数据不全、不准。

（2）分类标引中产生的问题。《分类表》于1987年颁行后，在1994年进行了修订，某些分类类号发生了变动，但并未对原有标引予以调整；不同的标引人员在对《分类表》的理解、处理执行的差异以及标引人员和审查人员标引认识的不一致而造成标引不统一，影响检索的查全、查准率。

（3）计算机处理时产生的问题。如输入数据时打错、打漏信息；数据库本身设计中存在的缺陷，如标引中有划控项，但数据库却没有预留，等等。

针对上述存在的问题，负责清理工作的整理编目部在2005年5月提出以下建议：

（1）清理和补充标引数据库数据。第一步补充完成标引"国民政府"全部137.14万卷中剩余部分约40万条条目的标引工作（2001年统计数据，下同）；第二步清理完成"北洋政府"全部15.17万卷剩余部分约4万余条条目的标引工作；第三步完成"汪伪政权"全部12.39万卷（条）条目的标引工作。标引时可运用二史馆和青岛市档案馆合作研制结项的"民国档案快速分类标引"软件。同时，向民国档案目录中心的报目工作也一并进行。

（2）标引不规范、不统一问题的解决。该数据库是按《分类表》标引而成，但因存在前述标引问题，因此拟选取二至四名有责任心、熟悉分类标引的工作人员集中完成。

（3）解决计算机处理时产生的问题。针对信息输入时产生的错误，对照该数据库目录（一）库的案卷目录，以及在必要时核对档案实体予以校对纠错。另外，由于该数据库是二史馆拟对外开放的机检目录，因此要划定属于控制使用的全宗和案卷，使之不进入数据库。

三、报道型档案目录的建设

报道型档案目录的基本职能是通过揭示、报道、交流和传播档案文献信息，向利用者和社会各界介绍档案信息资源的价值、内容和开发方法，介绍档案馆藏的基本情况和查找线索。档案馆指南是报道型档案目录中最重要的一种[①]。

自建馆以来，我馆就馆藏档案的情况，对外曾几经介绍，但都较为简略。1987年，编辑出版了《中国第二历史档案馆简明指南》（下简称《简明指南》），该书系《中国第二历史档案馆指南》（下简称《指南》）的简明本，全书共331千字。《简明指南》按全宗简明介绍档案内容，也有少数全宗合并予以介绍。由于馆藏档案全宗数量多，《简明指南》只对227个重要的和档案数量较多的全宗做了简明介绍，其余的全宗则列表以备查。同时，为便于读者了解二史馆情况和使用该指南，《简明指南》还就二史馆的历史沿革、馆藏概况、整理档案方法和开放利用制度等做了简明叙述。

《简明指南》的出版发行，为社会各界了解和查用我馆馆藏档案提供了重要条件，收到了预期的良好效果。但是《简明指南》对馆藏档案情况的介绍毕竟是简要的，不甚详尽，因而不可能全面满足利用者多方面的需要，加之二史馆指南是《亚洲史料指南》丛书的组成部分，且随后馆藏状况也有了不少变化，故很有必要重新

---

① 孙钢：《档案目录学》，北京：档案出版社，1991年，第25—26页。

编撰和出版更为详尽的指南。几经努力，1994年，我馆编辑出版了《中国第二历史档案馆指南》，全书共774千字。《指南》沿袭了《简明指南》的框架结构，仍分南方革命政府档案、北京民国政府时期档案、南京国民政府时期档案、日伪机构档案、人物档案等章节对馆藏档案进行了介绍，在这些章节下容纳了更多的全宗，对各全宗档案内容的介绍也更为详尽。此外，还将政党和社团机构档案独立成章，新增馆藏其他全宗档案简介及馆藏民国时期书刊资料介绍，并对《指南》中所涉组织机构、人物编列了索引，以方便利用者查询利用相关档案。

档案馆指南是具体介绍和报道一个档案馆的总体情况和馆藏档案情况的工具书，是档案馆面向社会的窗口。它的主体内容和核心内容是馆藏全宗介绍，因此，它是以全宗介绍为基础的。通过档案馆指南，利用者和社会各界可以不受时间、地点的限制，了解一个档案馆收藏档案的情况和利用档案的手续、过程等。档案馆指南还起着馆际情报交流和对外传播档案信息的作用，它是最基本的报道型档案目录[1]。可见，它对报道内容的及时性应该有较高的要求，需要在适当的时候对报道内容予以更新，否则，以它的传播面之广，所起的误导性也不小。《中国第二历史档案馆指南》已出版了20余年，随着收集、整理工作的进行，档案数字化工作的快速推进，馆藏档案保有状况又有了新的变化，同时，新形势下，对档案实体和信息的安全提出的要求更高，因此修订《中国第二历史档案馆指南》的呼声再起。

四、结语

鉴于我馆馆藏档案的特点，案卷目录在我馆目录体系中占有十分重要的地位，它的建设几乎贯穿了我馆建馆以来的整个档案编目过程。案卷目录反映了档案整理

[1] 孙钢:《档案目录学》，北京:档案出版社，1991年，第28页。

次序，实现了目录对档案实体的管理功能，随着计算机技术的发展，案卷目录的检索功能也得以强化。同时，我馆档案编目工作也把关注点渐次投放到建立检索型和报道型档案目录及管理型目录的升级——文件级目录的建设上，这种转变是我馆编目工作由单一向多项、由初级向高级的发展过程，也是以经验编目向科学编目的发展过程。因为案卷目录这一曾经唯一的档案目录是在整理过程中形成的，档案目录工作一度被归入整理环节，随着档案工作的开展、检索型目录的出现，档案编目工作开始出现脱离整理工作的趋向，其后由于检索型目录的逐渐增多和体系化、理论化，报道型目录的产生和发展，以及馆藏民国档案数字化后电子文件级目录著录工作的开展，档案编目工作实质上脱离了整理工作，完成了从非独立系统向独立系统的历史性飞跃。我馆档案编目工作的历史验证了档案编目工作发展的这一客观规律。

建馆 70 年来，我馆档案编目工作自身逐步发展的同时，也使馆藏档案由建馆之初的庞杂、凌乱、无序变成了今天的有规可循、有目可查，并构建和尝试构建起了包含馆藏档案的管理型、检索型、报道型目录的多项立体的民国档案目录体系，在档案管理与利用工作中发挥了积极而卓有成效的功用。

注：本章所引资料数据如未标明出处，系参考依据二史馆及二史馆整理编目处现行档案。

（陈晓敏　撰稿）

第五章

档案价值鉴定

馆藏民国档案是民国时期中央国家机关所形成的核心档案，记载了近代中国近半个世纪的历史变迁，蕴含着丰富的历史价值，是弥足珍贵的一代文献。全面认识民国档案的价值，科学区分民国档案的价值，是档案管理业务的一项重要内容，也是体现档案管理水平的一个重要标志。建馆 70 年来，二史馆积极开展民国档案价值鉴定工作，在理论与实践两方面进行了一系列的探索。

一、民国档案初始鉴定

民国时期，始终未能建立起国家规模的档案事业和集中统一的档案管理体制，各机关档案管理水平参差不齐，少数机关制定的文书档案保存期限表往往流于一纸空文。加之机关文牍主义盛行，"有文必档"成风，大量庶务性文件留存下来，与体现机关主要职能活动的业务性文件交织在一起，致使民国档案形成"玉石俱存"的现象。

新中国第一代历史档案工作者直接面临上述问题的困扰。1950 年 4 月，中央人民政府政务院指导接收工作委员会华东区工作团驻宁办事处档案组（简称"档案组"）成立，接收了南京地区的国民党政府中央国家机关档案，其中就夹杂着大量机关庶务性文件，档案价值参差不齐。在缺乏档案管理经验的情况下，如匆忙地进行鉴定销毁，难免会形成偏差。政务院副总理、华东区工作团团长董必武同志指示："我们集中的大量旧政权档案应全部保存。其中哪份文件有价值，哪份文件无价值，不可能在目前作出决定，更不可剔出烧毁，片纸只字都要保存，不可抛弃。""档案组"遵照这一指示，在接收整理时将一般档案与重要档案分别保管，不进行销毁。

1951年2月，中国科学院近代史研究所南京史料整理处（简称南京史料整理处）成立，接管了"档案组"与军代表管理的原国民政府国史馆，并在全国范围内继续接收民国档案。由于档案数量剧增，"玉石不分"的现象较为普遍，档案价值鉴定问题被再次提了出来。因缺乏明确的规定和具体的标准，仍然依照前例，在整理时将非重要机关的次要文件剔除，单独存放。

1957年，南京史料整理处决定对国民政府、行政院等重要机构的档案进行第二步细致的加工整理，要求对档案价值作出比较科学的鉴定，以确保全宗内案卷质量。当时拟定了一份《鉴定历史档案的初步范围》，分组织、印信、交接、法令、会议、计划、建议、报告、调查、统计、情报、资料、人事、经费、文书、庶务等16大类，对应该剔除的档案作出详细的规定，并在实际操作时实行"剔除从严，保留从宽"的原则。

南京史料整理处在整理过程中剔除次要档案的做法持续至20世纪60年代初期，剔除档案绝大部分借存于南京博物院朝天宫库房。截止到1962年11月，南京史料整理处剔除的次要档案排架长度为21910市尺，约占全处全部档案的五分之一。

1964年3月，南京史料整理处改隶国家档案局，更名为"中国第二历史档案馆"。

20世纪80年代初期，二史馆对朝天宫库房存放的剔除档案进行了一次再鉴定，将尚有保存价值的部分运回馆内继续保存（即2188袋零散档案），其余部分在报请上级有关部门批准后，予以销毁。

民国档案的初始鉴定，初步解决了馆藏档案"玉石不分"的问题。"玉石不分"现象是民国时期落后的档案管理制度的产物，是国民党政权留下的沉重包袱和历史旧债。二史馆从 50 年代初期即重视这一问题，在整理过程中剔除不必归档的文件，鉴定的时机是恰当的。当时被列为剔除范围的主要是机关内部科室的收发文簿、会计报表、传票、单据粘存簿、报领平价米（布）清册、申领生活补助费（米代金）清册、购置家具与修缮房屋文件、未译的电报原码、过量的重份文件、虫蛀和模糊不清的文件等。这些文件是机关在处理日常事务中所形成的，不反映机关的主要职能活动，更不能反映民国时期的基本历史面貌，缺乏历史查证和学术研究价值，不必永久保存。从鉴定的实际效果看，一批庶务性文件被及时剔除，保证了馆藏档案的质量。

由于受特定历史环境以及认识水平的制约，馆藏民国档案初始鉴定也存在一些偏颇之处，主要表现为 20 世纪 50 年代开始大量剔除次要档案时，将一批有实质性内容的零散文件和地图、照片、图纸等非文书档案剔了出来，反映了当时对档案概念的理解和对档案价值的认识尚嫌肤浅。80 年代，在对剔除档案进行再鉴定时，上述档案被慎重地挑选了回来，于 2000 年前付诸整理（即 2188 袋零散档案整理工程），重新纳入馆藏民国档案实体管理体系，弥补了历史的缺憾。

二、重要档案鉴定

1964 年 9 月，全国档案局长会议根据当时对形势的估计，提出档案馆要加快清理、鉴定工作的目标。国家档案局明确要求二史馆争取在一两年内做好档案的清理鉴定工作，把重要的需要确保安全的档案挑选出来，以适应"国内外阶级斗争形势"和本馆档案管理要求。

1965 年 4 月，二史馆根据国家档案局的部署，开始实施馆藏重要档案鉴定。下列三大类档案被列为重要档案：

一是记述和反映社会上重要的政治、军事、经济、文化等方面情况，对于当前和今后有重要查考作用的文件。包括：记述和反映重要历史事件情况的文件；记述和反映旧政权反共反人民重大罪恶活动的文件；记述和反映帝国主义侵华活动的重要文件；反映军阀混战、反动派内部派系斗争的重要文件；反映旧中国工农生活状况和民族工商业状况的重要文件；记述和反映国防、边界、外交、民族、华侨、宗教等方面重要情况的文件；记述和反映社会上其他重要情况（如重大的天灾、人祸、物价飞涨等）的文件。

二是反映旧政权中央机关和其他重要机关基本职能活动的文件。包括：该机关重要的法令和规章制度；该机关重要的预算、决算；该机关重要会议的主要文件；该机关与国外有关方面签订的条约、协定和发表的声明等文件；该机关为处理重大问题与有关方面联系的往来文件；该机关主管人员与有关方面公务联系的重要函电；该机关组织设置、变动、人员任免等重要文件。

三是反映我党、我军、我政权情况和我党领导下的人民革命斗争情况的文件。包括：被敌人搜获的我党我军我政权以及党领导下的革命团体的文件、报刊资料、照片等；敌人有关我党我军我政权活动情况和其他革命活动情况的重要报告和情报；敌人破坏我党组织和我军作战的重要文件；敌人镇压群众运动、迫害进步文化事业、迫害进步人士、迫害民主党派的重要文件。

在鉴定的实际操作上，采取了以下措施：一是将案卷数量不多的60个重要全宗，约2.3万卷，全部划作重要档案。二是将案卷数量较多的55个重要全宗，约30万卷，进行逐卷清理鉴定，从中挑选出重要案卷，按全宗（或系统）重新编列案卷顺序号，俗称"改重"。三是将一般全宗约110万卷，依据案卷目录进行清理鉴定，或整卷"改重"；或从案卷中抽出部分内容，重新立卷，重新编列案卷顺序号，俗称"抽重"。四是将显然不重要的全宗，约10万卷，全部划作次要档案。

1965年底，二史馆完成了馆内全部150万卷并2536箱档案的清理鉴定工作，并且清理了朝天宫库房和淮海路库房的剔除档案。经过清理鉴定，馆藏民国档案按价值区分为三个部分：（1）重要档案，共计85589卷，其中特别重要档案

9167 卷；（2）一般档案，共计 1414411 卷，另 9445 捆；（3）拟销毁档案，共计 33808 捆、1334 箱。

馆藏重要档案的鉴定，是在民国档案初始鉴定基础上的又一次探索，分清了管理的重点，做到了有备无患，适应了当时形势的需要。在长期实行手工检索的年代，重要档案的区分，也为利用工作和编研工作提供了极大的便利。

三、特藏档案鉴定

20 世纪 90 年代初期，二史馆为强化馆藏精品意识，开始筹建民国档案特藏室，将特藏档案挑选出来，集中典藏，予以特殊的保护。二史馆特藏室建设起步较早，经过历年的补充完善，目前特藏室典藏民国档案珍品计 1 万余卷（件）。

二史馆特藏档案鉴定的原则有两项：一是档案信息内容特别重要，二是档案载体形式较为特殊。依据上述原则，下列 15 种（类）档案被列入特藏室的收藏范围：民国时期全国性党政军机构成立后第一次印发的文告、宣言等文件；民国时期较具影响力的地方性党政军机关成立后第一次印发的通电、布告等文件；民国时期国家机关首先颁布并具有重要意义的法律、法规等文件；民国时期具有重大历史意义的会议记录、决议、决定等文件；民国时期反映重大历史事件始末的重要文件；民国时期著名人物具有重要内容或意义的亲笔题词、日记、信函、手稿、印章等档案或实物；民国时期具有重要历史意义的照片、影片、录音等声像档案；民国时期具有重要历史意义或特殊意义的军事地图、城市规划图、邮路图等图纸；民国时期关于国徽、国旗、军旗等标志性物件的设计图稿；民国时期具有较高史料价值、艺术价值和经济价值的书画作品、古籍善本和报纸杂志；民国时期重要机构的印信；民国时期公私企业的著名商标；民国时期印发的存世较罕的邮品、印花、钱币、债券、票证及其样张；民国时期制发的存世较罕的勋章、奖章、纪念章、证章、奖旗等实物；民国时期能够反映社会变革的典型性、代表性较强的其他文件和实物。

建立民国档案特藏室，是二史馆在档案价值鉴定方面的创新性举措，体现了全面、辩证的档案价值观。档案价值是由内容价值与实体价值两个部分所构成的，在通常情况下，主要表现为档案的内容价值，即档案的信息内容对利用者的有用性，这是档案与文物的一大区别；但是，一些特殊形式与特殊载体的档案，其实体价值则远远超过档案的内容价值，需要加以特殊保护。因此，二史馆将具有重要的内容价值与实体价值的档案，都纳入档案特藏室的收藏范围，体现了档案价值观的进步。

四、探索民国档案分级鉴定

1999 年 6 月修订颁布的《中华人民共和国档案法实施办法》规定：各级档案馆馆藏的永久保管档案分一、二、三级管理。由此，确立了我国档案的分级管理制度。

二史馆积极进行民国档案分级管理研究，成立了民国档案分级管理研究课题组。2000 年，课题组完成了《民国档案分级管理可行性研究报告》。2002 年，课题组起草了《民国档案分级标准》，作为国家行业标准的草稿，上报国家档案局。上述两个课题的理论贡献主要表现在三个方面。

（一）论证了民国档案分级鉴定的必要性

鉴定的产生，缘于档案文件的无限增长，西方学者曾形象地喻之为"雪崩"，不鉴定即有"塞破乾坤"之虞。因而，现行档案的鉴定，是通过对档案文件保存价值的分析评判，规定文件归档和档案进馆的范围，划定档案的保管期限，以及对到期档案进行后期再鉴定，归根结底是要解决"存与毁"的界限问题。而民国档案是历史档案，不具有现行档案"再生性"的特点，经过新中国成立后大规模的接收与征集，馆藏民国档案数量呈稳定状态，不存在库容压力，现行档案鉴定所要解决的矛盾在本馆表现得较为和缓。二史馆历史上曾经进行过剔除次要档案的做法，如再进行大规模的存毁鉴定，将会损伤馆藏档案的完整性。只有少数接收后按原基础编目的全宗，才适宜在加工整理时同时进行存毁鉴定。

　　档案鉴定的最佳时机是在文件归档和档案进馆之际，这是现行档案鉴定的一大优势，也是民国档案无法弥补的缺憾。经过数十年的整理编目，馆藏民国档案实体管理体系业已建立，档案检索体系均已成型，不论是从全宗中剔除次要案卷，或从案卷中剔除次要文件，均将不同程度地影响档案实体管理体系和检索体系的稳定性。忽视了这一点，民国档案鉴定问题将只能落入纸上谈兵的尴尬境地。必须根据新的情况，选择新的鉴定模式。

　　在民国档案管理领域，一直存在着漠视档案价值等级差别的现象。整理的程度、编目的级次、保护的重点并未完全与档案的价值等级相关联，从主观上看是一视同仁，实际上却是否认了档案价值等级的客观存在，其结果是分不出管理的轻重缓急，人财物的投入失之盲目。解决这一矛盾的有效途径，是根据价值大小对档案实行分级管理，制定各级档案管理规范，对不同价值等级的档案实施不同程度的管理要求。

　　民国档案价值鉴定不再是档案管理的一个独立的业务环节，而是与其他业务环节交织为一体，在档案管理活动中起着先导性、基础性乃至决定性的作用，即以档案价值鉴定为先导，以档案价值大小为依归，有序进行档案的整理编目、抢救、保护与开发，实现管理管理资源的合理配置，在档案管理全过程中，体现档案价值意识，充分彰显档案工作的目的性与效益性。

（二）阐述了民国档案分级鉴定原则

1. 全面性原则

　　民国档案内容丰富，成分与形式多样，其价值也是多方面的。因此，馆藏民国档案鉴定必须坚持全面性原则。

　　首先，从内容来看，民国档案记载的是民国时期的社会历史变迁，政治、军事、经济、文化、外交、社会等领域无所不包。上述不同内容的档案在不同的历史时期，其价值的表现程度是不尽相同的，要全面看待，客观分析，防止历史上曾经出现的重政治档案、轻经济档案，或者矫枉过正，出现重经济档案、轻政治档案的倾向。只有从客观上全面分析民国档案的价值，才能克服鉴定的主观随意性。

其次，从成分与形式上看，民国档案不仅有党政机关档案，还有企业档案、社会团体档案、人物档案；不仅有文书档案，还包括大量的科技档案和各类专门档案（如照片档案、商标档案、诉讼档案、统计档案等），这些档案都是民国档案的有机组成部分，共同体现了民国档案的价值，在实际鉴定时，应统筹兼顾。

最后，从体现和决定民国档案价值的因素来看，不仅要考虑档案内容的重要性、完整性，还要考虑档案的来源、形成机关的职能、形成时间、载体特征等因素，一切体现和决定民国档案价值的因素都应被选择作为鉴定的标准，再根据不同情况确定主要标准和次要辅助标准，配合使用，使档案的价值得以全面、完整地体现。

2. 系统性原则

鉴定工作是民国档案管理系统的一个组成部分。为了维护档案实体管理体系和检索体系的稳定性，维护档案实体的历史联系和档案内容的逻辑联系，必须遵循系统性原则。

民国档案实体管理遵循全宗理论。全宗理论是档案实体管理的理论基石，是被实践证明的科学稳定的管理方法，一切试图打破全宗的尝试都将是徒劳无益的。作为档案管理系统一个环节的鉴定工作，必须与系统的整体性相协调，尤其不能与全宗理论相悖。在进行鉴定的实际操作时，一方面要看到，一个全宗之内，由于立档单位内部职能分工的不同，档案的自然类别明显，价值层次清晰，如业务档案与庶务档案，反映重大历史事件的档案与反映机关内部活动的档案，因而在全宗之内认识和区分档案的价值具有可行性和必要性。另一方面，要注意维护一个全宗的有机联系，防止人为割裂全宗的完整性，损害档案实体管理体系的有序性，给保管、利用造成障碍。在这一问题上，《中国档案分类法》的成功经验值得借鉴，采用档案实体鉴定与信息鉴定相结合。

民国档案实体管理的基本单位是案卷。案卷作为档案实体管理系统中的一个层次，是系统稳定的基础。民国档案的案卷绝大多数遵循"一案一卷"的立卷原则，反映同一事件前因后果的文件组成一卷，是一个有机联系的整体，在鉴定时，宜从整体上去认定一个案卷的价值。

民国档案的基本构成单元是文件，也同样存在系统性要求。如主文与附件、文字与照片、注册文书与商标图样，都是一个整体，在鉴定时不能割裂。

3.历史性原则

档案价值鉴定充满了悖论色彩，只能体现一定时期的认识水平。坚持历史性原则，就是要分析历史，善待历史，探寻和把握历史发展的基本脉络，充分尊重和利用既往鉴定成果合理的成分，找到新的鉴定模式与既往鉴定成果的契合点。切忌全盘否定历史，对档案实体进行反复折腾。

（三）提出了民国档案分级鉴定标准

民国档案鉴定标准是确定民国档案价值的客观依据，一切决定、影响民国档案价值大小的因素，都应选择为价值鉴定的标准。

1.内容标准

档案的价值主要是由其内容的信息含量及其意义所决定的，这是档案与文物的重大区别。以内容的重要程度为标准，可以将馆藏民国档案的价值界定为三个层次：一级档案是具有国家历史意义的档案。凡是直接反映国家领土、主权、资源、重大民族关系、重大外交关系、重大历史事件（能够影响国家历史进程与演变）的档案，都是具有国家历史意义的。例如：民国时期历届中央政府与邻国勘界的档案；有关南沙群岛、钓鱼岛主权归属的档案；反映西藏地方与中央政府关系的档案；有关三峡工程的历史勘探材料；反映南京大屠杀真相的档案；审判日本战犯的档案；直接反映南京临时政府、洪宪帝制、五四运动、九一八事变、西安事变、七七事变、台湾光复等重大历史事件的核心档案。二级档案是指具有永久性社会历史意义的档案。凡是反映民国时期各方面社会历史变迁的档案，都是具有社会历史意义的，此一层次的档案面广量大，是民国档案的主体，是具有较高级别和较重要职能的立档单位在职能活动中所形成的，档案内容主要反映的是民国时期的社会历史面貌，而不是本机关的内部活动情况。三级档案是指具有一般性社会历史意义的档案。

2. 来源与职能标准

来源与职能在全宗一级是一致的，强调档案来源的重要地位，实质上也是强调立档单位职能的重要性。在评定民国档案价值时，两者可以结合使用。对于某些机构，虽然地位显赫，但职能空泛，或职能范围窄，其档案的价值等级应相应降低，如国民政府监察院。而有些机构，虽然行政级别不高，但职能特殊，其档案等级应相应提升，如战犯处理委员会。以来源与职能为标准，我们可以将民国档案价值等级界定为三个层次：一是执行国家综合职能和特殊职能机构的档案，如国民政府、行政院、蒙藏委员会、外交部等；二是执行国家部门职能和行业管理职能机构的档案，如经济部、财政部等；三是执行地方性、区域性、分支性、阶段性、傀儡性职能的机构的档案，如各部的下属机构、分支机构、临时机构等。

3. 典型性标准

在区分一些非政权性机构的档案价值时，来源和职能标准显得并不重要，如企业档案、大学档案，这时，需要使用典型性标准。以招商局全宗为例：招商局历史档案起于1872年，止于1949年，是现存企业历史档案中时间跨度最长的。招商局经历过商办、官督商办、官商合办、官办、国营、股份制等中国近代企业各主要体制，在中国近代航运企业中占有主导垄断地位，一些著名的实业家参与或主持招商局的管理，以上四个方面的原因决定了招商局在中国近代企业中最具典型性和代表性。招商局档案对于研究中国近代企业史具有典型性意义，整体价值明显高于其他一般企业档案。又如商标档案，一些知名企业和著名品牌的商标，所代表的知识产权和无形资产均高于一般企业和一般品牌，因而其档案的价值等级也应作相应的提升。

4. 时间标准

档案的形成时间与其价值是有一定关联的。在民国档案价值鉴定上，下列几种情况必须要考虑时间标准。一是特殊时期特殊纪年方式的档案，应提升其价值等级。如民元以前，资产阶级革命党人以"黄帝"纪元的档案，袁世凯复辟帝制时以"洪宪"纪年的文件。二是时间延续性长、跨度大且连续不断的机构的档案，能够连续完整地反映某一领域的社会历史变迁，如邮政档案、海关档案、中国银行档案，均源于晚清、止于民国终结，能完整地反映近代中国邮政、海关、银行的发展历程，也应相应地提升其价值等级。

5. 实体标准

档案馆的某些藏品同时具有文物的性质，其实体价值远超过内容价值。如邮票、邮品、印花税票、债券、字画、名人手札、印信、勋章等。在评定和区分这些藏品的价值时，应区别两种情况对待：一是作为档案的附件或附着物出现的，与档案是密不可分的，在区分价值时，应考虑实体的文物性标准，提升档案整体的价值。二是独立出现的，与档案无甚关联，由于它们的价值主要不是由其内容所决定的，因而其价值等级与档案没有可比性，而且这类藏品虽藏于档案馆，但是往往从概念上却不能称之为档案，宜作特殊藏品处理，而不能称之为特级档案。

实行档案分级管理，是我国档案管理制度尤其是档案鉴定制度的一项重大改革，任重而道远，在理论研究上和实际操作上还面临诸多问题。虽然严格意义的档案分级管理尚未实现，但是档案分级管理的思想正在逐步深入人心。

五、申报中国档案文献遗产

2000 年，为了配合"世界记忆工程"的开展，为申报"世界记忆工程"提供客观依据，同时也是为了有计划、有步骤地抢救和保护中国档案文献遗产，国家档案局启动了"中国档案文献遗产工程"。这项工程通过严格的档案价值鉴定，实现优中选优。

中国档案文献遗产工程是我国最高规格的档案价值鉴定，为了确保入选结果的科学性，有关部门专门开展了中国档案文献遗产工程课题研究，制定了《"中国档案文献遗产工程"入选标准细则》，从主题内容、时间、地区、民族与人物、形式与风格、系统性、稀有性等七个方面明确了判定档案文献价值的标准，体现了对档案价值的综合认定。

2002年3月、2003年10月、2010年2月和2015年4月，中国档案文献遗产工程国家咨询委员会先后评选出四批中国档案文献遗产，二史馆申报的9件（组）档案入选《中国档案文献遗产名录》。

（一）孙中山题词——"博爱"

二史馆馆藏"博爱"题词，是孙中山为爱国华侨邓荫南亲笔题写的横匾。孙中山一生用"博爱"精神激励革命志士，同时也是他伟大人格的写照。"博爱"题词在孙中山的墨迹文献中具有特殊的意义，是中华民族的珍贵文化遗产。

（二）孙中山手稿——致日本友人犬养毅函稿

1923年10月24日，孙中山致函日本邮电大臣兼文教大臣犬养毅，信中精辟地分析了第一次世界大战后国际尤其是远东的形势，谴责了帝国主义列强的侵华行径，抨击了日本政府的错误政策。二史馆馆藏件为孙中山的亲笔函稿，共24页，约3500字，是迄今发现的孙中山书信手迹中篇幅最长、字数最多的函件。这份档案是研究孙中山思想及中日关系的重要历史文献。

（三）孙中山与南京临时政府档案

孙中山与南京临时政府档案形成于1912年1月至3月，集中收藏于二史馆南京临时政府全宗，共计138卷。这组档案包括孙中山及南京临时政府颁布的各种法令、法规，南京临时政府与清政府特别是袁世凯等进行交涉的文函，反映帝国主义插手中国内政的资料；南京临时政府出版的《临时政府公报》；以及部分照片。档案真实地反映了孙中山任临时大总统期间及南京临时政府所从事的政治、军事、财经等重要活动的情况，是研究辛亥革命的珍贵文献。

（四）"日升昌"票号、银号档案文献

日升昌银号创设于 1832 年 (清道光十一年)，总号设在山西省平遥县，先后在北平、天津、汉口、西安、上海等地设立分号，经营汇兑业务，1909 年经清政府度支部核准领取营业执照，经营时间前后长达 120 年，是中国近代具有典型性和代表性意义的老字号。

本组档案由中国第二历史档案馆、中国票号博物馆、山西省平遥县档案局联合申报。其中，二史馆选送的日升昌银号档案，选自国民政府财政部全宗，近 30 件，时间上起 1909 年 (清宣统元年)，下迄 1948 年。内容包括清政府给平遥日升昌总号和北平日升昌分号核发的商号登记证，重庆市商务总会给平遥日升昌总号核发的凭照，国民政府财政部经办日升昌银号复业登记的来往文件，日升昌银号从事商务活动的档案史料，日升昌银号股东名册及重要负责人简历表。本组档案集中反映了日升昌银号自清朝末年到 20 世纪 40 年代近 40 年间登记注册和经营活动方面的情况。

（五）民国时期筹备三峡工程专题档案

本组专题档案形成于 1893 年至 1948 年，共有文书档案 198 件（组），图纸25 套（份），照片一组 9 幅。其内容全面系统地反映了民国时期筹备三峡工程的历史过程，内容涉及三峡工程的提出、调查、勘测、论证、设计及经费预算，中美两国政府机构的合作与磋商，长江历代（汉至清）水灾记载，三峡地区地质调查、水土保持问题研究、水文资料汇集，中国科学家提出的三峡工程可行性报告，美国专家提出的《扬子江三峡计划初步报告》，萨凡奇拟订的扬子江水力发电初步报告整套蓝图，三峡水力发电工程模型照片。本组档案具有重要的经济文化价值与历史意

义，对于今天长江流域与三峡地区的生态环境建设、库区综合治理、三峡大坝的维护，仍具有现实的意义。

（六）国民政府商标局商标注册档案

二史馆馆藏民族工商企业商标注册档案约有 2 万余卷，内含商标约 8 万张，文献形成时间为 1928 年至 1949 年。其中最具特色是民族工商企业在注册登记中所形成的商标，尤其是一些老字号企业如张裕、冠生园、九芝堂等商标。这一时期商标图案呈现以写实画为主、写意画为辅的艺术风格。表现在商标设计与艺术创作方面，既有较为写实的工笔画、水彩画和水粉画，也有较为写意的国画、白描画和漫画。绘画题材也是丰富多样，有以神话故事和历史故事为题材的，也有以民国时期重大历史事件为题材的；有以山水、田园为设计对象的，也有以人物、动物、花草鱼虫甚至是代表当时先进生产力发展水平的交通工具和新科技产品为设计对象的。

这批档案真实地记录了国民政府对于民族工商企业进行管理的历史和民族工商企业经营发展的历史，具有丰富的历史文化价值。

（七）侵华日军南京大屠杀专题档案

本组档案由中国第二历史档案馆、南京市档案馆、侵华日军南京大屠杀遇难同胞纪念馆联合申报。其中，二史馆有三组：

1. 日军自摄的南京大屠杀暴行照片。形成于 1937—1938 年，共 16 幅，装订成册。本组照片由日军自拍，内容真实，当年被国民政府国防部军事法庭列为京字第一号证据。

2. 《程瑞芳日记》。金陵女子文理学院程瑞芳女士记载南京大屠杀事件的日记，形成于 1937 年 11 月至 1938 年 3 月，逐日记录了日军在金陵女子文理学院安全区烧杀抢掠的暴行。

3. 国民政府国防部军事法庭审判日本战犯档案。形成于 1937—1948 年，共 1019 卷，主要内容是该法庭建立的法律、法理基础，以及该法庭审判日本战犯全部工作而形成的各类档案。包括日军南京大屠杀案调查取证：各类人口伤亡调查表、财产损失调查表、敌人罪行调查表等，南京大屠杀案及其主犯谷寿夫起诉书、判决书等，南京大屠杀幸存者证言，南京大屠杀案日军官兵供词，南京大屠杀发生期间滞留南京的外籍人士证词等。

这批档案是侵华日军南京大屠杀暴行的铁证，具有重要的历史凭证价值。2015年10月，这批档案与中央档案馆等单位收藏的南京大屠杀档案一起，被联合国教科文组织评为世界记忆遗产，入选《世界记忆名录》。

（八）孙中山、胡汉民、廖仲恺给戴季陶的题词

二次革命失败后，大批革命党人流亡日本。1913年冬，戴季陶奉孙中山先生之命前往江户。胡汉民、廖仲恺、杨庶堪、谢持、张静江、蒋介石、朱执信等国民党重要人物集聚于此，聆听孙中山先生讲说世界革命大势和中国革命建国方略。

孙中山先生在短短三个多月的时间内主持召开党内高层会议40余次。会议书记官多由戴季陶担任。此幅题字系戴季陶利用会议间隙，请孙中山先生及与会同志书作纪念，因胡汉民、廖仲恺两先生题字后已几乎占满整张纸，故仅留下他们三人的题字。孙中山先生题"淡薄明志，宁静致远"，胡汉民题"天下之动贞夫一者也"，廖仲恺题"天时不如地利，地利不人和"（脱"如"字，随后补加3字说明）。此幅题字充分反映以孙中山先生为首的中国民主主义革命家在二次革命失败后所表现出来对革命的坚定信念、面对艰困生活时的乐观主义精神以及亲如手足的同志情谊。而且，三位国民党领袖人物在同一幅画轴上题字使该文献具备十分特殊的艺术欣赏价值。

（九）张静江有关孙中山临终病情及治疗情况的记录

1924年12月底，孙中山先生北上从事革命活动期间，因病在北京协和医院就医。1925年1月26日，因病势沉重，接受手术治疗。张静江在上海接到孙中山先生病危急电，赶赴北京协和医院探望。本文献记录了张静江入协和医院病室探望孙中山情形，张静江与汪精卫、李石曾、吴稚晖等商讨孙中山病情，延请中医名医诊治，劝说孙先生服用中药，将孙先生从医院转到铁狮子胡同行馆治疗，医生根据病情发展调整药方等情况。

该文献真实地记录了国民党高层为挽救孙中山先生生命所付出的努力，体现了他们对孙中山先生的敬仰和爱戴，是研究孙中山病情及其生平最后阶段活动、研究孙中山与张静江等国民党人士关系的第一手重要材料。

六、结语

二史馆通过开展上述各种形式的档案价值鉴定活动，对民国档案价值的认识逐步深入，对民国档案价值的区分更加科学，档案鉴定的目的性更加明确。今后，将进一步建立健全自身的档案价值鉴定机制，将全面、准确、精细地认识馆藏档案的价值作为档案馆工作的基本职能之一，在档案管理全过程中，体现档案价值意识，以更好地落实档案工作的科学发展观。

（孙秋浦　撰稿）

| 第六章 |

开 放 利 用

建馆 70 年以来，我馆始终重视民国档案的利用工作。特别是改革开放以后，我馆紧紧围绕党和国家中心工作，找准历史档案服务中国特色社会主义建设事业的切入点、结合点，不断加强档案服务能力建设，改进服务方式，创新服务手段，提高服务质量，在为领导决策服务、为各工作部门服务、满足广大利用者档案信息需求方面发挥了积极作用。

一、我馆对外开放民国档案工作概述

（一）建馆初期至"文化大革命"期间我馆利用工作回顾

建国初期，新中国的档案事业是以服务新政权的建立与巩固为主要任务，为行政机关服务是中国早期档案利用工作的基本内容，带有浓厚的政治色彩，我馆也不例外。

我馆的前身南京史料整理处自 20 世纪 50 年代初成立伊始，当时被赋予的任务是：将旧国民党中央政权在中国统治 20 多年以来各机关的档案集中起来加以整理，提供给人民政府各部调用；将对其中有关重要的历史资料进行整理选择，作为编写中国近代历史参考之用。由此可见，为政府机关服务是当时利用工作的重点，接待的利用者基本是党政机关和组织的利用者，个人利用者的数量极其有限。最初几年的查档利用比较零星，如 1951 年的查档人次仅为 4 人，调卷 34 卷；1952 年的查档人次为 26 人，调卷 226 卷；1953 年的查档人次为 37 人，调卷 308 卷。

自 1954 年起，随着我国社会主义建设事业的发展，全国各地前来我馆查档利用的单位逐渐增多。查档者来自全国除台湾之外的每一个省、自治区、直辖市，身份包括国家机关干部、部队军官、科学家、大学教师和工程技术人员等，例如湖南公路局调用了公路设计蓝图，治淮委员会利用了淮河历史水文档案。为了开展利用工作，当时的史料整理处制定了相应的制度和办法，还编制了一些参考工具，如案卷级目录、专题卡片、专题目录、旧政权机关组织简介等。1956 年，为了配合"肃反"斗争和审干工作的需要，公安部和国家档案局在全国范围内开展了"清理敌伪政治档案"的运动。在此背景下，我馆在 20 世纪 50 年代中后期形成了第一次查档利用高峰期。

"文化大革命"开始后，我馆于 1967 年底实行军管，1968 年 3 月由江苏省公检法军管会"清查敌伪档案办公室"接管，组织了 700 余人对保存的"敌伪"档案集中进行清理，按姓名笔画编制了"敌伪人员"人头卡。在整个"文化大革命"期间，历史档案的政治作用被发挥到了极致，1968—1970 年每天都接待了成百上千的外调人员，在我馆形成了第二次查档利用高峰期。

1954—1979 年查档单位数和利用案卷数一览表

年　份	单位数（个）	利用案卷数（卷）
1954 年	93	32878
1955 年	3433	68888
1956 年	23379	233790
1957 年	14000	140000
1958 年	15993	191916
1959 年	3493	39515
1960 年	743	11065
1961 年	926	20451

续表

年 份	单位数（个）	利用案卷数（卷）
1962 年	356	14161
1963 年	123	16012
1964 年	368	2678
1965 年	1046	7761
1966 年	1050	6300
1967 年	1382	92820
1968 年	22231	133386
1969 年	52767	316602
1970 年	65000	390000
1971 年	7494	65964
1972 年	9168	55008
1973 年	4996	30026
1974 年	2164	12984
1975 年	2270	136200
1976 年	1453	87180
1977 年	846	3251
1978 年	758	7941
1979 年	553	6222

除了常规的查档服务形式，我馆在成立初期即重视运用展览这种特殊的档案利用方式，分别于 1956、1958 和 1959 年举办了三次历史档案文献展览会，在社会上比较广泛地宣传了档案工作。其中 1958 年与北京明清档案馆（现中国第一历史档案馆前身）在北京皇史宬合办的为期四个月的"历史档案展览会"，规模宏大，反响热烈，陈毅、谢觉哉等中央领导以及邓拓、千家驹等知名学者也参观了展览。

（二）新时期我馆档案开放工作概况

1978 年 12 月，党的十一届三中全会胜利召开，实现了我国历史性的伟大转折，开启了改革开放的新时期。1980 年，中共中央书记处作出了开放历史档案的决定，我国档案开放的历史进程迈出了关键性的第一步。同年，根据全国档案馆工作会议的决定，中国第二历史档案馆馆藏档案对社会各界开放。凡申请来馆查档的本国公民与境外人员，只要具备合法有效的身份证件（身份证、军官证、护照等）及申请手续，即可查阅利用已开放的档案资料。

档案开放后，同全国其他公共档案馆一样，我馆的档案利用工作由原来主要为政治服务发展到为政治、经济、军事、外交、科学、文化、教育等各个方面服务，由原来单纯为工作查考提供档案发展到为工作查考、领导决策、编史修志、历史研究、科技研究、文艺创作、社会教育、维护个人合法权益等各种需求提供档案，由原来主要接待党政机关工作人员发展到接待各行各业的公务利用者以及广泛的个人利用者，由原来只向本国利用者开放发展到也对外国利用者开放。改革开放40年来，我馆接待了60多万（人次）来自包括台湾、香港在内的全国各地和美、日、英、法、德等20多个国家的中外查档者，提供档案100余万卷（次），使民国档案在政府工作、经济建设、史学研究、对外交流以及爱国主义教育诸方面都发挥了积极的作用。从查档者的结构上看，史学工作者以及各高等院校历史专业的研究生超过了五成，构成了查档者的主体。此外，党政机关、企业公司、新闻媒体及社会公众在我馆的服务对象中也占据着重要比例。特别是跨入21世纪以后，随着社会档案意识的逐渐增强，普通公民的私人性查档逐年增多的趋势十分明显。

2000—2020 年度查档单位类型分布表

单位类型	单位数量（个）	百分比（%）
高等院校	9107	41.35
党政机关	4629	21.02
企业公司	1345	6.10
文化事业	1302	5.91
科研院所	845	3.84
媒体传播	486	2.21
军事单位	317	1.44

续表

单位类型	单位数量（个）	百分比（%）
中小学校	252	1.14
党派社团	208	0.94
财税金融	144	0.65
警政司法	180	0.82
基层组织	1148	5.21
市政公用	94	0.43
医卫社保	129	0.59
律师公证	71	0.32
其 他	1769	8.03
合 计	22026	100

2000—2020 年度查档目的类型分布表

目的类型	单位数量（个）	百分比（%）
学术研究	12834	58.27
个人查证	4358	19.79
修纂志书	1558	7.07
工作参考	1515	6.88
展览陈列	845	3.84
影视创作	344	1.56
新闻出版	168	0.76
人事调查	110	0.50
产权凭证	55	0.25
其 他	239	1.09
合 计	22026	100

1987 年，《中华人民共和国档案法》颁布，对于公民利用档案的权力作出了明文规定："中华人民共和国公民和组织持有合法证明，可以利用已经开放的档案。"公民利用档案的权力受到了法律保障。为贯彻落实《档案法》，多年以来，我馆遵照《中华人民共和国档案法实施办法》的有关规定和国家档案局的指示，坚持围绕中心、服务大局、服务民生的指导思想，积极稳妥地开展历史档案的开放利

用工作。特别是进入新时代以来，我馆及时采取了多项有效措施，以改革创新的精神积极探索档案利用工作的新模式，加强档案服务能力建设，不断提升服务能力，满足广大查档者的利用需求，取得了较好的社会效益。

首先，在人员组织和制度建设上，我馆在提供查档服务的第一线及时调整并充实了一批业务素质强、爱岗敬业的干部和专业人员；同时，出台了多项规章制度，制订了接待人员工作守则，在制度上抓落实，在岗位上抓责任，要求接待人员在日常工作中明确工作目标，强化窗口意识和服务意识，热情服务，对不能提供查阅的要耐心解释。

其次，提升对外接待的软硬件水准。为了进一步增强服务能力，近几年来我馆下大力气努力改善各种硬件设施，为查档者提供了良好的阅览环境和查档条件。自装饰一新、布局合理的阅卷大厅投入使用之后，气势不凡、设施先进的电子查档大厅也已经竣工；添置了多台缩微胶卷阅读机，更新了缩微胶卷还原复印机。多方改进便民设施，及时更换阅览桌椅，添置了储物柜和休息座椅等便民设施，筹资兴建了宽敞明亮的茶餐厅，并在馆区划建了一座小公园，专供查档者休息之用。

此外，为塑造国家级档案馆的优良形象，本着方便查档者、满足查档者需要的宗旨，我馆采取多条措施提高服务质量：一是延长了阅卷时间，接待人员克服人手紧张的困难，主动放弃了午休，对查档者提供午间开放服务；二是合理调整了查档收费标准，相继取消了登记费和调卷费，有效降低了查档者的查档成本；三是敏锐把握社会档案信息需求变化的最新动向，提前赶制各种专题目录，为查档者节约了宝贵时间，提高了查档效率；四是从细微处着手，将人性化服务落到实处，尽力为查档者提供各种查档便利，无偿地向查档者提供摘抄纸、铅笔、信封、拎袋和纸杯；五是坚持以人为本，扎实开展个人信息查档一条龙服务，在官网上公布了便民电话，陆续开展了函电代查、传真代查、网上代查等便民服务项目，实现了远程查询服务，并免费为查档者代为复制与代寄信函，坚决不让查档者多操一份心、多跑一趟路。

仅 2018 年度，我馆接收并处理电话、信函、传真、邮件查档申请 1000 余件。

我馆的这些做法获得了社会各界的广泛赞誉，许多查档者用质朴而热烈的方式表达诚挚的谢意，仅 2018 年我馆收到了来自查档者的 10 多封感谢信、两面锦旗，还有一块牌匾。由于表现出色，作为我馆对外利用服务窗口的利用处接待科被江苏省省级机关授予 2018 年度"巾帼文明岗"荣誉称号，2019 年又被江苏省总工会授予江苏省"工人先锋号"荣誉称号。接待科全体同志在接待岗位上热情服务、周到细致、爱岗敬业、无私奉献的先进事迹还被江苏省省级机关党建网"身边之星"栏目报道。

（三）信息时代档案利用工作的创新

进入 21 世纪以后，信息化浪潮席卷全国。为服务国家信息化发展战略，全国档案系统的数字化和信息化建设步入了快速通道。我馆与时俱进，及时采用了新媒体平台和先进的信息技术手段，通过网络系统向社会公众提供高效快捷的档案信息服务，扩大了我馆的社会影响，拓展了历史档案信息的社会服务空间，增强了对社会各界的服务能力，方便了与查档者之间的沟通。

2004 年 11 月 11 日，我馆开通了"中国第二历史档案馆网站"，2009 年 7 月，又进行了全面改版，更新了网站的版面，增加了网站的功能。点击进入该网站后，读者们不仅能详细了解我馆的历史、现状以及馆藏介绍、馆藏精品，而且能够清楚地知晓如何办理查档手续与档案馆提供的各类代查档、代保管业务，网站中甚至包括了二史馆的位置路线图以及馆区附近的饭店、车站情况，读者也可在网上进行查档预约登记、咨询。网站的开通打开了一扇面向公众的"信息窗口"，建立了档案信息服务社会大众的新平台，受到了广大网民的极大关注，其运行状况及社会效益良好，截至 2020 年底，点击量已逾 480 万，在全国各大档案网站中名列前茅。

我馆在开展大规模档案数字化工程的同时，着力打造适合数字档案管理与利用的硬件环境，开发了具备"存储、管理、利用"等功能的馆内局域网档案信息化管理平台。2014 年 4 月，馆内查档利用系统投入使用，使利用中的查档登记、目录检索、调阅档案、复印申请，管理中的身份认证、目录和图像划控、复印审查等全部网络化，大大简化了查档流程，提高了档案利用效率。同年11月，我馆对原利用大厅及查档设备进行了升级改造，重新配置32个电子阅览机位与电脑，更新了三台管理计算机及照明灯具。为将网速提升至与档案信息化管理平台相匹配的水平，我馆还搭建了主干万兆、桌面千兆的网络环境，确保数字化档案快速、高效利用。我馆用电子档案代替档案原件提供查档利用，起到了不动原件、保护原件的作用，彻底消除了档案利用过程中的一大安全隐患。同时，电子档案图像清晰、检索迅速、复制便捷、方便利用的优势显著，极大地提高了查档者的查档效率，获得了广大查档者的一致好评。

为适应网络时代移动用户信息需求与阅读方式的变化，建立档案信息服务社会大众的新阵地，创新互联网时代的档案服务模式，我馆于2017年5月5日上线了官方微信公众号"民国大校场"。"民国大校场"公众号依托馆藏民国档案信息资源，关注社会热点，在五四爱国运动100周年、新中国成立70周年等重要的时间节点，"民国大校场"公众号都专门组织作者发布系列专题文章，重温峥嵘岁月，传承爱国主义精神。面对历史虚无主义言论，我馆以公众号为阵地不遗余力地进行回击。我馆在公众号上专门开设了"利用指南"栏目，及时公布开放档案目录和查档指南，为用户查档开方便之门。公众号运行日益成熟，组稿和编辑工作渐趋完善，推文配图和排版水平有了显著提高。截止到2020年底，累计推文近200篇，多篇文章不仅被广泛传播，还被《炎黄春秋》《档案春秋》等多家期刊转载或修订发表，获得了良好的社会反响。

二、充分发挥民国档案的价值

（一）为党和政府重大任务和活动服务

改革开放以来，我馆紧紧围绕党和国家中心工作，改进服务方式，创新服务手段，提高服务质量。多年来，为配合党和政府的各项重大任务，我馆积极主动地在馆藏中深入挖掘，及时向上级有关部门提供了大量珍贵的历史档案作为重要凭证，发挥了重要作用。对上级交办的临时紧急查档任务，我馆都能及时办理。这方面的事例有许多，比较典型的有：

20世纪80年代初期，党中央确定了"和平统一、一国两制"解决台湾问题的基本方针。为充分发挥馆藏民国档案在对台工作中的特殊价值，1984年4月7日，时任馆长施宣岑同志对中国新闻社记者发表谈话，表示"中国第二历史档案馆愿意向台湾学者开放"，在海峡两岸产生了热烈反响。两岸在民国档案利用方面的交流从此得以开展，为祖国的统一大业作出了应有的贡献。1990年10月，国家民委遵照江泽民总书记的批示，在中央对外宣传领导小组的领导下，承办"西藏社会历史资料展览"的任务。本馆向其提供了"西藏热振感谢中央派员入藏主持达赖坐床典礼电文"等一批珍贵档案文件。1991年5月，本馆向中央台办提供了有关台湾"二二八"事件的档案一批。1991年6月，正值华东特大洪水泛滥的紧要关头，国家防汛总指挥办公室派员前来查档，我馆为其提供了一批有关民国时期洪涝灾害及防洪规划的档案资料。1991年9月，时值苏联解体之际，我馆应外交部的要求，为其查找了有关波罗的海三国（立陶宛、爱沙尼亚、拉脱维亚）的档案材料。1992年6月，国务院三峡工程审查委员会办公室为做三峡工程前期准备，特地派人来馆查档，我馆给予了积极协助。1993年2月，南海局势骤然紧张，我馆及时地向外交部、海军等部门提供了一批有关南沙群岛的档案材料。

进入新世纪以后，我馆在主动服务党和国家中心工作方面的意识得到了进一步增强，服务能力得到了进一步提升。为确保上级机关下达的紧急查档任务能够及时完成，2004年我馆专门制定了《中国第二历史档案馆应急查档预案》，明确规定本馆有关人员在接到上级机关紧急查档的通知后，应立即进入应急查档程序，动员各相关业务和后勤保障部门，特事特办。预案还要求，如逢午间、晚间及节假日，查档人员应加班工作，直至任务完成。

2005 年 4 月下旬，国民党主席连战先生访问大陆前，我馆专门组织人员从馆藏档案中找到了其祖父连雅堂的有关档案，这些档案记载了连雅堂先生在日本占据台湾时期向北洋政府申请恢复其福建原籍并更名为连衡的情况，反映了连雅堂先生的爱国情结。我馆在将这些珍贵档案制成仿真复制件后，派专人送到北京，由中央领导人将其作为礼物送给了连战先生。中央领导选定我馆制作的档案复制件作为礼品送给来访的中国国民党主席连战先生，是我馆的莫大荣誉。这项任务也是对我馆应急能力、团结协作能力的一次检验。为完满完成任务，馆领导高度重视、亲临督战，各相关部门人员相互配合，相互支持，体现出令人振奋的团队精神。这份礼物令连战深受感动。翌日，连战在演讲时表示："胡总书记把我祖父当年要求恢复中国国籍的申请书找出来送给了我。祖父连横在日本占据台湾那个时代就要求恢复中国国籍，可见是一个民族思想非常强烈的人。"连战先生回台后，在接受 CCTV 和美国《华盛顿邮报》记者采访时，都提到了胡锦涛总书记亲手送给他的其祖父连横复籍更名档案复制件一事，表示这是在此次的"和平之旅"中最令他感动的事情。

2006 年 2 月，我馆接到中办主任王刚批准的协助外交部和财政部有关人员查阅"善后大借款"档案史料的政治任务以后，立即组织有关人员开展工作。在调阅了大量档案史料和查找相关性专题资料的基础上，向国家档案局提交了"善后大借款"历史情况的调查报告。其后，又为外交部和财政部有关人员来馆查阅"善后大借款"档案提供热情服务，复制了相关档案史料，并按照二部所提供的档案目录，利用双休日时间，为其紧急复印相关性档案史料 100 余页，较好地完成了该项政治任务。

2008 年，西藏拉萨发生"3·14"打砸抢烧事件后，国家档案局为向世人说明中国中央政府有效管辖西藏 700 多年这一改变不了的事实，及时从自元代以来浩如烟海的档案中，列出了 15 条珍贵的历史档案，并将这批历史铁证制成视频文件，在其官方网站上予以公布，强有力地批驳了达赖集团的谎言。在这 15 件历史档案中，《中华民国国民政府认定拉木登珠为第十四世达赖喇嘛的命令》一文即是由我馆从馆藏中筛选并提供的。

在体现我馆接待大批量查档能力方面，值得一提的事例是为党史系统收集民国时期抗战损失档案史料提供服务。2006 年，中央党史研究室对全国党史系统下达了查找收集民国时期抗战损失的档案史料的任务，各地各级党史机构纷纷派员前来我馆查阅有关档案。仅当年 1—11 月份，我馆就先后接待了全国各地 79 家党史机构。鉴于该项目具有查档批次频繁、查阅范围相对集中的特点，我馆抽调专人，收集编制了有关专题目录，并将相关案卷突击扫描成电子文件，既为查档者提供了检索和查阅的便利，又有效地保护了相关档案原件。

2008 年，我国南海海域面临领海争端升级的复杂化局势，为有效发挥馆藏历史档案在维护国家主权方面的凭证作用，我馆及时启动了建立馆藏民国时期海疆档案数据库的工程。目前，该项目已经取得了阶段性成果，并在重大的查档接待工作中发挥出了显著成效。2010 年 10 月，海军司令部委派专人来到我馆收集有关南海岛礁和海域主权档案。我馆立即在已完成的海疆档案数据库中，为其迅速检索到了相关电子档案并刻制了光盘。海军司令部的同志对我馆的工作效率和电子档案质量之高，极为赞赏。他们回去以后，海军司令部还专门给我馆发来了感谢函。该项目也受到了国家相关部门的高度重视。2011 年 3 月中旬，外交部张志军副部长一行专程来到我馆视察，对海疆档案数据库工程给予了充分肯定。

每逢党和国家举办一些重大的纪念和宣传活动，各新闻宣传媒体单位常常会派员光临我馆的阅卷大厅，为筹办活动查阅相关档案资料。例如，在 2001 年为纪念中国共产党成立 80 周年，中央和各省级宣传媒体来馆查档拍摄利用相关历史档案，仅中央电视台与中共中央文献研究室合拍的专题片就有 3 部，分别是《使命》《开端》与《方志敏》。2011 年，恰逢辛亥革命 100 周年及中国共产党成立 90 周年，来馆查档的重要单位有中宣部图书馆、中央电视台《百年辛亥》摄制组、外交部、中央编译局、国家图书馆、海军司令部军事理论研究部、铁道部劳工司、武汉大学及上海、天津、陕西等地档案部门。面对这种类型的查档需求，我馆的工作人员都能够高度重视，提供热心服务和有力协助，做好重点接待工作，在能开放的档案范围内尽最大的努力，满足各单位的查档需求，有力地配合了党的宣传中心工作。

2013 年 11 月 30 日，为纪念《开罗宣言》发表 70 周年，中央领导指示中央外宣办和新华社，要求国家档案局提供《开罗宣言》中文译本档案资料。我馆接到国家档案局任务后，立即启动查档应急机制，通知相关业务骨干到单位加班查阅目录，调阅相关档案和民国图书，最终从中找到了 1943 年 12 月版本的开罗会议公报中文全文，全文复印后立即传给了国家档案局。

2015 年是中国人民抗日战争暨世界反法西斯战争胜利 70 周年，先后有中央电视台、江苏电视台、河北电视台、凤凰卫视、广西电视台、山东广电台、北京电视台、上海电视台、南京电视台等 60 余家电视新闻媒体，为拍摄《抗战史上的今天》《重读抗战家书》《并蒂莲》《抗战回眸：1931—1945》《东方主战场》《台湾光复》《烽火记忆·文心照耀中国》《抗战揭秘》《新四军 1941》等节目，来馆查阅拍摄相关历史档案。这些档案从不同角度重现这场中华民族的伟大胜利，以此向世人证明中国人民是不可战胜的，并警示那些不吸取历史教训的人不要重蹈当年日本军国主义的覆辙。

2016 年，为支持配合孙中山诞辰 150 周年和长征胜利 80 周年纪念活动，我馆先后为中央电视台、凤凰卫视、中央新闻纪录电影制片厂、南京电视台、日本 NHK 电视台等 30 余家电视新闻媒体制作专题纪录片提供了第一手资料，其中《孙中山先生》《92 天，南京记忆》《长征》等专题纪录片播出后，产生了良好的社会反响。

（二）民国史研究的史料中心

我馆的馆藏范围十分广泛，主要包括中华民国时期南京临时政府、广州大元帅府、广州国民政府、武汉国民政府、北洋政府、南京国民政府、南京汪精卫伪政府等中央和其直属机关的档案，全国性团体、学校、企事业单位的档案，中国国民党和其他政党的档案，以及知名人物的个人档案等。此外，我馆馆藏档案的形式也十分多样，主要为公务文书，另外还有私人手稿、著作、日记、笔记、信函、照片、唱片、勋章、印章、股票、钞票、邮票、任命状、商标、字画、家谱、碑帖等。因此，我馆所藏民国档案以其完整性、丰富性以及多样性，为后人进行史学研究与编史修志提供了宝贵的财富，在近现代史、革命史、党史、地区史、专门史等编写工作中起着不可或缺的重要作用。

20世纪80年代初，全国各地兴起编修地方志热潮，使得以编修史志为目的的利用者在长达20年的时间里构成我馆的查档主流，他们在众多查档单位中为数最多，调阅档案数量也很大。据统计，在1987年至1998年的10多年间，以编史修志与学术研究为目的进行查档的单位部门约占我馆接待总数的76%，利用档案约占总调卷量的97%。这部分查档单位所编修的不仅局限于中国近现代史、中华民国史、党史和革命史之类的断代史，还包括各种专门史，如工运史、妇女运动史、教育史、军事史、经济史、外交史等各种专史；修志亦从修省志、市志、县志等地方志，逐步延伸到纂修商业志、银行（钱庄）志、电力志、水利志、卫生志、纺织志、手工业志、消防志、体育志等各种行业志。

进入21世纪以后，随着全国范围内大规模史志编修工作的终结，从事民国史专题学术研究的查档者逐渐成为我馆藏民国档案利用的主体，在人数上已超过编史修志者，且利用者主要是来自全国各省市机关单位、大专院校、研究院所的史学专家及专业研究人员。南京大学、复旦大学、武汉大学、苏州大学、安徽大学、南京师范大学、扬州大学等知名高校不仅经常派出师生前来查档，还纷纷与我馆签订协议，将我馆列为历史专业的教学科研和实习基地。

作为一座闻名世界的历史文献宝库，我馆一直如磁石般地吸引着海外的史学研究机构和专家学者，在中外文化交流中占据着独特的不可替代的地位。1980年10月15日，澳洲国立大学研究所骆惠敏先生跨进二史馆的大门，查阅有关袁世凯的秘书莫理逊的档案资料，成为我馆接待的第一位海外学者。至今，我馆已接待海外学者查档约计1万多人次。海外查档者来自美国、英国、德国、法国、日本、苏联（俄罗斯）、保加利亚、波兰、澳大利亚、韩国、以色列、荷兰、印度、越南、朝鲜、加拿大、意大利、新加坡、瑞典、新西兰、捷克以及中国的台湾、香港和澳门，共计20多个国家和地区，查档内容则涉及政治、外交、军事、经济、金融、社会内政、文化教育等多个方面。世界著名的大学，如哈佛大学、加州大学、普林斯顿大学、牛津大学、剑桥大学、伦敦大学、耶鲁大学、东京大学、早稻田大学、多伦多大学、墨尔本大学、慕尼黑大学、汉城大学与台湾大学、香港大学等，以及许多著名的学术研究机构，如台湾中研院以及法国国家科学研究院、英国牛津大学中国研究所、波兰科学院、日本国立教育研究所、美国俄亥俄大学东亚研究所、德国汉堡大学亚非研究所等，都曾派遣教授、学者或博士生前来二史馆利用过民国档案。一些享誉各国史学界的权威人士，如美国的柯伟林、易劳逸，法国的毕昂高，英国的汉斯，加拿大的巴雷特等，都曾光顾过我馆的阅卷大厅。

一些著名的档案史料收藏机构，如俄罗斯国家档案局、新加坡国家档案馆、日本帝国资料库、日本国立史料馆、日本冲绳县公文书馆、韩国国史编纂委员会，以及台湾的"国史馆"、香港历史博物馆、澳门历史档案馆等，都曾派员到我馆进行过工作访问和交流。此外，一些世界著名的新闻媒体，如英国每日电讯社、日本共同社、日本朝日新闻社、日共《赤旗报》、美国《环球论坛报》、英国《泰晤士报》、韩国MBC电视台、日本NHK电视台以及台湾《中国时报》、香港凤凰卫视等，也曾派出记者来到二史馆进行过查档和采访。我馆已成为具有世界声誉的民国史研究史料中心。

（三）挖掘历史档案的潜在价值

我馆在开展档案利用工作的过程中，一方面积极为政府各职能部门和学术界服务，另一方面更把服务领域拓展到社会各行各业。多年以来，我馆积极开发馆藏资源，努力挖掘历史档案蕴含的潜在价值，使历史档案在现今社会文化经济生活中发挥出了独特的功能。

下面两个来自银行界查档的故事，既是历史档案的现实价值得到充分挖掘的典型事例，又是我馆工作人员勤勉而高效劳动的真实写照。

1936 年，原交通银行曾向广东银行投资股款港币 75000 元，股东户名当时都是以交行负责人的姓名签注。解放后，香港交通银行曾多次向广东银行交涉追回投资，但广东银行几次都要求交行出具投资者的原印章以办理过户手续，可是这些人员部分已过世，追索发生困难。为此，自 1989 年至 1991 年，交行先后四次来到二史馆查阅原交通银行档案。当时，这批档案的基础状况较差，查找存在相当难度。二史馆的接待工作人员克服困难，想方设法，积极协助查找。经过共同努力，翻阅了大量的原始资料，终于在当年交行董事会会议记录中发现了有关这笔投资的明文记载。二史馆的工作人员再接再厉，又仔细查阅了原交行会计档案，发现每期股息均已收入交通银行账户，证实这批股票确系交行所有。同时，交行方面找到了当事人的家属，也证实了确属交通银行所有（由国内公证部门办了公证）。以后香港交行聘请了香港的大律师进行协商，最终追回了投资，该项股票按当时市场价格约值港币 3500 万元。

1994 年 10 月，中国银行总行申请在意大利米兰开设分行。根据意大利法律，中国银行需向意方出示中国银行当年的开业证明，否则不予批准。于是，中国银行派专人火速赶到二史馆查档。二史馆对此十分重视，积极配合，向其提供了"孙中山大总统关于将大清银行改为中国银行的谕文"等证明材料。这批翔实可靠的原始凭证化解了中国银行的燃眉之急，确保了米兰分行的如期开设。

颇能体现民国档案现实价值的利用案例，在我馆馆藏民国商标注册和公司注册的查档利用上表现得较为典型和突出。这些年来，陆续有一些著名企业为申报国家驰名商标，纷纷来到我馆查找国民政府工商部商标局的相关档案。如上海刀片厂为申报国家驰名商标查到了有关"飞鹰"牌商标的注册档案；烟台张裕葡萄酒集团公司查到了当年注册"解百纳"商标的注册文件；镇江恒顺酱醋厂查到了当年注册"恒顺"商标的注册文件；南京化学工业公司查到了注册"红三角"牌的商标文件，等等。还有一些企业出于品牌营销的需要，来到我馆查阅当年工商注册的档案资料，如上海正章洗染公司查找"正章"老字号，南京金都饮食公司查找"马祥兴"老字号，南京白敬宇制药有限公司查找白敬宇注册材料，江苏老庆云珠宝首饰销售中心来馆查阅了老庆云珠宝行的历史资料等。此外，还有一些企业为解决因历史遗留原因而造成的老字号的使用权纠纷，也来到我馆查找相关档案凭证，如上海吴良材眼镜店与南京吴良材眼镜店之间、南京同仁堂药业有限公司与北京同仁堂药店之间的纠纷等。

在被称为中国"葡萄酒业知识产权第一案"的"解百纳"商标权争议案中，馆藏民国商标注册档案发挥了关键性作用。1937年，经国民政府实业部商标局批准，张裕酿酒公司正式注册了"解百纳"商标，"解百纳"成了百年张裕高端葡萄酒的代表品牌。2002年，当国家商标局批准了烟台张裕葡萄酒集团公司"解百纳"商标注册的申请后，国内几大葡萄酒企业向国家工商行政管理总局商标评审委员会提出异议。该案中双方争议的焦点在于解百纳是葡萄或葡萄酒的通用名称还是张裕公司独创的商标名称。张裕一方认为，我国现行葡萄酒国家标准及相关的技术规范并未将"解百纳"作为法定通用名称，而"解百纳"是张裕独创并最先使用的商标。张裕公司的主张得到了我馆所藏民国时期张裕解百纳商标注册证书的印证。该证书存于实业部商标局档案中，注册证号为第33477号，日期是中华民国二十六年（1937）

6月28日，呈请人是张裕酿酒公司，"商标名称"一栏里有三个很清楚的汉字——"解百纳"。2011年，在国家商标评审委员会调解下，最终确定了张裕集团对于"解百纳"商标的所有权，长达九年之久的"解百纳"商标权争议案就此结束。

长江三峡调查及勘测档案的利用是历史档案服务当今重大工程的一个典型案例。早在20世纪40年代，国民政府就开始对长江三峡进行调查、勘测和初步的工程设计。1992年7月，国务院三峡工程委员会专门派人来馆查阅有关国民党时期的长江三峡档案，复制了扬子江三峡水力发电计划筹备经过、扬子江三峡勘测工作概况、三峡工程设计底图、美国水利专家萨凡奇复勘三峡水力发电计划报告等重要档案文件144页。这些档案为今天三峡工程的建设提供了重要的科学参考。

（四）发挥历史档案的社会教育功能

举办档案展览是新形势下国家综合档案馆一项重要的职责和义务，是向广大公众开放公布档案的有效途径，是档案馆主动服务于党和国家中心工作的具体体现，是档案馆开展爱国主义、革命传统教育，发挥社会教育功能的基本形式之一。《中华人民共和国档案法实施办法》第四章第二十三条规定，各级各类档案馆应当通过各种形式首次向社会公开档案的全部或者部分原文，或者档案记载的特定内容，"展览、公开陈列档案或者复制件"。国家档案局在全国档案事业发展"十五"计划中，把"建设能满足社会教育功能的展厅，举办各种形式的档案展览或陈列"列为档案馆工作的一项重要内容，要求档案馆本着"立足馆藏，尊重历史；体现特色，服务当今"的原则办展。多年以来，我馆遵照《档案法》的相关规定，认真落实国家档案局的有关指示，充分发挥利用馆藏丰富档案史料资源以及在全国领先的档案仿真复制技术的双重优势，积极开展档案仿真复制与对外合作办展览工作，取得了明显的社会效益。

1982年6月，日本发生了教科书事件。一套对日本侵略史实有多处篡改的中学教科书，通过了日本文部省的审定。书中将日军"侵略华北"写成了"进入华北"，将南京大屠杀的原因归结为"由于中国军队的顽强抵抗"，还对日本侵略朝鲜和东南亚的史实进行了篡改。教科书事件引起了中国政府的高度重视，有关方面对日方进行了严正交涉。为了配合这场针锋相对的外交斗争，遵照江苏省委的指示，我馆于1982年8月12日至9月25日，与南京博物院联合举办了"侵华日军南京大屠杀罪证史料展览"。除少数实物展品为南博提供外，几乎所有文字材料和图片，都是我馆提供的原始档案。展览共接待国内外观众近17万人次，其中各国外宾、海外侨胞6000多人次。我馆展出的档案文件，都是记载日寇当年侵略中国、残害南京人民的真实史料，是不容篡改的历史铁证，以确凿的历史事实彻底揭露了日本军国主义的罪行，激起了广大参观群众的义愤，同时也使许多日本观众受到了震撼。日本大阪府经济友好访华团团长在参观后说："看了'侵华日军南京大屠杀罪证史料展览'，感受很深。过去对侵华暴行只知道一小部分，今天在展览会上亲眼看到大屠杀的照片……更看清了它们的残酷。"

1997年7月1日，中国政府恢复对香港行使主权。为迎接这一盛举，早在1995年下半年，我馆即向中央档案馆国家档案局提出了依托馆藏档案举办喜庆香港回归祖国档案图片展览的设想，很快就得到了批准，并被列入全国档案工作"九五"规划之中。经过一年多的紧张筹备，1997年5月30日，由我馆与中国第一历史档案馆、中国革命博物馆共同承办的"洗雪百年国耻，喜庆香港回归"大型展览，在北京中国革命博物馆中央大厅正式开展。李铁映、彭珮云、王刚等中央领导出席了展览，《人民日报》、中央电视台、中央人民广播电台等首都各大媒体以多种形式对展览进行了密集报道。截至8月20日展览结束，共接待了30万之多的观众，有力配合了首都各界迎接香港回归的庆祝活动，取得了良好的社会影响，正如国务院港澳事务办公室副主任王凤超在观展后所评价的那样："中国革命博物馆举办有关内容展览已经多次，而这次展览的特点就是有了中国第一、第二历史档案馆选送的档案珍品，使展览的历史性、真实性有了更高品位的体现，这些档案资料将给观众留下深刻印象。"

为推动海峡两岸档案文化交流，2014年12月，我馆在台北"国父纪念馆"举办了"孙中山档案文献特展"。此次展览是我馆首次赴台举办的大型专题展览，共展出我馆馆藏孙中山相关档案文献140余件、图片70幅，力求如实反映孙中山先生致力国民革命40年的艰难历程，以彰显先烈之精神，激励两岸同胞为振兴中华而共同奋斗。台湾新党主席郁慕明及岛内有关历史研究学者出席了开幕式。展览开展后，吸引了大批各界人士前往观展。

2015年8月25日，由中国国家档案局和俄罗斯联邦档案署共同举办的"中苏联合抗击法西斯胜利70周年档案展"在北京中华世纪坛开幕。此次展览是为纪念中国人民抗日战争、苏联卫国战争暨世界反法西斯战争胜利70周年的一项重要活动，也是中俄两国档案部门合作的一项盛举。我馆为本次展览提供了半数以上的展品，并参与了文案的撰写。展览分为苏联声援中国抗战、中苏互援战略物资、苏联支援中国抗日战争、中国支援苏联卫国战争、战时中苏文化交流、苏联红军出兵中国东北、反法西斯战争胜利7个部分，生动再现了两国联合抗击法西斯的激越往事。

2019年6月10日，为隆重庆祝中华人民共和国成立70周年，配合"不忘初心、牢记使命"主题教育活动，我馆与江苏省委省级机关工委、江苏省政协文化文史委员会及南京市博物总馆联合举办的"共产党人的初心与使命"档案文献展正式开展。本次展出的150件档案文献均出自中央档案馆和二史馆这两家中央级国家档案馆，系优中选优，件件精品。展览共分"民族危亡""同舟共济""星星之火""中流砥柱""历史选择"五个板块，聚焦中国共产党人团结带领中国人民实现民族独立和解放这一主题，着力凸显共产党为人民谋幸福、为民族谋复兴的忘我初心和使命担当。在展览内容方面，除了从中央馆所藏我党"红色档案"选材外，还从二史馆馆藏的国民党"白色档案"中选材反证，角度新颖、形式独特。本次展览是我馆发挥历史档案的特殊作用、服务全党中心工作的重要举措，在社会各界获得了积极反响，吸引了大批人士来馆观展。

进入21世纪以后，随着经济实力的增强，各省市逐步加大了对文化产业的投入，各地文博场馆和旅游景点的建设方兴未艾。各地新建的博物馆、档案馆、纪念馆为布展和征集展品，纷纷派员前来我馆联系，寻求我馆的支持与协助。我馆在力所能及的范围内，基本上都满足了他们的需求。这方面的事例不胜枚举，主要有：

2000年，我馆完成了与周庄叶楚伧故居、广州大元帅府纪念馆筹建处、莫干山旅游局、湖州博物馆、深圳档案馆、中国人民抗日战争纪念馆、庐山旅游局、九江海关等多个单位的合作项目，为太仓档案馆、海南省档案馆、南浔旅游部门提供了服务，完成了中国近代史博物馆合作项目繁重的后期任务，取得了明显的社会与经济效益。2001年，为广州孙中山大元帅府纪念馆查找、核对档案文件50余件，仿真制作档案文件96件（册、幅），为广东省博物馆查找制作照片目录50条，制作档案仿真复制件12件。2002年，向江苏省政协筹办的"国民政府五院展"提供了180件展品；向由国家安全部、上海市国家安全局合办的"国防安全教育展"提供了原件复制展品13件。2003年，向浙江奉化溪口风景区、国家博物馆、天津大学、雨花台管理局等单位提供展览用档案复制件计252件（页、本），照片78幅。2006年，为陈嘉庚纪念馆制作仿真复制件53页，为江苏省台办制作仿真复制件40页，为中国银行上海市分行制作仿真复制件59页，为军事博物馆制作仿真复制件68页，为公安部制作仿真复制件36页。2007年，为公安部宣传局警察博物馆制作仿真复制件78页（件），为广州孙中山大元帅府纪念馆制作仿真复制件18页（件），为上海市闵行区档案馆制作仿真复制件25页（件），为江苏省公安厅禁毒博物馆制作仿真复制件70页（件），为南京审计学院校史陈列馆制作仿真复制件73页（件）。2009年，先后为浙江省绍兴市档案局、江苏省警察博物馆、中国妇女儿童博物馆、中国农业博物馆、西藏博物馆和公安部消防局消防博物馆等 8 个单位（和项目）合计仿真复制各类展品 114 页（件），制作实物 5 件。其间，参与南京汤山蒋介石温泉别墅陈列布展设计和制作工作，撰写展览前言及图片说明词，提供精选照片 70 余张。2010 年，我馆为中央档案馆、公安部消防局博物馆、都江堰档案馆等单位（项目）仿真复制各类展品 127 页（件）；为开展馆际交流，先后仿真复制孙中山"博爱"题词和于右任题词对联礼品 300 余幅（对）；同时，为加强与兄弟单位交流与合作，发挥我部仿真复制的技术优势，为青海档案局等复制明代珍贵史料，包括十米长卷、班禅布告等 8 件；为军区档案馆仿真复制了江泽民同志的亲笔题词。在承展方面，复制南京沦陷时期《程瑞芳日记》1 本用于"中国档案文献遗产展览"。在 2017 年国家公祭日前夕，为侵华日军南京大屠杀遇难同胞纪念馆布展赶制档案仿真件 900 余页。与梅园新村纪念馆签订相关合作协议书，采取共同承办形式，举办"司徒雷登在中国"专题展览，通过前期查找、精选档案，编制目录与电子文件扫描刻制等工作，共计提供照片 30 余幅，档案史料 20 余页。2017 年，为"锦瑟万里，虹贯东西——丝绸之路历史档案文献展"民国部分提供展品，共计扫描档案 221 幅、图片 187 张，并撰写了说明词。2020 年，作为"金瓯无缺——纪念台湾光复 75 周年主题展"的支持单位，我馆精心甄选并最终提供了 26 件重要文献档案复制件和 36 张照片，为展览的顺利开幕提供了保障。

为充分发挥历史档案的社会作用和宣传教育功能，引导公众更加关注档案工作，增进社会对档案工作的认可，我馆自 2004 年起开始筹办馆藏基本陈列展览。我们从浩繁的馆藏中精心挑选了近 100 件珍贵档案文件和 100 余幅历史照片，制作成展品。该展览自 2005 年建成以来，已免费接待了社会各界团体、中小学生、大中专院校等参观来访者 1 万余人次，人们纷纷表示这样的展览形式很特别，内容也很有教育意义。鉴于该展览产生了良好的社会反响，江苏省和南京市的有关部门已批准将其列为当地的爱国主义教育基地之一。

（五）普通百姓从档案开放中受益

近几年来，随着社会档案意识的不断增强，出于个人查证的目的前来我馆查档的利用者逐年增多。很多抗战阵亡将士和原国民政府公职人员的后辈，通过来馆、来电、来函的方式寻求查档帮助。他们所要查询的人，有在抗日战争中献出宝贵生命的烈士；有至今下落不明、杳无音讯的军人；也有曾经在国民政府中担任过公职的工作人员。个人查证往往内容烦琐、线索不清，因而接待难度较大。我馆利用部的工作人员深知，每一个个人利用者的查档行为看似微不足道，实则关系到利用者的切身利益、家庭幸福乃至于家族的声誉。因此，他们本着高度的社会责任心，对每一个利用者都提供热情周到、耐心细致的服务，努力满足利用者的查档需求，让普通百姓从档案开放中受益。

为提高查档工作效率，我馆一直十分重视服务手段的更新升级。我馆原来存有抗日阵亡将士名录卡片20余万张，系20世纪90年代从馆藏案卷中广泛搜索并手工摘录而制成的一套卡片式检索工具。该套卡片在我馆的日常接待查档工作中，使用率一向较高，它曾经为许多抗日阵亡将士的后人遗属了却了多年的心愿，为我馆利用工作的深入开展立下了汗马功劳。然而，由于受手工检索工具的局限，检索途径单一、查找速度慢以及漏检率高是该套卡片难以克服的缺陷。2003年4月起，因全国非典疫情造成了我馆查档接待任务骤降。馆领导抓住此段空闲期，及时启动了阵亡将士名录电子数据库工程，将原有的名录卡片全部输入电脑。该数据库投入使用后，可以通过阵亡将士的姓名、别名、籍贯、部队番号、阵亡地点、遗属等要素迅速准确地进行电脑检索，彻底根除了纸质卡片手工检索的原有缺陷，在为广大查档者提供个人查证服务中发挥了极大作用。2016年，经过对原馆藏档案人名卡片的数字化扫描和信息著录，我馆又建成了《民国公务人员档案数据库》，收录了192万条在国民政府机构任职人员的姓名和籍贯信息，为个人查证提供了极大的便利。

多年来，我馆向许多牺牲于抗日战场的中国军人遗属提供了历史证明材料，使这些为国捐躯的勇士们的后代享受到了应有的荣誉和待遇。仅 2015 年度就热情接待与妥善处理个人信息查档 746 例，为 130 名抗日阵亡将士遗属提供了烈士的身份证明文件，得到了烈士遗属的诚挚感谢与热情赞扬。除此之外，我馆还向一些南京大屠杀的幸存者、日军细菌战的受害者及其他民间对日索赔者提供了档案证明，向众多的普通查档者提供了有关学历、工龄、执业资质、亲属关系、个人财产等方面的原始凭证。来自四面八方的普通百姓在享受我馆高质量服务的同时，也从历史档案的开放中真正获得了益处。优良的服务赢得了广大利用者的充分肯定和赞许，他们向我馆寄来了一封又一封的感谢信。下面选录的几封信函，让人强烈地感受到他们的由衷感激之情。

第一封感谢信是寄自广西南宁一名姓陈的普通查档者。陈女士为寻找生父的下落，曾向二史馆求助。但她对生父的姓名、职官均无确切线索，因而查找难度相当大。我馆的工作人员反复查阅各种目录和档案，先后向陈女士提供了三批档案 59 件，约 100 页。根据我馆提供的线索和信息，陈女士最后在台湾《中央日报》上刊登了寻父启事。当她接到亲姐姐从台湾打来的电话，知道了父亲的下落后，流下了激动的泪水，并来函表示感谢。她在信中写道："你们为了我的骨肉团圆，尽心地替我查找 50 年前的档案，付出了辛勤的心血和劳动。你们的爱心，你们对我的雪中送炭，深情厚谊，将永远铭记在我的心里。"

另一封感谢信的作者是武汉铁路分局武昌机务段的宋先生。为查寻在抗战中阵亡的父亲的材料，宋先生已经跑遍了市政府信访处、宣传部、民革、民盟、政协、民政局等单位，均无结果。心灰意冷的他抱着试试看的心情偕老伴来到我馆查档，受到了我馆工作人员的热情接待。工作人员很快便查找到了 1937 年宋父为保卫南京中山陵而阵亡的档案材料，十分详尽，并配有一幅遗照。当宋先生看到在档案遗族一栏中写着自己的小名"英元"，看到平生从未谋面的生父遗照时，当场与老伴抱头失声痛哭。回去以后，他给我馆利用部寄来了一封感谢信，信中写道："这是我一生中最高兴最难忘最幸福的事。我不再是国民党的残渣余孽了，我父亲是抗日为国捐躯的烈士，这是我的先人和后辈的一份光荣。我们要感谢第二历史档案馆接待组全体同志的热心帮助、细心接待，我这辈子并告诉孩子们要永远记住您们这些大好恩人。"

抗日名将陈明仁将军的后人陈湘生也给我们寄来了感谢信。信中写道："近两年来，多次到贵处查找祖父陈明仁将军在抗日战争期间的战斗要报和战斗详报，均受到热情接待，使我们取得了十分珍贵的、大量的历史资料，我们借此更深刻地了解了祖父的抗日战争战斗经历。继去年巡游祖父在滇西的抗日战场之后，上个月我们沿着祖父的战斗足迹，又巡游了九江、湘潭、衡山、柳州、昆仑关、武鸣、黔西、叙永等地。每到一处，均考查了当年的旧战场和文物遗址，如九江战役、南岳会议、桂南会战、川南整军。还与文史部门的专家学者交流，充实了当地的抗日战争文史资料，解开了当地困惑多年的历史谜团。这些成果，一是得益于祖父的战时日记，二是得益于在贵馆取得的历史资料。"

三、依法制定档案利用环节上的规章制度，确保历史档案开放工作的有序开展

开放历史档案，无疑是党和政府的一项重要的英明决策，意义深远，成效卓著，同时也极大地推动了档案事业的迅猛发展。对于各级国家档案馆来说，依法向社会开放档案、公布档案是一项法定义务，档案馆应当为完成这项法定义务积极开展工作。当然，在档案开放利用的过程中，不可避免地会涉及保密与开放、档案利用权与隐私权、著作权之间的冲突等问题。我馆在30年的档案开放实践中，时常也会遇到这些法律问题。我们深刻地认识到：如何恰当地处置好这些矛盾，避免各种侵权行为的出现，避免不必要地卷入法律纠纷，是保证历史档案开放工作得以健康有序持久开展下去的关键。我馆开展民国档案开放工作的一个重要目标，就是既要

保证民国档案在一定范围内得以充分而合理的开放利用，充分地发挥出历史价值，又要确保在开放的过程中档案信息和实体的绝对安全，确保国家利益和公民的合法权益不受侵害。多年以来，我馆依照《档案法》《保守国家秘密法》以及《著作权法》的有关规定，结合我馆实际，制定了一系列的规章制度，积极稳妥地开展开放民国档案的工作，取得了较好的效果。

下面，简要介绍一下我馆在档案利用各环节上的一些规章制度及其法律依据。

（一）登记手续

《中华人民共和国档案法实施办法》第二十二条明文规定："中华人民共和国公民和组织，持有介绍信或者工作证、身份证等合法证明，可以利用已开放的档案。外国人或者外国组织利用我国已开放的档案，须经我国有关主管部门介绍以及其前往的档案馆的同意。"根据此条，我馆规定，查档者前来我馆办理查档登记手续时，必须向我馆工作人员出具本人所属单位正规介绍信和个人合法证件（身份证、军官证、工作证、护照等）。查档者的身份经审核之后，须如实填写《查档登记表》。

（二）调卷查档

1991 年 9 月 27 日，国家档案局、国家保密局发布了《各级国家档案馆馆藏档案解密和划分控制使用范围的暂行规定》，列举了 20 种不宜对社会开放的档案。以该暂行规定为判断标准，本馆馆藏档案绝大部分属开放范围，只有 5% 左右属于暂不宜对社会开放的档案。为最大限度地保障公民的知情权，保障可以利用的档案能够最大限度地为公众所用，我馆在实施档案信息控制的工作中，严格遵循"公开是原则，不公开是例外"的原则，严格比照《各级国家档案馆馆藏档案解密和划分控制使用范围的暂行规定》，根据我馆馆藏的实际状况，近几年来相继出台了《中国第二历史档案馆馆藏档案开放与控制范围及其管理的暂行规定》《中国第二历史档案馆全宗目录开放与控制要点》《本馆档案开放利用及编研出版控制范围内容的说明》《中国第二历史档案馆馆藏档案控制使用范围》等文件，对需要加以控制开放的档案信息的范围进行了严谨的划分和清晰的界定。针对查档者的查档需求，阅卷室工作人员要对照实施细则，认真把关。凡属控制范围的档案，要坚持原则，按章办事。在确定查档者的查档内容属开放范围之后，工作人员可根据查档者的查档目的和范围，向其提供相应的开放目录。

为配合我馆馆藏档案数字化工程的开展，我馆还设立了专职的档案划控工作小组，后正式成立审核科，抽调若干名熟悉馆藏、具有一定的历史知识、熟练掌握档案开放与控制政策的专业人员，担任档案划控审核员。审核员必须严格依照国家已颁布实施的有关历史档案开放与控制的法令规章和本馆制定的相关细则来实施划控审核，不得擅自变更划控范围。

在档案利用环节上，涉及著作权问题的还有寄存档案的利用问题。按照我国民法的有关规定，就寄存档案来说，它只是寄存人将该档案的占有权暂时交给档案馆，其所有权并未发生实际上的转移，所有权仍属于寄存者。档案馆作为接受寄存的单位，应当依法保护寄存者的合法权利，只能代为安全保管，在没有征得寄存人同意的情况下，不能自行决定该档案是否可公布。如果认为有必要公布寄存档案，应当与寄存者协商，征得档案所有者同意，并按照法律、法规的规定办理。因此，《档案法》第二十一条规定："向档案馆移交、捐赠、寄存档案的单位和个人，对其档案享有优先利用权，并可对其档案中不宜向社会开放的部分提出限制利用的意见，档案馆应当维护他们的合法权利。"《档案法实施办法》第二十五条规定："各级国家档案馆对寄存档案的公布和利用，应当征得档案所有者同意。"我馆也藏有一部分寄存档案，为保护档案寄存者的权益，我馆对这部分档案的开放历来严格把关，凡未经档案寄存者的书面应允，一律不向其他查档者提供调阅和复制。

（三）复制

针对查档者申请复印、翻拍、电脑扫描以及原件复制档案，我馆除要求必须填写《复制档案文件审核登记表》外，还在《查档须知》中明文规定："查档者在本馆摘抄、复制的档案，仅限于供研究参考或在著述中引用，不得擅自以任何形式全文公布、转让或出版。"这一条款实际上包含了两方面的内容，而且均具有相关的法律依据：

其一是强调了档案的公布权属于档案馆，而查档者无此权力。对档案信息公布权的规定分别散见于《档案法》第二十二条和《政府信息公开条例》第十六条。《档案法》第二十二条规定：属于国家所有的档案，由国家授权的档案馆或者有关机关公布；未经档案馆或者有关机关同意，任何组织和个人无权公布。《政府信息公开条例》第十六条明确提出公共档案馆是政府信息的查阅场所，这实际上是赋予了公共档案馆的政府信息公开权利。

其二是告知查档者可以摘抄、复制部分档案内容。在《著作权法》第二十二条中规定，为学校课堂教学或者科学研究，少量复制已经发表的作品，或者为陈列或者保存版本的需要，复制图书馆、档案馆、纪念馆、博物馆、美术馆等收藏的作品，可以不经著作权人许可，不向其支付报酬，但应当指明作者姓名、作品名称，并且不得侵犯著作权人依照本法享有的其他权利。目前在我馆，向查档者提供的复制方式是静电复印、摘抄、电子扫描等。

（张开森 撰稿）

| 第七章 |

文献编纂与研究

中国第二历史档案馆（下简称二史馆）已走过了70年艰辛而又辉煌的历程。70年来，伴随着民国档案工作的进步与发展，二史馆档案文献编纂与研究（简称"编研"）工作也经历了从创建时期的艰辛起步，到改革开放后的迅猛发展，再到新时代挖掘馆藏档案资源服务党和国家中心工作的新突破。今天，二史馆编研工作以其数量浩大的民国档案史料出版及其研究，在中国近现代史、民国史以及民国史料学领域占有特殊的地位，在海内外有着重要的影响；在党和国家的政治生活及祖国统一事业中，也发挥着独特的作用。

第一阶段：1966 年以前的编研工作

1951 年 2 月 1 日，在中央文化教育委员会的指导下，中国科学院近代史研究所南京史料整理处正式成立，其任务是"将民国时期北洋政府的档案和国民党政府遗弃的档案收集集中起来，加以整理，除提供现在的人民政府各部门调用外，进一步将其中有用的历史资料整理出来，作为研究中国近代历史之用"，即承担民国档案的收集整理和编纂利用双重任务。

从 1956 年开始，南京史料整理处在继续接收和整理民国历史档案的同时，将编辑民国档案史料的工作列入了议事日程。1956 年 3 月通过的《关于南京史料整理处 12 年远景规划的意见》，即将开展文献公布工作和编纂出版业务书籍列入工作计划之中，计划从三个方面公布所藏民国历史文献：（1）出版定期的文献丛刊，试办期间内部发行；（2）不定期的专题长编，即关于一个问题的大型的历史文献汇集，可公开发行；（3）不定期的史料丛书，即许多个较小问题的史料单册，汇成丛书，可公开发行。1956 年 6 月，中央政治研究室为了为中共中央编写中共党史提供国民党及其旧政权方面活动的资料，指示南京史料整理处根据所藏旧政权档案编辑《中国现代政治史档案资料汇编》，并提出了编选的原则和方法。据此，在王可风主任的领导下，南京史料整理处专门成立了现代政治史资料组，下设资料汇编组和大事月表组两个小组，分别负责《中国现代政治史档案资料汇编》和《中国现代史大事月表》的编纂。

《中国现代政治史档案资料汇编》的选编工作从 1956 年 7 月开始。为了做好《汇编》工作，王可风等曾制订了详细的编辑方案，确定其内容包括："（1）总的政策法令、规章制度等；（2）经济财政的措施；（3）军事斗争的变化；（4）帝国主义对中国的侵略；（5）中外关系；（6）群众运动；（7）文化教育；（8）革命力量的发展。"选辑资料的原则是："（1）揭露旧政权的反动、黑暗、腐败和倒行逆施的资料；（2）揭露反动统治者内部的派系斗争和互相攻击的资料；（3）揭露反动统治者和帝国主义勾结卖国的资料；（4）揭露反动统治者压榨人民以发展官僚资本的资料；（5）反映人民革命力量的生长与反革命斗争的资料。"经过三年半的努力，至 1960 年底，《中国现代政治史档案资料汇编》全部编选完毕，并打印成油印本。该《汇编》共分四辑：1919—1927 年为第一辑，共选编文件 1400 篇，计 300 万字；1927—1937 年为第二辑，共选编文件 1500 篇，计 600 万字；1937—1945 年为第三辑，共选编文件 3200 余篇，计 900 多万字；1945—1949 年为第四辑，共选编档案文件 1000 余篇，计 400 万字，四辑共收录档案文件 7000 余篇，计约 2200 万字，200 册。

《中国现代史大事月表》也是从 1956 年 7 月开始编写，至 1959 年 9 月完成了报刊资料的编写计约 520 万字。其后，编写组又花费了半年时间，对已编写的大事月表补充档案资料 200 余万字，共计 800 万字。

在《中国现代政治史档案资料汇编》初稿完成后，南京史料整理处又着手编辑一套中国现代史史料丛书，即专题资料丛书，计划选编 100 ～ 150 个专题。该专题资料丛书从 1960 年开始选编，至"文化大革命"前夕，已选编的专题档案资料计有《辛亥革命史料》《十月革命影响及中苏关系史料》《帝国主义盗窃我国文物史料》《北洋军阀直皖两系混战史料》《白朗起义史料》《五四运动史料》《帝国主义利用宗教侵华史料》《济南惨案史料》《日寇侵华暴行史料》《东北抗日义勇军史料》《十年内战时期的民族工业危机史料》《台湾"二二八"运动史料》等 40种，还有有关西藏的专题资料。

上述《汇编》《大事月表》及各专题史料编辑成油印本后，即送交时任国务院副总理习仲勋、国务院秘书长齐燕铭等中央领导及中央政治研究室、中宣部科学处、国家档案局审阅，后有幸成为毛泽东主席藏书，并赠送给部分综合性高校历史系，作为中国现代史教学和研究的内部参考。

《中国现代政治史档案资料汇编》等受到了学术界的热烈欢迎，也为 20 个世纪 50—80 年代的学术界提供了第一手最直接的档案资料，其规模宏大、政治性强、史料价值高，在当时学术界无人可及，发挥了巨大的史证作用与资政功能，同时，也锻炼与培养了新中国第一代档案工作者编辑大型档案资料的基本技能与工作方法。

为了使这些民国档案史料发挥更多的作用，使近代历史研究工作者得到这些资料，南京史料整理处计划对上述史料陆续修订、正式出版。为此，史料整理处制定了详细的修订原则和出版步骤。修订出版的政治原则是："1. 揭露反动统治祸国殃民的罪行；2. 揭露帝国主义对中国侵略的种种罪行；3. 反映革命人民不屈不挠的英勇斗争；4. 反映重大历史事件的真实情况；5. 反映近代中国社会政治斗争和生产斗争的发展变化。"根据上述原则对油印本的资料进行增补和删除，并对涉及当时政治斗争、统战人士、国际外交而需要保密不宜公开的资料，慎重妥善处理，避免造成政治上的损失。出版的步骤和方法则是先出版北洋军阀政府统治时期的资料，后出版国民党统治时期的资料；一般史料公开出版，政治上需要保密的资料内部发行；先出版专题史料，后出版资料汇编。这项民国档案史料出版工程，后因"文化大革命"而陷于停顿。

这一阶段的民国档案编研工作，特别是档案资料汇编，虽以内部油印本的形式出现，并未公开出版，但奠定了二史馆编辑档案史料的工作方针与规划，锻炼了新中国第一代民国档案史料编辑队伍，培育了档案史料编辑者正确的政治态度、科学的治学方法、优良的史学传统。这种传统，就是一切以党和国家的利益为重，注重史料之政治标准；一切以史料研究和学术需要为基础，注重史料之史证价值。在这种编辑思想指导下，档案工作者不计名利、默默无闻、踏踏实实的作风得到阐扬，治学严谨、档史结合、注重史证的传统得到传承。

第二阶段：1978年后的编研工作

"文化大革命"结束后，二史馆的各项工作重新走向正轨，中断达十年之久的编研工作也开始全面恢复。在历届馆领导的指导和支持下，在编研部门全体人员共同努力和全馆同志的大力协助下，二史馆以馆藏档案资料为基础，以档案开放政策为依据，坚持"编研结合、以编为主、以编带研、以研促编"的工作方针，积极稳妥地开展民国档案资料的编研工作，呈现出前所未有的繁荣局面，编研工作取得了丰硕的成果。据不完全统计，自1978年起至2012年止，二史馆编辑出版民国档案图书资料逾10亿字。与第一阶段单纯的编辑史料工作不同，二史馆编研人员开始承担多项国家社科项目，参与或独自撰写出版了多部学术专著，发表了民国史学术论文数百篇，活跃在海内外的各种国际性、全国性学术会议上。同时还编辑出版《民国档案》季刊。

（一）民国档案资料的编辑出版

1978 年开始恢复编研工作后，馆领导及编研部门根据馆藏历史档案的特点和当时史学界的实际需求，决定在"文化大革命"前选编完成的《中国现代政治史档案资料汇编》和专题档案史料的基础上，编辑出版《中华民国史档案资料汇编》(1911—1949 年)、《中华民国史专题档案资料丛刊》和《中华民国史档案资料丛书》。

《中华民国史档案资料汇编》是"为了适应中国近现代史的科学研究与教学需要，就馆藏档案中具有一定史料价值的资料编辑而成的一套综合性资料汇编"，是在《中国现代政治史资料汇编》油印本的基础上进行修订补充而成。经过先后30 余人历时 20 余年的辛勤劳动，全书由江苏古籍出版社于 2000 年春全部出齐，共 90 册，计 5000 余万字。该书被列为国家"七五"社会科学研究与出版重点规划项目。2011 年，该书又因学术界需求，另行编辑了上下两册的《中华民国史档案资料汇编总目索引》，配合重印或加印该套《汇编》已售罄各册一并发行，再次受到学术界的欢迎。

这套《汇编》共分五辑，其主要内容和特点如下：

第一辑《辛亥革命》。1911 年，孙中山领导的辛亥革命，推翻了清王朝的封建统治，结束了中国延续 2000 多年的封建帝制，创立中华民国，是中国历史上的重要里程碑。但其形成的档案文件，历经辗转，颇多散佚。本辑选辑的档案资料有反映武昌起义前各地人民反抗斗争和武装起义、清政府预备立宪、四川保路运动、武昌起义及各省响应情况的清巡警部、民政部、陆军部等档案共 192 件。

第二辑《南京临时政府》。1912 年 1 月 1 日，一个崭新的资产阶级民主共和政权——中华民国临时政府在东方诞生了，因其首都在南京，简称为南京临时政府。南京临时政府虽然仅存在三个月，却对后世产生了巨大影响，其形成的档案文件不多，但弥足珍贵。本辑辑录的档案文件有：南京临时政府除旧布新的政令与政治、军事、财政、金融和教育措施的文电，共 439 件，其中不少是孙中山亲笔批示和签发的文件。

第三辑《北洋政府》。1912年3月，孙中山"让位"于袁世凯，在北京建立了由北洋军阀统治的中华民国中央政权，即北京民国政府，也称为北洋政府。袁世凯之后，段祺瑞、冯国璋、张作霖等北洋军阀相继控制北京政府。北洋军阀是近代中国一个特殊政治军事集团，在其统治中国的16年中，历届中央政府及各部会形成的档案文件，后来被国民政府行政院各部会对口接收而大部延续保存下来，现馆藏的北洋政府档案共有55个全宗，13万卷。这些档案，凡具有一定史料价值的文件，均选编入本辑《汇编》各分册。全辑共分政治（2册）、军事（4册）、外交、财政（2册）、金融（2册）、工矿业、农商（2册）、教育、文化、民众运动等计17册，约1000万字。

第四辑《从广州军政府至武汉国民政府》。1917年，孙中山为反对解散国会，提出拥护约法、恢复国会的主张后，率驻沪海军南下，在广州召开国会非常会议，成立中华民国军政府（护法军政府），被举为大元帅。后因西南军阀的挤逼，弃职赴沪。1921年，返穗组织中华民国政府，就任非常大总统。翌年，因陈炯明叛变，退居沪上，直到1923年始重返广州，重建大元帅府，设立大本营。1924年，在广州召开中国国民党第一次全国代表大会，实现了第一次国共合作。从此，广州成为南方革命运动的中心，形成了与北京北洋军阀政权相对立的南方革命政权。1925年，广州国民政府成立。翌年，进行北伐。北伐军攻克武汉后，国民政府迁都武汉，史称武汉国民政府。从1917年至1927年南方革命政权形成的档案，现有一部分存于台湾，馆藏档案仅有陆海军大元帅大本营档案138卷，广州和武汉国民政府档案475卷。这些档案文件，均选编入本辑《汇编》。全书共2册，130多万字。主要内容有：军政府、大本营、国民政府等组织概况及其各种政策措施；国民党改组与第一次国共合作；孙中山领导的第一、二次北伐与平定商团叛乱及孙中山北上、逝世；国民政府东征讨陈及李宗仁统一广西；北伐战争的胜利进军与蒋介石发动四一二反共政变等资料。

第五辑《南京国民政府》。1927年，蒋介石发动四一二反共政变后，在南京建立国民政府。1937 年，日本帝国主义制造卢沟桥事变，发动了全面侵华战争，国民政府迁都重庆，国共两党第二次合作，进行了十四年抗战。抗日战争胜利后，国民政府还都南京，直到南京国民政府覆亡。在南京国民政府统治的 22 年中，各机关团体的档案资料，数量浩大而又庞杂，馆藏南京国民政府档案资料共有 590 个全宗，构成了二史馆馆藏民国档案的主体，其内容包括有中国国民党中央党务系统的档案，如国民党中央执行委员会秘书处、中央组织部、中央宣传部、中央民众训练部、中央党史史料编纂委员会等；国民政府与行政、立法、司法、考试、监察五院及其直属机构档案；军事系统档案，如军事委员会、军委会委员长侍从室、军令部、政治部、战时新闻检查局、国防部史政局战史编纂委员会等；内政及民族事务机构档案，如内政部、蒙藏委员会等；外交与侨务系统档案，如外交部、侨务委员会等；财政金融系统档案，如财政部、关务署、税务署、缉私署（处）、盐务总局、中央银行、中国银行、交通银行、中国农民银行、中央信托局、邮政储金汇业局、中央合作金库等机构；工交农商系统档案，如工商部、实业部、经济部、农林部、资源委员会、商标局以及交通部、铁道部、公路总局、民用航空局、邮政总局、电信总局等机构；教育系统档案，如教育部、国立中央大学、中华平民教育促进会等机关、学校、团体等。此外，还有汪伪国民政府等日伪政权档案。

上述各种档案，均按历史时期分类编入本辑第一、二、三编各分册，共 70 册，4000 余万字。

第一编《南京国民政府的建立与十年内战》（1927.4—1937.7）。分为政治（5 册）、军事（5 册）、外交（2 册）、财政经济（9 册）、教育（2 册）、文化（2 册）等共 25 册。其主要内容有：南京国民政府的中央与地方政制；国民党历次重要会议及其内部派系矛盾斗争和新军阀混战；国民党对革命根据地的五次军事"围剿"和对红军长征的追堵；财政经济概况与财政、币制改革及国家金融垄断组织和国营工业体系的建立；国民政府的对外政策与日本军国主义发动九一八事变和一·二八事变；中国人民抗日救亡运动的兴起与福建事变、西安事变等重大政治历史事件的资料。

第二编《第二次国共合作与八年抗战》(1937.7—1945.8)。分为政治（5册）、军事（5册）、外交、财政经济（10册）、教育（2册）、文化（2册）及附录（2册）等共27册。其主要内容有：国民政府的战时体制与国民参政会，国民党历次重要会议与其他党派的活动，国民党的防共、限共与制造反共摩擦事件；国民政府的对日作战方针、计划、部署与正面战场各大战役及敌后战场作战概况；战时国民政府的对外政策及其与美、英、苏等国的关系；战时国民政府的财政经济政策，工矿西迁与后方工业的发展，物资统制与商业贸易，"战区经济"与对敌"经济作战"和走私，交通运输事业；战时国民党的文化教育方针政策与查禁进步书刊、统制新闻事业和扼制抗日文化团体，以及战时教育实施概况与学术文化团体的活动；侵华日军暴行；伪华北临时政府、伪维新政府、汪伪国民政府等日伪政权和日本侵华机构的档案资料。

第三编《蒋介石发动全面内战与南京国民政府的覆灭》(1945.8—1949.9)。分为政治（5册）、军事（2册）、外交、财政经济（7册）、教育（2册）、文化共18册。其主要内容有：国民政府"复员"南京及其企图重建专制统治的方针政策与措施，国民党六届历次中央全会及其内战决策，民主党派及中国青年党、中国民主社会党等党派社团的组织活动，台湾光复与台湾省情，国民党召开"制宪国大"与"行宪国大"及其专制独裁统治的加强；战后国民党军队的战区受降与蒋介石发动全面内战；国民政府的对外关系；战后国民政府推行反共总体战的财政经济措施与挽救财政经济危机的方案办法，国家金融垄断资本的进一步扩张与金融币制的总崩溃，国营工业的扩张与民营工业的破产，残破的农村经济与商业贸易危机，交通运输业的"复员"措施与实施概况；战后国民党的文化、教育政策与学术、文化、教育社团的组织活动；战后工农学生和爱国民主人士的爱国民主斗争与国民党的防制、迫害和镇压等档案资料。

《中华民国史专题档案资料丛刊》是为了弥补《汇编》因体例限制而无法将反映某一重大历史事件的档案史料都选编进去的缺陷，而以专辑的形式出版的专题档案史料丛书，计划出100种。该丛刊从1978年开始编辑，已出版有《五四爱国运动档案资料》《善后会议》《五卅运动和省港罢工》《中国无政府主义和中国社会党》《北洋军阀统治时期的兵变》《北洋政府统治时期的民变》《护国运动》《直皖战争》《张謇农商总长任职经济资料选编》《西安事变档案资料选编》《台湾光复和光复后五年省情》《台湾"二二八"事件档案史料》《抗日战争正面战场》《民国外债档案史料》《五二〇运动资料》《五四运动在江苏》《国民党军追堵红军长征档案史料选编》《白色恐怖下的新华日报》《北洋陆军史料》《民国时期的陆军大学》《中国银行行史资料汇编》《中国近代兵器工业档案史料》《中华民国商业档案资料汇编》《中国会计史料选编》《中华民国金融法规选编》《国民参政会纪实》《中德外交密档(1927—1947年)》《中国国民党第一、二次全国代表大会会议史料》《民国时期文书工作和档案工作资料选编》《国民党政府政治制度档案史料选编》《中国考试史文献集成（民国卷）》《抗战时期西北开发档案史料选编》《中国妇女运动史料（民国政府卷）》，等等，分别由江苏人民出版社、人民出版社、江苏古籍出版社（凤凰出版社）、中国档案出版社等正式出版。

《中华民国史档案资料丛书》主要是将馆藏档案资料中独立成帙的日记、史稿、报告书、调查统计等编辑成书，供研究者利用。原计划出版百种，现已陆续出版了《冯玉祥日记》《周佛海日记》《抗战时期国民党军机密作战日记》《北伐阵中日记》《蒋介石年谱初稿》《晏阳初全集》《吴佩孚档案资料选编》《茅以升书信选》等。

上述《汇编》《丛刊》《丛书》，虽编辑体例、内容不太相同，但又互相补充，共同构成了中华民国史档案资料的基本内容。

在编辑《中华民国史档案资料汇编》的过程中，鉴于馆藏民国时期党派社团的资料十分丰富，而学术界对此部分资料的需要又十分迫切，因此又增加了一套《民国党派社团档案史料丛稿》的编辑计划，《丛稿》已由中国档案出版社出版。已先后出版了《中国民主社会党》《中国青年党》《国民党统治时期的小党派》《民国帮会要录》等。

20世纪80年代以来，随着全国范围修史编志热潮的兴起，本馆利用馆藏优势，充分抓住契机，与有关学术机构和修志部门联合编辑出版馆藏档案资料。主要有：与中国藏学研究中心合作编辑出版的《西藏地方是中国不可分割的一部分》《元以来西藏地方与中央政府关系档案资料选编》(7册)、《十三世达赖圆寂致祭和十四世达赖转世坐床档案汇编》《九世班禅圆寂致祭和十世班禅坐床档案选编》《九世班禅内地活动及返藏受阻档案选编》《黄慕松、吴忠信、赵守钰、戴传贤奉使办理藏事报告书》《康藏纠纷档案选编》《民国治藏行政法规》《西藏亚东关档案选编》《中国第二历史档案馆所存西藏和藏事档案目录》(上、下册)、《民国时期西藏及藏区经济开发建设档案选编》等；与财政部财政经济研究所合作编辑出版的《民国外债档案史料》(共12册)、《国民政府财政金融税收档案史料》等；与中央档案馆、吉林省社会科学院合编了《日本帝国主义侵华罪行档案资料选编》，已出版有《九一八事变》《南京大屠杀》《日汪的清乡》《华北事变》《东北经济掠夺》《华北历次大惨案》《华北经济掠夺》《汪伪政权》《中国抗战损失》等；参与南京大学中华民国史研究中心《南京大屠杀史料集》72册共计4000万字的编辑工作，本馆参编其中的《南京保卫战》《历史图像》《日军罪行调查委员会调查统计》《南京审判》等30余册。

（二）档案图片资料的编辑出版

20世纪90年代中期开始，随着世纪末的来临，人们的怀旧情愫日益强烈，同时，随着生活节奏的加快和科学技术的进步，对大多数非专业研究人员来说，洋洋数十万言的纯文字著作根本无暇翻阅，人们迫切希望能在最快最短的时间内，以更直观的形式获取知识的营养，于是各种以老照片为题材的出版物应运而生并很快赢得了读者的青睐。本馆典藏的10余万幅有关民国历史的照片和图片资料，自然引起了学术界、出版界的注意。

本馆编研人员顺应社会需求，先后编辑出版了《中国近代珍藏图片库》(分为《袁世凯与北洋军阀》《孙中山与国民革命》《蒋介石与国民政府》《汪精卫与国民政府》共7册，由香港商务印书馆1994年出版）、《南京大屠杀图证》(与中央档案馆、吉林省社会科学院合编）、《老照片》《中华民国邮政图集》《侵华日军南京大屠杀图集》《湖北旧影》等图片集。规模宏大，第一次以历史图片形式多方位、全面系统地展示中华民国38年历史变迁的大型图片集《中华民国历史图片档案》（10册），经本馆近30位专业人员历时三年多的辛勤编辑，业已于2002年由团结出版社出版。该《图片档案》共收录反映民国时期政治、军事、文化教育、经济、中外关系、社会等内容的历史照片和图片资料近30000幅，是本馆首次以馆藏历史图片形式解说民国史的大型图片集。

从《中国近代珍藏图片库》到《中华民国历史图片档案》的编辑出版，再到《中国旧海关与近代社会图史》（10册，2006年中国海关出版社出版），近20年来，历史照片利用率越来越高，利用量也越来越大。此外，二史馆向江苏美术出版社出版的《老城市》系列提供了2000余幅历史照片和图片；利用馆藏邮票邮品特色，编辑《中国第二历史档案馆馆藏邮票邮品精选》（上下册），由中国档案出版社出版。本馆编辑出版的各类画册、图集，不仅仅满足了学术研究、出版市场的需求，适应读者现代快节奏生活需要，还为影视拍摄、展览陈列、课堂教学提供历史照片与图片资料，在多种层面上满足社会日益增长的文化生活需求。

（三）大型影印档案史料出版工程

在编辑馆藏档案资料的过程中，本馆还根据学术界的需要，从20世纪80年代以来，以影印的形式编辑出版了一大批馆藏档案资料，如《南京临时政府公报》《北洋政府公报》《国民政府公报》《立法院公报》《南京国民政府外交部公报》《国民政府行政院公报》《中央日报》《中央周刊》《中央党务月刊》《汪伪行政院公报》《汪伪行政院会议录》《中国国民党中央执行委员会常务委员会会议录》《经济部公报》《中华民国法规大全》《中华民国史料长编》《南京保卫战阵亡将士档案》《中央通讯社参考消息》《中国国民党历次全国代表大会暨中央全会文献汇编》，等等。这既是编辑工作的专题化、精品化、大型化，也是对馆藏民国档案的最好保护与积极利用。兹将几部影响较大的影印出版物简要介绍如下。

《中国旧海关史料（1859—1948）》。由海关总署办公厅与本馆合编，京华出版社2001年影印出版，共170册。全书主要由两部分构成，第一部分为贸易统计，第二部分为贸易报告。包括了中国近代史上的三个时期（晚清政府、民国北京政府、南京国民政府），五个政权（清政权、北洋政权、国民党政权、伪满政权、汪伪政权），内容涉及的省份有黑龙江、吉林、辽宁、河北、天津、山东、江苏、上海、浙江、福建、广东、广西、云南、西藏、湖南、湖北、江西等，城市多达60余个，以翔实的史料、丰富的数据，反映了晚清至民国时期中国政治、经济、军事、外交、社会各方面的事件与活动，其记述全面、细微，在诸多方面弥补了当时报刊、著述和地方志的不足，对研究中国近代史及各地方史具有很高的参考价值。

《馆藏民国台湾档案汇编》。台湾问题是国家的核心问题，是政治问题，也是学术问题，关注点高，关心的人多。二史馆藏有涉台历史档案7000余卷，总量达30万页以上，对馆藏涉台档案特别是反映台湾与大陆关系档案的编研，在对台交流方面具有重大的政治影响和社会效益。在中共中央、国务院台湾事务办公室的直接指导下，二史馆与海峡两岸出版交流中心（九州出版社）合作，于2007年影印出版了《馆藏民国台湾档案汇编》一书，全书共300册，收录二史馆所藏涉台档案近120000页，时任中共中央政治局常委、全国政协主席贾庆林亲自担任本书的总顾问。该书还被列为国家重点出版工程。该书出版后，受到两岸学者的高度关注，被有关专家誉为"建国以来最大规模的台湾文献整理成果之一"。

《北洋政府档案》。由中国档案出版社 2011 年 1 月影印出版，196 册。这是一次编选馆藏北洋政府档案的大型项目，被列入全国档案编研重点项目，刚刚出版就以其编辑质量高、史料价值大，被中国近现代史史料学会评为一等奖。而这套《北洋政府档案》编辑出版，既满足了学术界需求，也有效地保护了年代已经久远的北洋政府档案。

《南京临时政府遗存珍档》。2011 年由凤凰出版社出版，共收录了新近发现的南京临时政府遗存珍档 700 余件，3200 页，彩色影印，16 开精装，共 8 册。全书分为三大部分：一是由孙中山亲自签发的临时大总统令批，10 件，这是有关孙中山史料新的重大发现。二是大总统府电报房电报收文底稿，时间跨度从 1911 年 12 月 14 日至 1912 年 4 月 7 日，编号从第 1 号至第 554 号。这批电报底稿几乎涵盖了南京临时政府处理的所有大事，是我们了解南京临时政府革命活动的第一手珍贵资料。三是外交部档案，这部分档案弥补了我馆原先典藏的南京临时政府档案中独缺之外交部档案，其中有关荷属印尼华侨遭受迫害之外交交涉、收回海关及租界事权与税收等事项的交涉、有关鸦片贩运与美英德俄等国之交涉，以及外交部处理外交事务等项文电，均是反映南京临时政府外交斗争的重要档案。该书列入国家"十二五"社会科学研究与出版重点规划项目，也是纪念辛亥革命与南京临时政府 100 周年的重要学术成果。

（四）参与民国史研究

在编辑档案史料的同时，本馆同志还充分利用馆藏档案丰富这一得天独厚的有利条件，积极参与历史特别是民国史研究，承担了多项国家社科基金项目，参与或独自撰写了数十部史学论著，发表史学论文数百篇，形成了在国内外具有一定影响的民国史研究群体，为促进民国史研究的繁荣发挥了积极作用。

其一，承担了多项国家社科基金项目。据统计，从1991年起，由本馆研究人员申报立项的《中国抗战损失》《日军战犯暴行研究》《留学生与近代中国社会》《盛世才在新疆》《民国时期的中德关系》《民国时期西藏及藏区经济研究》《全国民国档案全宗要览》等项目（由外单位专家领衔、本馆研究人员参加的项目不包括在内），经国家哲学社会科学规划办公室组织的专家评审，先后被确认为国家社科项目，并获社科基金资助。这些项目已按时完成，并通过了国家哲学社会科学规划办公室组织的专家的验收。此外，还有一些项目如《民国档案与西部开发》被列为中央档案馆国家档案局资助项目，《汪伪统治区奴化教育研究》被中国社会科学院中日历史研究中心列为资助项目。

其二，参与或独自编撰出版了一批民国史学术专著和工具书。早在20世纪80年代初期，本馆研究人员即与南京大学、江苏省社会科学院等单位史学专家合作，撰写了大陆地区第一部民国通史著作《中华民国史纲》和第一部全面反映南京大屠杀真相的《侵华日军南京大屠杀史稿》。合作编写的民国史著作还有《民国社会经济史》《蒋介石全传》《段祺瑞与皖系军阀》《爱国将领冯玉祥》《南京大屠杀》《张学良年谱》《中华民国实录》《中外教育交流史》等。由本馆研究人员独自编著的民国史学术专著则有《国民党政府政治制度史》《惨胜——抗战正面战场大写意》《民国党派社团出版史丛》《青红帮秘史》《友乎？敌乎？——德国与中国抗战》《抗战江河掘口秘史》《中外军事法庭审判日本战犯》《盛世才在新疆》，等等。近几年来，本馆中青年研究人员不断深化研究工作，撰写出一批具有一定影响的学术专著。《中国战区受降纪实》《台湾光复纪实》，被评为全国纪念抗战胜利60周年100本重点出版图书。《国民党特务活动史》，由九州出版社出版后，被誉为大陆第一部严谨的国民党特务史的研究专著。《日本侵华教育全史》（第三卷），获得学术界多位专家的好评。至2012年，本馆研究人员个人或集体撰写的专著有50余本。此外，本馆编研人员还利用馆藏第一手资料编写了《民国职官年表》《中国

国民党大事典》《中国抗日战争大辞典》《国民党政府政治制度史词典》《国民革
命军沿革实录》《近代中国华洋机构译名大全》《中国近代海关大事记》《中国近
代海关高级职员年表》等，参与编写了《中华民国史大辞典》《民国人物大辞典》
《民国人物别名录》等民国史工具书。

其三，举办、协办或参加国际国内有关学术研讨会，撰写、发表学术论文。1984
年，本馆与南京大学等在南京举办了首届中华民国史学术研讨会。1987 年，本馆主
办并具体承办了"民国档案与民国史国际学术研讨会"，邀请海内外百余名著名专
家学者汇聚南京，进行民国档案与民国史的学术交流。其后，又协办了第三、四、
五次中华民国史国际学术研讨会，主办了"档案与抗战史研究学术研讨会暨《民国
档案》创刊 20 周年纪念座谈会"等全国性学术会议。自 20 世纪 80 年代中期以来，
本馆还有数位专家学者应邀赴美、日、英、意等国和港台地区参加有关民国史的国
际学术研讨会，并在大会上宣读论文。此外，在国内召开的历次国际国内有关近代
史或民国史研究的重要学术研讨会，本馆一般均派学者与会。1978 年以来，二史馆
编研人员还先后撰写并发表了数百篇有关民国史的学术论文，这些论文除发表于各
种国际国内学术研讨会论文集和馆刊《民国档案》外，大多发表在《近代史研究》
《抗日战争研究》《史学集刊》《历史档案》《中共党史研究》《民国研究》《史
学月刊》《历史教学》《江海学刊》《海关研究》《学海》《江苏社会科学》《南
京社会科学研究》等在国内外具有一定知名度的学术刊物上，并有数十篇文章被中
国人民大学主办的复印资料《中国现代史》全文转载。

其四，担任有关高校、学术社团的社会学术兼职。20 世纪 50 年代，本馆创始人
王可风研究员即在南京大学历史系担任兼职教授并给学生授课。老一辈研究人员在
高校担任兼职教授之传统延至现在。1980 年后，本馆有多名研究人员被南京大学、
浙江大学、南京师范大学等高校及有关研究机构、学术团体聘为学术顾问、兼职研
究人员或研究生导师，参与有关课题研究工作、研究生培养工作。本馆研究人员还

被中国档案学会、中国近现代史史料学会、中国抗日战争史学会、江苏省历史学会等省级以上社会学术团体选为副会长、常务理事等职。这表明，本馆研究人员及其学术水准得到了社会学术界之认可。同时，通过这些与社会学术界之交往，获得了学术信息，提高了研究人员自身素养，并极大地促进了民国档案史料编研工作。

本馆的各项编研成果，也获得了社会特别是学术界的好评。本馆还有多项编研成果获得了国家、江苏省和南京市政府的各项奖励，如《元以来西藏地方与中央政府关系档案资料选编》获首届全国哲学社会科学成果三等奖，《南京大屠杀图证》被中宣部和国家新闻出版总署列为"纪念抗日战争暨世界反法西斯战争胜利50周年"重点图书之一，《侵华日军南京大屠杀图集》获江苏省第三届精神文明建设"五个一工程"奖，《民国社会经济史》和《国民党政府政治制度史》分获江苏省哲学社会科学三等奖和二等奖，《日本侵华教育全史》（第三卷）先后荣获中国大学出版社图书奖、首届优秀学术著作奖、教育部人文社会科学优秀成果奖、第四届全国教育科学研究优秀成果二等奖等奖项，并由（日本）明石书店翻译出版了日文版。

第三阶段：新时代的编研工作

中国共产党第十八次全国代表大会的胜利召开，标志着中国特色社会主义进入了新时代。在新的历史阶段，本馆以习近平新时代中国特色社会主义思想为指导，认真贯彻落实习近平关于档案和历史研究的指示批示精神，坚持"档案工作姓党"的政治属性，在中央办公厅和中央档案馆国家档案局的直接领下，充分挖掘馆藏民国档案资源，围绕党和国家的中心工作，主动参与国家重大文化建设和学术研究，在南京大屠杀档案，西藏、新疆、西南边疆档案汇编，抗日战争档案汇编等方面，做出了新成绩，为反对历史虚无主义、还原历史真相发挥了重要作用。

（一）配合国家重大文化建设，编纂出版档案文献

这主要反映在对馆藏西藏、新疆、西南边疆等档案文献的编纂出版方面。

《民国时期西南边疆档案资料汇编·云南广西综合卷》。该书系国家社科基金重大特别委托项目、中国社会科学院创新工程学术出版资助项目"西南边疆历史与现状综合研究"的子课题。由二史馆具体承担。经过 10 余名长期从事历史档案文献编研工作的专业人员近五年的努力，按时完成了该书的编纂任务，并经西南边疆项目专家委员会审核后，由社会科学文献出版社于 2014 年 9 月影印出版。全书共收录二史馆所藏民国时期云南、广西两省近 6500 份约 49300 页档案文献，共计 98卷。这些档案文献，内容十分丰富，绝大多数为首次公布。该书的出版，不仅具有重要的学术研究价值，而且对于今天西南边疆地区的经济、文化、社会发展也有一定的参考、借鉴作用。

《民国时期新疆档案汇编》。该项目系国家"十二五"重点图书出版规划项目和 2015 年度国家出版基金项目，2015 年凤凰出版社影印出版，共 100 册。共收录二史馆所藏 1912 年至 1949 年民国中央政府与新疆地方政权的往来文书档案近 5万页，反映了民国时期中央政府治理新疆的策略与措施，新疆地区与中央政府的关系，以及新疆政治、军事、经济、社会、民族宗教、文化教育等方面的基本状况与历史变迁。这批档案系首次系统整理、汇编并对外公布，极大地拓展和提升了对新疆近现代史研究的范围和深度，具有较高的历史文献价值。同时，该汇编也为当下国家制定对新疆的大政方针提供史实上、学理上的依据，具有现实借鉴作用。

《中国第二历史档案馆所存西藏和藏事档案汇编》。早在 20 世纪八九十年代，二史馆与中国藏学研究中心曾合作编辑出版 10 余部民国时期涉藏档案资料汇编，为当时国家制定对藏方针和学界对西藏的研究，提供了一大批第一手资料。进入新世纪后，形势的发展对西藏和藏事相关档案史料出版工作提出了新的要求，海内外学术界要求扩大与推进西藏和藏事档案史料的编辑出版，希望以新的更直观的影印形式出版西藏和藏事档案史料。二史馆与中国藏学研究中心顺应这一需求，策划编辑了该大型影印丛书。该书收录馆藏档案包含清末档案史料 1 册、民国北京政府时期档案史料 4 册，余均为南京国民政府时期中央政府与西藏地方政府、达赖喇嘛、班禅额尔德尼以及四川（含西康）、青海、甘肃、云南等藏区地方政府往来的档案史料，计划出版 80 册，约 4 万页。目前全书编辑任务已完成并已出版 50 册。

（二）贯彻落实习近平总书记指示精神，精心编纂出版抗日战争档案汇编

中国人民抗日战争是近代以来中国反抗外敌入侵第一次取得完全胜利的民族解放战争，它开辟了中华民族伟大复兴的光明前景，在世界反法西斯战争中亦占有重要地位。早在 20 世纪八九十年代，本馆即根据学术界的需求，编辑出版了包括《抗日战争正面战场》《国民党军机密作战日记》等在内的一大批馆藏抗日战争档案史料，为推动海内外中国人民抗日战争研究的深入作出了重要贡献。

2015 年 7 月 30 日，习近平总书记在十八届中共中央政治局第二十五次集体学习时强调："深入开展中国人民抗日战争研究，必须坚持正确历史观、加强规划和力量整合、加强史料收集和整理、加强舆论宣传工作，让历史说话，用史实发言。""抗战研究要深入，就要更多通过档案、资料、事实、当事人证词等各种人证、物证来说话。要加强资料收集和整理这一基础性工作，全面整理我国各地抗战档案、照片、资料、实物等。"为深入贯彻落实总书记重要指示精神，国家档案局根据《全国档案事业发展"十三五"规划纲要》和《"十三五"时期国家重点档案保护与开发总体规划》的有关安排，决定全面系统地整理全国各级综合档案馆所藏抗战档案，编纂出版《抗日战争档案汇编》丛书，以翔实档案展现 1931 年九一八事变后，中华各族儿女十四年艰苦抗战、抵御侵略的全过程，揭露日本侵华暴行以及日本军国主义反人类、反和平的实质。该项目从 2016 年开始，预计全书出齐后1000 册。收录内容为县级以上档案馆收藏的 1931 年九一八事变至 1945 年抗日战争胜利期间国共两党的抗战档案，还有汪伪、伪满、伪蒙政权档案，日本侵华档案，同盟国援军的相关档案，包括政治、经济、文化、教育、日军暴行等方面内容。作为集中保存民国时期中央机关及其所属机构档案的中央级国家档案馆，二史馆馆藏抗日战争档案数量庞大、内容丰富，为配合编纂出版《抗日战争档案汇编》丛书，二史馆除承担了相关审稿任务外，还高度重视馆藏抗战档案的开发利用，在对卷帙浩繁的馆藏抗战档案进行全面梳理的基础上，精选军事、政治、外交、经济、文教等诸多领域的抗战主题，组织专业人员对相关档案加以编纂，经学术专家严格审核，已编辑出版了《一·二八淞沪抗战档案汇编》《长城抗战档案》《抗战军粮档案选编》《抗战兵役档案选编》《日本侵华战争时期播音记要》《日本对华调查档案资料选编》《日本对华调查档案资料续编》等 7 套计 280 册《抗日战争档案汇编》系列，为记录抗战历史、弘扬抗战精神作出了贡献。

《一·二八淞沪抗战档案汇编》。辑选馆藏国民政府行政院、军政部、参谋本部等机关形成的来往函电，以及战史编纂委员会编撰的"淞沪抗日战役史材"等重要文稿。为保证史料完整，亦将反映战事损毁与善后处置等相关内容的档案采择入书，时间更延续至停战协议达成数月之后。这些档案资料全面反映了一·二八抗战的详情经过，涉及事变前后中日双方态势、参战部队作战情况、各地民众支援抗日、国际社会调停经过以及《上海停战协定》的签订等重要内容。全书共 23 册，由金城出版社于 2019 年正式出版。

《长城抗战档案汇编》。全书共 30 册，由金城出版社于 2019 年正式出版。收录有《塘沽协定》中日文稿暨各方相关文电、中国各抗日部队阵中日记和战报、平津地区防御计划，以及《第十七军长城抗日画史》等记述长城抗战的综合史料，还编制有长城抗战中国军队战斗序列表附录于后，以便读者阅读和参考。

《抗战军粮档案选编》。全书共 20 册，由金城出版社于 2019 年正式出版。内容涵盖军粮总局及其所属各地分局、各战区军粮计核委员会及粮秣实验场（厂）等机构运行，军需署、军粮总局、各地兵站总监部等军粮管理、筹办、屯储、补给、运输及制造等诸多方面，系本馆首度出版该专题档案编研成果。

《抗战兵役档案选编》。全书共 30 册，由金城出版社于 2019 年正式出版。

所辑录的档案均为馆藏，较为全面系统地反映了 1937 至 1945 年间国统区役政实施状况，内容涉及抗战时期兵役方面相关组织机构、政策法规、役政会议、工作报告、宣传教育、监督管理、弊政改良等诸类事项，系本馆首度出版此类专题档案编研成果。

《日本侵华战争时期播音记要》。抗战时期为全面搜集日方情报，国民政府军事委员会军令部第二厅设立了专门监听日本广播的收音室，由数名谙熟日语的工作人员逐日监听、收译并摘记广播内容，编成《倭寇播音记要》印发国民政府高级军政官员参考，要求阅后即行销毁，故存留部分较具史料价值。全书共 77 册（含目录 2 册），由金城出版社于 2019 年正式出版，记录时间起于 1938 年 1 月 26 日，止于 1945 年 9 月 15 日，除少量日期存在缺漏外，内容均较连续完整，可细分为军事消息、政治消息、国际消息和社会消息等类，全方位反映了日本军国主义在侵华战争时期进行战争动员、对民众进行欺骗性宣传的历史事实。

《日本对华调查档案资料选编》。本书所选资料为馆藏日本南满洲铁道株式会社（以下简称"满铁"）及其所属机构档案，系满铁于 1913 年至 1943 年间在中国各地调查所得。全书含近 2.5 万页档案资料，按满铁下设的调查机构分册梳理，分满铁及其庶务部调查课、调查部、调查局、产业部、经济调查会、北满经济调查所、北支事务局调查室（部）、北支经济调查所、铁道总局等，共 50 册，由社会科学文献出版社于 2020 年 9 月出版。本书是学界研究满铁史、日本侵华史、中国近现代史不可多得的珍贵史料。

《日本对华调查档案资料续编》。本书为《日本对华调查档案资料选编》的续编，所收档案资料均为二史馆所藏，约 2.5 万页，分为 50 册，由社会科学文献出版社 2021 年 3 月影印出版。全书按调查机构、调查成书（册）时间依次排序。所涉调查机构有：青岛守备军、民政部、铁道部，满铁哈尔滨事务所调查课、天津事务所调查课、上海事务所调查课（室），中国驻屯军司令部乙嘱托班，华北开发株式会社，华北交通株式会社，"兴亚院"华北连络部、华中连络部。内容涵盖文化、产业、交通、工业、农业、经济建设、社会状况、人民生活水平等方面。

除上述列入《抗日战争档案汇编》的 7 种外，2012 年后，二史馆编纂出版的有关抗战档案史料还有：

《国民政府档案中有关抗日战争时期人口伤亡和财产损失资料选编》。中央党史研究室第一研究部、中国第二历史档案馆编，全 3 册，168 万余字，由中共党史出版社 2014 年出版。本书所收史料，均为二史馆所藏，分为全国抗战损失统计、经济事业损失统计、财政金融事业损失统计、交通邮政事业损失统计、文化教育事业损失统计、监察司法部门损失统计、全国部分地区战时损失统计等八部分，为研究中国抗战损失提供了极其珍贵的第一手档案资料。

《中国战区受降档案》。为纪念中国人民抗日战争和世界反法西斯战争胜利 70 周年，中国第二历史档案馆编纂了《中国战区受降档案》，并由南京出版社于 2015 年 8 月正式出版。该书共 12 册，收录档案文献资料 4800 余页。该书按照受降单位和受降区编排，分为 16 个单元，即中国战区受降，第一战区新郑地区受降，第二战区山西地区受降，第三战区杭州、厦门地区受降，第五战区许昌、郾城地区受降，第六战区武汉地区受降，第七战区潮汕地区受降，第九战区南浔地区受降，第十战区徐海地区受降，第十一战区平津地区、青济地区受降，第十二战区包绥地区受降，第一方面军越北地区受降，第二方面军广州、海南岛地区受降，第三方面军京（南京）沪地区受降，第四方面军长衡地区受降，以及台湾行政长官公署台湾地区受降。其主要内容则包括冈村宁次关于日军投降事宜与中国方面的来往电报，中国战区受降总报告，各地区受降报告，日军投降兵力、武器统计表，日军投降兵力分布图，等等。

《程瑞芳日记》。本日记作者程瑞芳时任金陵女子文理学院舍监和南京国际安全区第四区卫生组组长，日记时间自 1937 年 12 月 8 日至 1938 年 3 月 1 日，逐日记载了她目睹的侵华日军在安全区内金陵女子文理学院烧杀淫掠的暴行，以及她的心路历程，是第一部由中国人以亲历、亲见、亲闻形式记录下侵华日军南京大屠杀暴行的日记。日记由原件影印和中、日、英三种文字两部分组成，由南京出版社于2015年出版。

《日军罪行证明书》。南京出版社2015年出版。共收录二史馆所藏国民政府行政院战争罪犯处理委员会全宗中，91名侵华日军中下级军官战俘所供认的战争暴行自述，每篇附有供述者签字名章及指纹，涉及日军所犯的282件罪行，其暴行包括在战争中违背国际公约屠杀、虐待战俘，进行生化细菌战，以战俘囚犯进行人体实验，大量普遍地屠杀以及用各种惨无人道的方式虐杀平民、强奸妇女等各种性暴行，强征"慰安妇"，烧杀抢掠，掠夺资源文物、摧毁古迹，等等，其手段、方式、规模及恶果，令人发指，世所罕见。本书主要分为日文原文和中文译文两部分，影印出版。该书与中央档案馆编辑出版的《日本侵华战犯笔供》《中央档案馆藏日本战犯笔供选编》互为补充，为从加害者的视角研究侵华日军战争罪行提供了珍贵的第一手资料。

《沦陷区惨状记：日军侵华暴行实录》。本书所选史料为二史馆所藏《沦陷区惨状记》原件手稿，收录了孙俍工摘录的1937年7月至1939年12月间中国各类报刊所载侵华日军在沦陷区所犯各类暴行及其时评，范围包括北平、天津、上海、南京、山西、山东、河南、河北、江苏、浙江、安徽、江西、广东、湖北、湖南、福建、香港、澳门、金门等地。全书计88万余字，中国文史出版社2016年出版。

《国民政府抗战时期军事档案选辑》（上、下）。本书为国家出版基金资助项目、中国抗战大后方历史文化丛书之一，重庆出版社2016年出版，共收录二史馆所藏抗日战争时期军事档案计136万余字。

《国民政府抗战时期外交档案选辑》。本书为国家出版基金资助项目、中国抗战大后方历史文化丛书之一，重庆出版社2016年出版，共收录二史馆藏抗战时期中国外交档案文献计 66 万余字。

《国民政府抗战时期厂企内迁档案选辑》（上、中、下）。本书为国家出版基金资助项目、中国抗战大后方历史文化丛书之一，重庆出版社 2016 年出版，共收录档案文献 140 余万字。

《滇缅抗战》（上、中、下）。中国文史出版社 2019 年出版，115 万余字。本书所收史料，均选自二史馆馆藏，包括中国远征军第一路入缅作战、第十一集团军滇西守势作战、盟军反攻缅甸计划及部署、中国驻印军缅北反攻作战、中国远征军滇西反攻作战等，全面地记载了中国远征军赴缅作战的全过程，对研究中国抗日战争史具有重要史料价值。

《中国对日战犯审判档案集成》。该书由二史馆与上海交通大学战争审判与世界和平研究院东京审判研究中心合编，共 102 册，上海交通大学出版社 2020 年出版。抗战胜利后，为更有效地统筹战犯审判工作，国民政府特别组建战争罪犯处理委员会，该委员会在处理战犯案件过程中，生成大量原始档案。经整理出版的二史馆所藏关于战争罪犯处理委员会档案共 563 卷，约 5 万页，包含了处理战犯条例、办法及审判程序，战犯处理委员会会议记录，各审判法庭及相关委员会提审战犯的文件和起诉书、请愿书、供词、判决书、见证人名单以及审判记录等审判材料，还包括了地方法院、县乡公所等所存调查表、战犯名册，以及公审日本战犯的照片等。这是迄今所见最为完整、最为全面的中国战后审判文献，弥补了国内相关史料的欠缺，将会使抗战研究更为精进，具有较高的学术价值。

此外，在国家档案局的指导下，二史馆编辑的《世界记忆名录——南京大屠杀档案》（全 20 册）和《拉贝日记》影印本于 2017 年 12 月由南京出版社正式出版。《南京大屠杀档案》申遗成功并出版不仅是对日本右翼势力的有力反击，也是对南京大屠杀罹难同胞和幸存者的最好告慰，更是充分体现民国档案价值的经典之作。二史馆还与中国第一历史档案馆、福建省档案馆合编了《馆藏台湾抗日档案汇编》

10 册，由线装书局于 2016 年出版。

（三）学术研究有新突破

在中国特色社会主义新时代，二史馆编研工作者，继续利用馆藏民国档案独特优势，开展民国史研究，撰写了《民国档案研究》《民国行政区划研究》等一大批学术研究专著、数百篇学术论文和以馆藏档案为主要内容的普及性史学文章，继续编辑出版《民国档案》季刊，并上线了微信公众号"民国档案"，刊发《民国档案》发表的民国史研究论文和本馆学术研究信息。在此阶段，学术研究最突出的成绩是承担了"国民参政会档案文献整理与研究 (1938—1948)"与"中国远征军档案整理与研究"两项国家社科基金重大招标项目。

"国民参政会档案文献整理与研究 (1938—1948)"课题。本课题系 2017 年国家社科基金重大招标项目，为二史馆首次获得的国家社会科学基金重大项目，由二史馆副馆长曹必宏研究馆员任首席专家。国民参政会作为抗战时期全国最高咨询和建议机关，在抗日战争时期曾发挥了积极作用。系统整理、公布国民参政会档案文献，对于全面系统地研究国民参政会的性质、作用和演变历史，推进抗日战争史研究，促进海峡两岸对抗日战争研究共识的形成，总结国共合作经验，推动祖国统一，具有重要的学术价值和现实政治意义，也是贯彻落实习近平总书记加强抗战资料收集和整理指示的重要举措。本课题研究对象以二史馆所藏国民参政会档案文献为主，并广泛搜集全国各级档案馆和台湾相关档案机构所藏国民参政会档案，计划在五年内完成三项子课题，包括建立《中国第二历史档案馆馆藏国民参政会档案文献数据库》，编辑影印出版 80 ～ 100 册《国民参政会档案文献选编 (1938 年 7 月—1948 年 3 月)》，撰写《国民参政会参政员志》等。课题组成员以中国第二历史档案馆研究人员为主，同时邀请南京大学、吉林大学、江南大学等高校的专家学者参加。

"中国远征军档案整理与研究"课题。本课题系 2018 年国家社科基金重大招标项目，由二史馆馆长马振犊研究馆员任首席专家。1942 年至 1945 年，中国远征军奔赴滇缅战场，与盟国军队合作展开对日作战。经过三年的浴血奋战，中国远征军以伤亡近 20 万人的巨大牺牲，取得最后的胜利。中国远征军出国作战，是抗战史上的一次壮举，为中国人民抗日战争和世界反法西斯战争的胜利作出了杰出贡献。中国远征军档案的主体部分保存在二史馆，其余部分保存在云南省档案馆和重庆市档案馆，档案内容记述了中国远征军从出征、失利、转移、重组、整训到反攻胜利的艰难过程，是中国远征军滇缅抗战历史的真实记录。本课题立足于全面系统地整理、整合中国远征军档案，并对档案的内容与价值进行深入研究，分为三项子课题，包括建立"中国远征军档案数据库"，编辑出版《中国远征军档案汇编》，撰写出版《中国远征军档案研究》专著，预计在 5 年内完成。

总结：编研工作特点及经验

档案文献是党和国家特殊的文化资源。档案编研工作是档案事业的重要组成部分，也是档案信息资源开放、开发、利用的一种重要形式。作为国家级历史档案馆，做好编研工作，是党和国家赋予二史馆档案编研者的神圣职责。对于档案编研的定义和工作内容，老一辈全国档案编研知名专家、二史馆编研部原主任方庆秋研究馆员曾有过较为精辟的论述："所谓编研工作，有两种含义：编，当为整理、编纂之意，即本着历史档案馆的属性，根据馆藏档案的实际情况和社会需要，按照一定的选题，有目的有计划地编辑出版档案史料，提供利用，是属于基础工作范畴。研，顾名思义，当为研磨、探讨、穷究之意，也就是说，利用一定的档案资料，对某一事物研究辨析，以求得其本质属性和客观规律的了解认识。具体地说，研，可以是指对某一档案文件的考证、辨伪等；也可以是指对某一历史事件或历史问题的研究，探索其发生的原因、经过、结果和影响，这就是通常所说的历史研究范畴。简要地说，编，即是整理、编辑出版档案史料；研，即是利用档案资料，研究历史。历史档案馆的编研工作，可以说是档史结合运用的过程。这个过程通常分为两个步骤：第一步，是档史的一般性结合，即依靠并运用历史知识，进行历史档案的收集、整理、编目、撰写全宗介绍以及档案史料的编辑出版。这一步，既是档案馆的基础工作，也是历史研究的基础工作(即史学研究第一步)。第二步，是档史的高层次结合，即利用档案史料，进行历史研究，撰写有关史学论著。编研人员在完成第一步的工作过程中积累了智力成果，如熟悉了史料，对某一历史问题或历史事件的发生、发展逐步形成了自己的基本见解(基本论点)和某种框架设想。于是在这种智力成果的基础上进一步加工撰写有关史学专著或论文，自然是水到渠成、顺理成章的事。"这不仅是方庆秋先生自身的工作经验总结，也是本馆编研工作之经验。

综观本馆70年的编研工作，具有以下几个特点：

第一，以馆藏档案史料为主，根据社会需求，编辑出版档案史料，为政治和学术研究服务，满足不同层次读者的需要。

本馆领导和编研人员深知，作为国家历史档案馆，不同于一般历史研究机构，其编研工作应立足于馆藏档案，充分利用馆藏档案的优势，根据党和国家及学术研究的需要，适时选编档案史料，并开展学术研究。因此，除部分合编资料集外，本馆所编资料集的内容均为馆藏第一手档案资料。

同时，在档案史料的选编上，坚持为党和国家大局和学术研究服务的原则。例如，《中国现代政治史档案资料汇编》即是为了给中央编中共党史提供反面资料而编；而《中华民国史档案资料汇编》则是"为了适应中国近现代史的科学研究与教学需要"，同时也是为了响应国家档案局"工作基础较好的档案馆，要着手进行档案史料的编研工作，研究档案内容，汇编档案史料，参加编史修志，为历史研究服务"的号召；精心编纂《抗日战争档案汇编》更是落实习近平总书记深入开展抗日战争史研究的具体体现。

第二，坚持"编研结合，以编为主，以编带研，以研促编"的工作方针，将编研工作有机地结合起来。

国家历史档案馆，不同于一般的综合性或专业性档案馆，要做好档案工作，就必须熟悉档案的内容，开展历史研究。南京史料整理处第一任主任王可风就是一位历史学家，在领导征集、整理档案及编纂出版档案史料等工作之余，还充分利用档案史料，撰写学术论文。其后，本馆历任领导都保持和发扬了这一优良传统。在参与历史研究过程中，广大编研人员加深了对馆藏档案价值的认识，提高了业务水平和学术研究能力，并进一步促进了档案资料编纂水平的提高。

第三，积极与社会各界合作，将独自编纂与合作编纂紧密结合起来，以适应社会不同需求。

20世纪80年代以来，随着全国范围修史编志热潮的兴起，本馆利用馆藏优势充分抓住契机，在编纂《中华民国史档案资料汇编》等工作的同时，与有关学术机构和修志部门联合编辑出版了一批馆藏档案资料。主要有：与中国藏学研究中心合作编辑出版了大批民国西藏档案史料；与财政部财政经济研究所合作编辑出版了多卷本的民国财政经济档案史料；与中央档案馆、吉林省社会科学院合编了《日本帝国主义侵华罪行档案资料选编》；与海峡两岸出版交流中心（九州出版社）合作编辑出版了《台湾光复档案》《馆藏民国台湾档案汇编》；与南京大学中华民国史研究中心合作编纂出版了《南京大屠杀史料集》；等等。

第四，把社会效益和经济效益结合起来，在考虑经济效益的同时，始终将社会效益放在首位。

历史档案资料的读者面相对较小，编研人员花费数年之力编纂完成后，往往不但不能取得经济效益，出版还得补贴，这也在一定程度上挫伤了档案馆和编研人员编辑出版档案史料的积极性。但编纂档案史料是保存和传承中华民族文化遗产的一个重要方面，也是作为国家级历史档案馆义不容辞的社会责任，因此在考虑经济效益的同时，本馆始终将社会效益放在第一位。

2018 年 1 月，中共中央政治局委员、中共书记处书记、中央办公厅主任丁薛祥同志在中央档案馆国家档案局调研时强调，要充分挖掘档案价值，把档案信息开发利用工作与学习宣传贯彻习近平新时代中国特色社会主义思想和党的十九大精神结合起来，与传承红色基因、弘扬革命文化结合起来，与深入开展"不忘初心、牢记使命"主题教育结合起来，努力推出更多优秀档案编研开发成果并加大宣传力度，进一步提高档案工作围绕中心、服务大局的能力和水平。这就为我们做好新时代的档案编研工作提供了根本遵循。

今后，我们将牢记"为党管档，为国守史，为民服务"的使命，认真学习贯彻落实十九大精神，按照习近平总书记及其他中央领导同志对档案工作、历史学习与研究、文化遗产保护等重要指示批示的要求，站在文化自信的高度，以服务国家大局为依归，满足人民群众文化需求为导向，深化挖掘和利用民国档案信息资源，创新工作方式，在为新时代文化建设服务工作中，取得新的更大的成绩。

主要参考资料：

1. 中国第二历史档案馆办公室藏 1951—2020 年档案。

2. 施宣岑、华明编：《王可风档案史料工作文集》，北京：档案出版社，1989 年。

3. 方庆秋：《档史结合的硕果 珍贵的百卷巨帙——〈中华民国档案资料汇编〉编后絮语》，《民国档案》，2000 年第 4 期。

（曹必宏撰稿 郭必强为本章提供了部分资料）

┃ 第八章 ┃

期刊编辑

杨树达说："温故不知新者，其人必庸；不温故欲知新者，其人必妄。"学术期刊的成长，恰如学人学业之精进，不断地回顾、展望与总结，有助于拒绝平庸，远离虚妄。《民国档案》办刊 36 年间，不同时段、不同范围、不同场合下以"温故知新"为目的的回顾、研讨已有若干次。一些重要的总结性回顾亦曾公开刊发，向上级机关、主管单位领导汇报，向学界同仁及广大读者、爱好者请益。2021 年，适逢主办单位中国第二历史档案馆建馆 70 周年，期刊工作亦恰好走过 36 年，在这个值得纪念的年份总结《民国档案》的办刊历程，不仅是要向主办单位中国第二历史档案馆 70 年馆庆献礼，同时也是要对前辈同仁的艰辛探索表示敬意。需要说明的是，本章的主旨是回顾期刊编辑部的工作，并不是要对《民国档案》创刊以来所发表的史料、论文作全面评估。

一、缘起

早在 20 世纪 50 年代，二史馆的创始人王可风同志即已有创办一个期刊、定期公布档案史料、服务社会各界的设想，但因建馆伊始，百废待兴，且囿于人员、经费、体制机制诸因素，加之"文化大革命"等政治运动接踵而至，可风同志的设想一直未能实现。党的十一届三中全会以后，随着党和国家工作重点的转移，以经济建设为中心的社会主义现代化建设蓬勃发展，社会各方面，尤其是学术界要求开放历史档案的呼声越来越高。1979年6月，在全国人大五届二次会议上，一些学术界的代表提出议案，呼吁尽快开放历史档案。次年3月，经中共中央、国务院批准，国家档案局提出《关于开放历史档案的几点意见》，对历史档案的开放作出了原则性规定。为落实文件精神，中央办公厅向中央报送《关于积极开展档案利用工作的请示报告》。5月19日，中共中央书记处在中南海怀仁堂召开会议，讨论中央办公厅的报告，就历史档案的逐步开放问题作出了决定。

为落实中共中央关于开放历史档案的决定，更好地服务社会各界，满足社会各界对档案的需求，经国家档案局同意，中国第一历史档案馆、中国第二历史档案馆于1981年初共同创办了《历史档案》。在杂志的创刊号上，新中国档案事业的拓荒者、时任中央办公厅副主任的曾三同志发表了《祝历史档案创刊》一文，就创刊的目的和刊物走向作了说明："……社会主义现代化建设的各个方面特别是学术研究、史学研究，迫切要求大量地系统地利用历史档案，为了适应客观上需要，中央已经批准国家档案局提出的关于开放历史档案的方针，即将一九四九年全国（除台湾尚未解放）解放以前的历史档案（民国档案、日伪档案、清朝档案、明朝档案等），除极少部分限制在一定业务范围内使用外，向国内史学部门和有关科研部门开放。这是档案部门由偏重保管档案向收集、保管、整理和利用档案全面发展，并以开展利用为目的的业务方针的一个大转变。这个方针的提出，是档案战线上拨乱反正、解放思想的一个重要成果，是繁荣祖国科学文化事业的一项重要措施。我们历史档案工作者的任务，就是要为贯彻执行这个方针而努力。""创办这样一个刊物，对于贯彻执行开放历史档案的方针，促进历史档案的管理工作，为学术研究和史学研究服务，是十分必要的。""《历史档案》杂志，要认真地贯彻执行中央批准的关于开放历史档案的方针，有计划地公布历史档案，同时，还要发表一些有学术价值的历史研究论文，刊登一些介绍历史档案的文章，以及做好历史档

案的管理工作和利用工作的经验，以促进历史档案工作更好地为社会主义现代化建设服务，为学术研究服务、为史学研究服务。"曾老的谆谆教诲，为中国第二历史档案馆的期刊工作指明了方向。

刊物编辑部由中国第一历史档案馆、中国第二历史档案馆共同组建。稿件的组、编、发、校，系在分工协作（二史馆负责民国部分、一史馆负责明清部分）、相互监督、共同负责的原则下进行。刊物主体栏目为档案史料和史学论文，此外尚有读档随笔、考证辨析、档案馆介绍、工作报道等。很显然，刊物的格调格局显示了鲜明的时代特色。以"档案馆介绍"为例，其基本内容无非是档案馆简要历史、馆藏特点、基本服务等，拿今天的"后见之明"来衡量，任何一个编辑也不会对此类文章青眼独开了。但在当时的环境下，很多读者甚至包括学界的领军人物，对这类文章都十分欢迎，因为社会各界对档案馆均较隔膜，迫切希望对档案馆有一个基本的了解，而档案馆自身也愿意向社会展示自己。从这个角度来说，中国第二历史档案馆的期刊工作从起步阶段即有服务社会、服务时代的特点。我们今天检视那些已经泛黄的"过刊"和前辈编辑们亲手加工、已编号归档的老稿件，能够非常清晰地体会到36年间学术语境的变迁脉络，正仿佛人们从飞沙、麦浪、水波里看到风的姿态。

1985年初，经广泛酝酿，中国第二历史档案馆和中国第一历史档案馆决定各自办一个刊物，一史馆继续办《历史档案》，二史馆则另办一个《民国档案》，两个刊物的分工是，前者侧重明清档案，后者侧重民国档案。

创办《民国档案》是一个非常慎重的决定。首先，档案界贯彻执行开放历史档案的方针以后，社会各界对档案的需求得到极大的释放，民国档案因时段较近，更是备受关注，作为全国集中典藏民国档案的基地，二史馆对此有很深的体会。可以说，创办《民国档案》仍是贯彻执行开放历史档案方针的需要。其次，20世纪80年代初期，民国史研究作为一门新兴的学科，已有从"险学"步入"显学"的迹象，高校、党校、部队、各级社科院、党史办、方志办均有大批人士涉足这一领域，研究队伍之庞大，在人文社科界蔚为奇观。学科的勃兴，迫切要求档案界有计划地公布档案史料，正本清源，还原民国史的本来面目。与此同时，一些学界同仁也热切盼望有一个阵地，交流学术心得。再次，中国第二历史档案馆通过与一史馆合办《历史档案》，积累了一定的办刊经验，对于独立主办一个杂志，已很有信心。

1985年8月，《民国档案》创刊号正式与读者见面。创刊号有一篇简短的"发刊词"，阐明办刊宗旨和努力方向。"海内外对于民国史的研究，现在正是方兴未艾。本刊的宗旨正是为民国史研究提供档案史料，以发表民国档案为主，兼为民国史研究论文提供发表园地，并且联系海内外学者，沟通学术交流，繁荣民国史研究。""本刊将在档案界和史学界之间起桥梁作用，沟通和促进档案工作者和史学工作者的紧密结合，共同来开发历史档案信息资源，探索研究史料，交流学术成果。"曾三同志也发来贺词："民国档案是从辛亥革命到中华人民共和国的建立这一时期的历史档案，是研究中国革命史非常重要的珍贵史料。我们应当重视它，做好收集保管与整理研究工作。我希望全国的历史工作者和档案工作者团结起来，共同努力做好这一工作。"如果把《民国档案》的发刊词与曾三同志为《历史档案》撰写的贺词相比较，不难看出，虽然时间仅仅过去五年，但历史档案馆的工作环境已发生明显变化。在《历史档案》创刊时，历史档案是"向国内史学部门和有关科研部门开放"，而到了《民国档案》创刊，则已强调"海内外"，开放的步伐已有比较大的变化。此外，《民国档案》对于档案界与史学界的合作也更加关注，反复强调杂志以发挥"桥梁作用"为己任，而《历史档案》则更多地强调"为历史研究服务"。这个微妙的变化今天已很少为人提及，但它恰恰反映了历史档案工作者在改革开放初期对自身使命的思索与理解。

二、编校工作回顾

1985 年 8 月，《民国档案》编辑部正式成立。编辑部由主编、副主编、三名编辑、两名编务组成。为了办好这个期刊，编辑部采取了两条措施：一是规范来稿处理、编校流程，用制度规避人为因素对期刊产生负面影响；二是主动出击，邀请名家助阵，提高期刊的知名度。关于第一点，当时编辑部曾制定《〈民国档案〉稿件登记、分发、归档规定》《〈民国档案〉编校工作流程》等，这些制度后来虽在不同时段根据新闻出版部门的要求有所调整，但其基本精神其实在创刊时即已奠定。关于稿件的登记、分发、归档等，这里想强调一点，这项工作看起来琐碎，但对《民国档案》这样的档案史料期刊来说却不可小视，因为《民国档案》半数以上的稿件为档案史料。依照相关规定（创刊时《中华人民共和国档案法》尚未颁布），档案史料的公布权为档案馆，《民国档案》刊发档案史料，系授权公布。质言之，《民国档案》刊发任何一件档案史料，即使是片言只语，也要履行组织程序。为确保期刊在公布档案方面不出任何问题，所有因履行程序而产生的文本，都必须妥善保存，以备日后查考。

学术界对《民国档案》非常关注。很多著名学者不仅纷纷来电来函询问刊物筹备情况，为刊物定位、发展方向甚至是栏目设置献计献策，还将自己的最新研究成果投放期刊发表（当然，这与编辑部主动出击、虚心请益有关）。创刊后前两期，《民国档案》发表了高平叔《蔡元培与张元济》、胡绳武《民初会党问题》、廖盖隆《从抗日战争胜利谈到争取第三次国共合作》、杨天石《孙中山和中国国民党改组》、李新《〈中华民国史纲〉序》、来新夏《北洋军阀史研究札记三题》、王淇《第二次国共合作的历史回顾——为纪念抗日战争胜利四十周年而作》等，名家毕聚，提升了期刊在学界的影响。

名家助阵对新生期刊扩大影响虽有一定作用，但期刊能否在学界长久立足，归根结底，还是要看它能否践行学术使命。今天，很多人在论及期刊的生命力时，往往会不约而同地喊出"内容为王"的口号，《民国档案》并没有在任何一个场合喊这样的口号，但在36年的办刊实践中却一直将其奉为圭臬。《民国档案》的核心内容为档案史料，史料稿的刊布以学术价值为唯一标准。只要能为学术研究提供某种启示，或切实能解决某个学术问题，无论是一件公文、一份私函、一组统计表，或是一件碑帖、一张照片，均可刊登，并不设置体裁、篇幅限制。试举几例。华北事变后，日本"华北驻屯军"为谋求独占华北的经济利益，试图压迫冀察行政当局签订"华北经济开放协定"（即"中日经济提携八项原则"）。传统观点认为，该协定已由宋哲元与田代皖八郎于1936年10月正式签字，如梁寒冰、魏宏运主编之《中国现代史大事记》（黑龙江人民出版社1984年6月版）1936年10月1日条载："宋哲元与日本华北侵略军司令田代订立'华北经济开放协定'。"而《民国档案》1986年第4期刊载之《国民政府行政院有关"华北经济开发"致实业部函令三件》内"宋哲元感电"则称："南京。行政院院长蒋钧鉴：密。中日经济提携日方提出已久，迄未与议。职上月在津与田代司令官面谈关于开发经济互换意见，在平等互惠、共存共荣之原则上，曾有彼此谅解，为将来宜办之事项，并无如外传协定等事……"，使这一传统观点得以纠正。又如，1990年代初，《陈洁如回忆录》在台北出版后，曾引起较大反响，但对于该《回忆录》的史料价值到底如何评估，学界众说不一，许多人持保留态度。《民国档案》在1993年公布了《陈洁如旅美期间致朱逸民函件摘录（1927—1931）》，并发表专稿《〈陈洁如回忆录〉质疑》，对《回忆录》叙事失实之处予以澄清。再如，侵华日军南京大屠杀作为民国史的一个重要课题，其研究的深度与学术影响，与档案资料开放的程度关系甚大。中国第二历史档案馆在推进该课题研究方面所付出的努力一向为学界称誉，《民国档案》在公布相关档案资料、引导学者关注这一课题方面应该说也有一定贡献。其中，《满铁档案中有关南京大屠杀的一组史料》（1994年第2、3期）刊发后，不仅受到学界的重视，在学界之外也引起强烈反响，《人民日报》、新华社、《解放日报》《文汇报》《新华日报》《南京日报》《扬子晚报》及美国《侨报》、德国《新闻周刊》等海内外媒体均作了报道。

除了公布档案史料外，《民国档案》的另一个重要使命是为学界同仁发表学术心得提供园地。创刊至今，刊物发表的论文亦已逾千万字。关于论文的编校工作，这里谨简要说明以下几点：

第一，关于弘扬良好学风。良好学风是学术研究的生命线，任何一家学术期刊，都会声称自己以维护良好学风为己任，但是否真正做到了这一点，话语权应该交给作者和读者，编者毋庸多言。这里谨交代一下编辑部的几点做法。一是坚持集体审稿和外审。仲长统说："天下学士有三奸焉：实不知，详不言，一也；窃他人之记以成己说，二也；受无名者移知者，三也。"编辑受自身学识、人际关系、工作环境诸因素影响制约，审稿过程中的眼拙现象，很难避免。如何解决这个问题？除了要求编辑努力提高自身素质如《中庸》所言"有弗学，学之弗能，弗措也。有弗问，问之弗知，弗措也"外，还要有制度约束。这个制度就是集体审稿和外审。《民国档案》自创刊后，一直坚持集体审稿，老主编施宣岑、陈鸣钟曾拿《易·乾·文言》"君子学以聚之，问以辨之"来说明编辑部集体讨论稿件的重要性。关于外审，创刊之初，因编辑部人手有限，加之 36 年前稿件传递不如现在这样快捷，只有重要稿件才邀请相关领域的专家审阅。1995 年以后，绝大多数稿件均送请外审。事实证明，集体审稿和外审制度对于提升期刊的学术质量有非常大的作用。二是杜绝人情稿、关系稿，坚拒版面费。关系稿、人情稿对学术期刊所造成的困扰，曾业英先生曾在《〈近代史研究〉三十年之路与未来走向》（《近代史研究》2009 年第 5 期）中列举一些鲜活的事例，厌恶之情溢于字里行间。学术期刊不能脱离学术环境，受时风熏染，当然会有一些关系稿、人情稿试图向《民国档案》渗透。值得欣慰和珍视的是，在杜绝人情稿、关系稿方面，主办单位中国第二历史档案馆的历任领导都给予了强有力的支持，创刊至今，从未发生所谓"领导稿"（事实上，困扰期刊的人情稿很多都是"领导稿"）现象。至于版面费，自创刊以来，即有一些作者或以个人名义，或以集体名义，用种种方式诱惑、骚扰。不过，最近几年，来电来函或本人亲至编辑部谈用金钱换版面者已基本绝迹，因很多人已从不同渠道了解到这是《民国档案》的"红线"。三是公平对待每一位学者，既重视名家前辈，又注意提携青年才俊。创刊之初，为提升刊物的知名度，曾有诚邀名家助阵之举，但也同样重视刊发青年学者的研究成果。学术梯队的新陈代谢是自然规律，青年学者的成长，离不开自身的努力，亦离不开学术期刊、出版界的扶持。一位现在已经很有成就的学者曾在很多场合提及，他投身学界、选择民国史研究为终身职业，与《民国档案》发表其大学本科阶段的习作很有关系，虽然事隔20余年，但当初收到《民国档案》的用稿通知和清样时的激动心情仍不时浮现，历历在目。据初步统计，向《民国档案》自发投稿的作者，1995年以前，约占总收稿量的三成，总发稿量中，青年学者约占二成。到了2000年，总发稿量中，青年学者稿件已占四成。近几年中，更是高达五成，部分年份甚至突破六成。正因为如此，许多高校、研究机构均将《民国档案》视为青年人的良师益友，鼓励踊跃投稿，而《民国档案》也乐于充当人梯，并将此视为刊物对学科建设的贡献之一。

第二，关于期刊栏目设置等问题。王若虚在《滹南遗老集》卷三七《文辨》中说："或问：'文章有体乎？'曰：'无。'又问：'无体乎？'曰：'有。''然则果如何？'曰：'定体则无，大体则有。'"多年以来，《民国档案》对于作者投稿，从不设置体裁限制，但坚持必须符合学术规范。不拘体裁，正是昭示"定体则无"；坚持学术规范，则属"大体则有"。为了编排方便，期刊必须设置栏目，容纳不同体裁、类别的文章。创刊至今，已开设的栏目计有"民国机构""民国人物志""年表年谱""民国史大事记""史料摘编导读""史料辨析史事备考""读档随笔""读史札记""馆藏介绍""书评""研究综述""馆务工作研究"等。

其中，"年表年谱"和"民国史大事记"只开办了两年，"民国机构""民国人物志"亦在 1995 年以后取消。这四个栏目从开设到弃用，一方面反映了民国史学科从起步到走向成熟的发展轨迹，另一方面也体现了《民国档案》关注学界动态、致力推动学术研究的努力。关于这一点，刊物曾在中国第二历史档案馆建馆 50 周年馆庆时向社会各界坦陈："《民国档案》创刊的时候，民国史这一学科刚刚摆脱'险学'的处境，许多基本的史实，尚亟待澄清。有鉴于此，编辑同仁在栏目设置上煞费苦心，除论文、史料辨析、读档随笔等基本栏目外，尚辟有民国人物、民国机构、大事记、名人年表、年谱等。我们的想法是：《民国档案》不仅是同行们交流心得的园地，还应该起到案头工具的作用。"随着民国史研究逐步走向深入，20 世纪 90 年代中后期，出版界对出版民国史工具书寄予很大的热情，《民国档案》已没有必要刊发此类文章，腾出版面刊发其他文章已顺理成章。总而言之，期刊栏目设计，并非一成不变，应该根据社会需要适时调整。

第三，关于版式、装帧与"四封"设计等问题。此类工作似乎一直遭到学术期刊的蔑视或忽视。由于编制所限，《民国档案》创刊至今一直没有配备专职美编，但这并不表明编辑部轻视此类工作。因为做好此类工作，不仅可增加期刊的外在美感，更是期刊尊重作者、尊重读者的体现。值得欣慰的是，编辑部的努力，得到了社会的认可。2008 年度，《民国档案》在江苏省新闻出版局组织的期刊封面设计评比中荣获一等奖。

三、但开风气与硕果仅存

中国档案界主办的期刊，依办刊宗旨不同，大体上可以分为三类：一类属工作指导性期刊，如《中国档案》《档案与建设》《档案工作》《兰台世界》《上海档案》《浙江档案》《山东档案》等；一类属档案学理论期刊，如《档案学研究》《档案学通讯》；一类为档案史料类期刊。从服务对象或受众群体来看，工作指导性期刊和档案学理论期刊直接为档案界服务，档案史料期刊的服务对象则不仅有档案界，同时还有以历史学界为主体的学术界与广大的爱好者。此外，从办刊历史来看，工作指导性期刊、档案学理论期刊在改革开放前早已存在，档案史料类期刊则是中国实施改革开放国策、贯彻开放历史档案方针的产物（如本章"缘起"部分所述）。总之，在中国第一历史档案馆、中国第二历史档案馆介入期刊工作以前，中国并没有一家以公布档案史料为己任的期刊。也正是因为这个缘故，在很多次档案期刊年会或研讨会上，一些兄弟期刊总会用"开风气之先"来赞誉《民国档案》的创办。

20世纪80年代中期到90年代末，中国档案界有一个编研工作的空前发展期，不仅各档案馆增加编研人员编制、争取编研经费、上马编研项目蔚然成风，国家档案局也印发《中央、省（自治区、直辖市）和计划单列市国家综合档案馆考评内容与评分试行细则》，将编研工作列为档案馆考核评级的重要指标。在这种环境下，全国档案史料期刊迅速由《民国档案》《历史档案》两家发展到10余家（这一时期创刊的档案史料期刊有《档案与史学》《档案与史料研究》《江苏档案史料》《北京档案史料》《山东档案史料》《云南档案史料》《贵州档案》及中央档案馆与中央文献研究室合办的《党的文献》等）。这一时期，《民国档案》的栏目设置、编辑风格甚至是对史料、论文的处理方式，对同类期刊有明显的示范作用。试举一例。关于档案史料中"等因奉此""等情奉此""各等因奉此"及电文中韵目代日与机关、长官相连时究竟应如何句读，经常会有兄弟期刊来电来函询问，有人甚至以《民国档案》已刊发的档案史料为研究对象，就此问题发表专文。

90年代末，档案界以档案馆应否从事历史研究为议题，展开了热烈讨论。这次讨论波及人员之众、发表文章之多为新中国档案事业史、档案学说史所仅见，且对日后档案馆工作产生了深远影响（参见《档案学研究》1992年第2期）。进入新世纪的前几年，缩短编研战线、加强档案基础工作成为档案馆业务工作的主题，加之档案馆事业经费普遍不足，档案史料期刊遭遇空前生存压力。到 2003 年年底，档案史料期刊停办殆尽，只有"但开风气"的《民国档案》和《历史档案》仍一本初衷，继续服务学界。尤有进者，《民国档案》的版面还有所扩大，由创刊时的标准 16 开、136 个页面、四封单色印刷提升至大 16 开、144 个页面、四封彩色印刷。期刊作者、读者如有默诵"彼黍离离"者，当能深切体会中国第二历史档案馆在服务社会、促进档案界与学术界合作方面所付出的努力。

四、不虞之誉与未达之知

以上对《民国档案》编辑部的工作进行了回顾。简要地说，编刊是一种奉献，默默无闻，为人作嫁，甘作人梯。当然，有耕耘就会有收获，经过多年积累，不虞之誉每每亦会不期而至。36 年来，经过几代办刊人的努力，《民国档案》已经成为展示民国档案史料、开展民国历史研究的重要平台。目前，已出刊 140 余期，公布民国档案史料 1300 余万字，发表民国史论文 1600 余篇，计 1800 余万字，并先后被评为全国中文核心期刊、中国人文社会科学核心期刊、中文社会科学引文索引（CSSCI）来源期刊、人大复印报刊资料重要转载来源期刊、最受海外读者喜爱的中国期刊等荣誉，在海内外具有较高的知名度。《民国档案》刊发的档案史料，很多已被列入"中国档案珍贵遗产"，这意味着期刊已在中国传统文化的传承中留下印迹。2005 年第 2 期刊发的档案史料《馆藏连雅堂先生复籍更名档案一组》，档案原件仿真件由中共中央总书记胡锦涛作为特殊礼物，在国民党代表团访问大陆时亲手赠送连战，这表明期刊的影响已溢出学术圈外。

未达之知是不虞之誉的伴生物。中国第二历史档案馆的期刊工作已有 36 年历史，《民国档案》已超过百期，其中的成败得失，读者自有公评，编者无自谦的必要，更无辩解的余地。这里谨将期刊工作不远的将来可能要面临的困惑提出来，向所有关心《民国档案》的领导、作者请教。其一，从期刊生存的外部环境来看，

"期刊转企"似已是箭在弦上，为期不远。放眼世界，学术期刊因市场狭小，依靠自身收入维持，还没有先例，在私募学术出版基金还没有形成气候的中国，维系学术期刊发展的经济基础究在何方？此未达之知一也。其二，从期刊生存的内部环境来看，2005 年以来，档案事业管理体制发生深刻变化，全国各级各类档案馆均实施参照公务员管理，从体制机制来说，"参公单位"并无主办期刊的职责，学术期刊于此应如何应对？此未达之知又一也。当然，任何一项工作，总是在困惑与奋起中前行，《民国档案》有主办单位强有力的支持，作者、读者的关爱，同仁的努力，相信她一定会越办越好。

五、主动谋划，未来可期

近年来，随着信息技术的迅猛发展，《民国档案》作为传统媒体，既面临挑战，也充满机遇。新形势下，《民国档案》打算积极谋划，变危机为动力。

一是围绕重大社会热点，服务国家中心工作。本刊围绕党和国家中心工作，结合学术研究前沿，积极主动做好档案资料服务，突出原创性、创新性和学术引领性，为政府决策、学界研究提供重要参考和可靠依据。近年来，本刊已精心策划了"抗日战争研究""审判日本战犯研究""西安事变研究""金融史研究""五四运动与近代中国"等专题研究，刊发民国史研究的最新成果，在民国史学科建设中发挥了重要作用，得到学界的高度认可与好评，取得了显著的社会效益。例如，2021 年是中国共产党建党 100 周年，本刊积极筹划，增设"中共党史研究"专栏，刊登研究新民主主义革命时期中共党史的最新成果。

二是加强海峡两岸交流、做好文通工作，发挥积极作用。本刊发挥民国档案史料这一优势，一经创刊即在对台"文通"、促进海峡两岸文化交流工作方面收到了一定的成效。台湾《传记文学》1988 年 10—12 月号上以《陈诚失落的回忆资料》为名，全文转刊了《民国档案》上公布的《陈诚私人回忆资料》，并在编者按中指出资料为中国第二历史档案馆所发现，文尾标出"本文原载《民国档案》"。转载《民国档案》公布的史料前已有之，但加编者按说明来源于本刊还属首次。《传记文学》发行人刘绍唐还委托人寄来所发行之刊物，提出与本刊交换有关资料。此类交往交流也扩大了本刊及主办单位在台湾地区的影响。台湾《传记文学》和《自立早报》都曾分别报道过本馆。目前，本刊与台湾中研院近代史所、孙中山纪念馆、台湾政治大学等多家学术研究机构、高校保持联系，定期交换期刊资料等，并与台湾学者进行档案文化交流，在两岸文通方面发挥了本刊的独特作用。今后，本刊将继续加强海峡两岸交流、做好文通工作，发挥积极作用。

三是加强对外交流，拓展办刊视野。向档案界、史学界、期刊同行学习，是提高办刊质量的有效捷径。为此，杂志社采取"走出去，请进来"的方式，积极参加学术讨论会，加强期刊活动，以拓展办刊视野。一是走出去，尽可能地多参加期刊或学术交流会，在可能的情况下，主编、编辑都尽量参加。二是请进来。本刊积极组织会议，邀请全国档案界、史学界、期刊界，畅谈交流学术及办刊经验。2020年11月20—22日，本刊成功举办了"《民国档案》创刊35周年暨民国史学术研讨会"，来自北京大学、中国人民大学、南京大学、武汉大学、吉林大学、中国社科院近代史研究所等近20个高校和学术机构的学者，以及《中国档案报》《中国档案》《历史档案》《抗日战争研究》等近十家报刊的编辑，共50余人参加了此次研讨会，就如何提升期刊的学术性、前瞻性进行了广泛交流。

四是主动应对传播新环境，推动传统媒体与新媒体融合发展。本刊积极主动应对现代信息社会传播环境的变化，通过互联网技术等，推动传统媒体与新媒体融合发展，不断提升期刊的传播力、影响力。本刊根据合作协议按期向中国学术期刊电子杂志社、中国人民大学书报资料中心、中教汇据科技有限公司等合作单位提供电子文件，完善期刊网络查阅平台；推出运营"民国档案杂志"微信公众号，促进本刊的编辑、出版、服务、宣传等方面工作。

五是加强编辑人员专业素质培训和队伍建设。本刊现有人员7人，研究生学历4人，本科学历3人，其中正高职称2人，副高职称1人，中级职称2人。本刊先后有4人被选拔为江苏省"333工程"培养对象。我刊将继续加强业务培训，强化编辑人员的政治责任，提高编辑技能，增强理论素养，打造一支政治站位高、能力强、业务精的编辑队伍。

《民国档案》已经成为展示民国档案史料、开展民国历史研究的重要平台。《民国档案》所取得的成绩离不开中央办公厅、中央档案馆国家档案局的关心和指导，也离不开档案学界、史学界、期刊界的支持。在主办单位强有力的支持下，在各界专家学者的关爱下，在各位同仁的努力下，相信《民国档案》一定会越办越好。

（戚如高、蒋梅 撰稿）

| 第九章 |

保护技术

    档案保护技术工作是确保档案长期安全保管的重要基础工作，是实现档案事业可持续发展的必要基础和条件。南京史料整理处成立之初，档案保管条件较差，档案安全保管工作成为处里的一项重要工作，库房维修、安全巡查、通风控湿、防虫杀虫等保护工作成为档案安全保管工作的主要内容。1964年改隶国家档案局后，保护技术工作在原来的基础上有了进一步的丰富和发展，温湿度控制、缩微复制、档案修复、虫霉防治、档案复制和库房建设等成为档案保护技术工作的主要内容。根据档案保护技术工作的性质和特点，结合二史馆档案保护工作发展的实际情况，我们将档案保护技术工作归纳为库房环境控制、档案修复、档案复制和科研工作四个方面的内容进行回顾和总结。

一、库房环境控制工作

    库房环境控制工作主要包括温湿度控制、档案虫霉防治、档案消防安全管理和库房空气质量管理等工作。

（一）温湿度控制工作

    适宜的温湿度是保证档案长期安全保管的重要条件，库房的温湿度控制工作一直是本馆档案保护工作的主要内容。史料整理处成立之初，就注意到库房的温湿度问题，保管员经常检查库房的情况，注意通风，防止档案潮腐。在调节库房温湿度的同时，还注意对档案安全保管方面的问题进行分析和总结，不断提高档案保管工作水平。1955年，档案保管组上半年工作总结中写道："对库房空气流通要注意天气，夏天西南风和秋季东南风时空气压力较大，容易还潮，门窗不能常开，或者不开，如春冬两季要注意西北风，收扫力太强，灰尘又多，如果不注意对档案也有损失。"1958年1月，档案保管组在五年来（1953—1957）的工作总结中讲道："我组在档案的安全保管方面，做到没有任何事故的发生。这是由于我组同志重视档案而把它看作是国家的宝贵财富，同时，并适当地调剂库房的温湿度，及定期散放杀虫药剂。"

1959年，5号库建成投入使用后，档案保管状况有了较大改善，但同时也出现了一个意想不到的情况，春夏之交，库房一层很潮湿，地面会积水，相对湿度90%以上，夏季顶楼最高温度达到34℃。1980年，2、3号库投入使用后，也出现了高温潮湿的问题。为了解决库房的温湿度问题，本馆成立技术保管组，专门负责库房温湿度控制工作。（1）发动职工开展防湿防潮工作。在湿度最高的一、二层楼，利用电扇通风，用数十个缸子放大量的生石灰和干木屑吸潮；在库内外增设测量温湿度的仪器，每日进行登记，调节库内外的温湿度。（2）开展相关研究工作，解决库房温湿度问题。1960年，两个有关库房温湿度控制的项目在中科院江苏分院立项：改装现有通风洞（减少或避免潮气侵入库内）；设计安装新档案库的通风设备（解决新档案库的潮湿问题）。1961年，请有关部门协助，做了防止地下水渗透的实验。1964年，请设计院的同志到现场，研究解决问题的办法。（3）采取一系列密闭措施，提高库房隔热防潮能力。在库房增设二道门，制作门帘、窗帘，在库房门、窗上安装胶皮垫，在库房前后通风洞上安装木质活门，加强库房密闭性能；将楼顶的通风孔包扎塑料薄膜、安装防雨顶盖，避免雨水直接从楼面及通风孔进入库房；在库房楼顶间层铺设玻璃棉，在库房窗户上安装泡沫塑料板，防止高温辐射。

（4）利用去湿设备控制库房温湿度。1979 年，添置四台吸潮器，利用去湿设备控制库房温湿度。通过参观学习，技术组的同志试制成功了一台去湿器自动控制仪，在一楼 5 库试用，相对湿度大于 63% 时，吸潮器就自动开机吸潮，小于 60% 时，机器就自动关闭，遇有故障和需要倒水时，机器也会自动关闭并发出报警声。去湿器经过试用，效果良好，为控制好库房温湿度提供了重要的技术手段。

1991 年，4 号库竣工，这是本馆第一栋中央空调库房，2、3 号库的档案也随即搬入 4 号库，5 号库也同时进行改造，并入 4 号库中央空调系统。4、5 号库中央空调系统总功率为 266.7 千瓦，制冷量为 726.6 千瓦（其中 4 号库 453.7 千瓦，5 号库 272.9 千瓦）。系统采用水冷式冷水机组，室外机组安装在馆区东侧中部靠围墙处，系统末端安装在每层库房的空调机房内，4 号库二层为办公用房和对外服务用房，一、三、四、五层为库房，空调机房设置在建筑中间位置，每个机房安装两套风机盘管机组，分别控制东西两侧库房的温湿度。5 号库空调机房设置在建筑的东西两侧，每个机房安装一套风机盘管机组，共 8 套系统，分别控制每层东西两侧库房的温湿度。根据库房维护结构、楼层和面积大小等情况安装了不同风量的风机。4 号库一层安装两台 8000 风量风机，三至五层分别为两台 6000、5000、10000 风量机组，5 号库一至三层每层东西两侧空调机房分别安装一台 5000 风量的风机，四层东西两侧风机风量为 10000。每年 6—9 月梅雨、高温季节，系统开启，控制库房温湿度。这样，从 1991 年开始，本馆全部档案保存在有中央空调的库房里。库房安装中央空调后，高温潮湿现象得到明显缓解。但库房温湿度日常管理工作并没有丝毫松懈，只是工作内容和重点有所调整，平时注意观察库房温湿度变化情况，在特殊天气（雨天等）和特殊时期（高温、梅雨期），加强库房安全检查，查看库房有无渗漏情况、空调设备运行情况，发现问题，及时处置。对库房温湿度数据进行分析，发现异常情况，及时现场查看，找出问题原因，采取有针对性的措施加以解决。

2003 年，为了提升库房温湿度控制效果，我馆启动库房中央空调系统改造项目，对 4、5 号库中央空调系统进行改造。更新安装一套 20 万千卡热泵机组，增加空调系统制冷能力；在空调系统回风管道上加装管道去湿机，提升库房湿度控制能力；在 4、5 号库安装西门子温湿度监控探头共计 91 个，使用西门子 Insight3.7 监控软件对库房温湿度数据进行自动采集，对中央空调变风量机组和两栋楼照明等强电进行自动控制。在此之前，档案库房的温湿度采集都是依靠人工一间间库房进行手工记录，使用的温湿度仪器是普通干湿球温湿度计，一个人记录完所有库房的温湿度需要两小时左右。更新项目完成后，我们可以通过电脑随时掌握库房温湿度情况，发现情况可以及时进行处置；可以对库房空调设备运行情况进行监控，设备出现故障系统会自动报警，便于管理人员及时发现及时处置；对库房照明和强电进行自动控制，保证库房用电安全。库房中央空调系统改造项目的实施首次实现了库房空调系统、照明动力系统等机电设备的统一监控和管理，在节省人力、提高工作效率、保证馆内设备安全高效运行的同时，保证了库房温湿度控制效果，提升了档案库房自动化管理水平，为档案实体安全提供了有力保障。

2011 年，中办工作组在我馆督查工作时，提出了改善库房保管条件的建议。2012 年 3 月，杨冬权馆局长在我馆干部职工大会上，就如何做好档案安全工作，提出了"尽快改善库房保管条件"的要求。根据上级机关和领导的要求，2012 年，我馆开展了 5 号库窗户更换和库房隔热保温改造工作。5 月底，5 号库使用了 50 多年、密闭性能较差的 54 扇钢窗全部更换为双层中空玻璃窗；11 月下旬，库房隔热保温改造施工开始，铲除外墙内侧粉刷层，铺贴 SD 真空绝热板，在楼顶空气间层铺设 STP- 真空玻璃棉，提升建筑围护结构隔热保温性能。5 号库密闭性能提高以后，库房温湿度控制效果得到明显提升。

2013 年，我馆启动库房中央空调系统更新项目，项目主要工作内容包括：（1）将 3 号库改造为档案库房，在库房顶层空气间层喷涂聚氨酯保温材料，在建筑外墙内侧安装保温板，封闭外墙部分窗户，增加建筑隔热保温性能。安装恒温恒湿空调系统。（2）将4号库中央空调系统更新为恒温恒湿空调系统。项目完成后，库房温湿度控制效果明显改善，尤其是库房的温度有明显下降，控制在24℃以下已经没有问题。库房中央空调系统更新项目采购的主要设备及技术参数见下表：

库房中央空调系统更新项目主要设备及技术参数一览表

数量	总价（万元）	品牌	型号	技术参数	设计参数	位置
1	22.545	佳力图	ZW15	制冷量14.6kW，风量6400m³/h，总功率17kW，冷凝器型号NACD18，重量105kg，机组总重量385kg，外形尺寸：865×900×1980（mm）	制冷量12kW，制热量9kW，风量2500m³/h，功率13.2kW	3号库一层母片库
1	17.895	佳力图	MEAU602	制冷量62.8kW，总功率52kW，冷凝器型号NACD22，重量125kg，机组总重量645kg，外形尺寸：1700×900×1980（mm）	制冷量62kW，制热量36kW，风量13000m³/h，功率51.6kW	3号库一层图书库
2	50.98	佳力图	MEAU802	制冷量80.2kW，总功率64.4kW，冷凝器型号NACD24，机组重量690kg，外形尺寸：1700×1000×1980（mm）	制冷量79.5kW，制热量45kW，风量15000m³/h，功率60.6kW	3号库二、三层
1	14.64	佳力图	MEAU451	制冷量45.8kW，总功率37kW，冷凝器型号NACD26，机组重量430kg，外形尺寸：865×1000×1980（mm）	制冷量44.5kW，制热量21kW，风量8000m³/h，功率26.7kW	4号库一层
1	27.04	佳力图	MEAU902	制冷量90.4kW，总功率64.8kW，冷凝器型号NACD26，机组重量720kg，外形尺寸：1700×1000×1980（mm）	制冷量89.5kW，制热量45kW，风量15000m³/h，功率60.6kW	4号库一层
6	175.26	佳力图	MEAU1002	制冷量105.6kW，总功率66.7kW，冷凝器型号NACD26，机组重量750kg，外形尺寸：1700×1000×1980（mm）	制冷量104.1kW，制热量46kW，风量17000m³/h，功率63.2kW	4号库三、四、五层
12	308.4			总制冷量1007.6kW，其中3号库237.8kW，4号库769.8kW；总功率699.8kW，其中3号库197.8kW，4号库502kW	总制冷量991.6kW，其中3号库233kW，4号库758.6kW；总制热量477kW，其中3号库135kW，4号库342kW；总功率652.5kW，其中3号库186kW，4号库466.5kW	

2013年底，库房中央空调系统更新工程子项目"楼宇自控设备采购及服务"项目启动，项目主要目标是通过软硬件建设，对3、4、5号库空调设备、动力照明设备、库房温湿度进行自动控制，提高库房管理集成化和智能化水平。具体技术需求包括：（1）在3、4、5号库新建库房温湿度监控系统，该系统具有温湿度数据采集、存储和自动分析功能。数据采集每小时记录一次；数据存储时间至少10年以上；数据自动分析内容包括库房、楼层、整栋楼的温湿度变化值、平均值、极值和校差，变化值和平均值分别按小时、日、月、年、多年自动绘制成图表，极值、校差按日、月、年、多年自动绘制成图（柱状图）表。按月、年、多年自动绘制库房、楼层、整栋楼的温湿度数据超标值图（柱状图）表。按月、年、多年自动绘制空调机组运行状况和工作时间统计图（柱状图）表。（2）对三栋楼空调通风系统和动力照明系统进行远程控制。项目设计要点包括：在库房设置室内温湿度监控点92个，其中，3号库18个（每层6个），4号库34个（一层10个，三至五层每层8个）、5号库40个（每层10个）；在空调机组内安装风管温湿度监控点20个（其中3号库4个，4号库8个，5号库8个），室外温湿度监控点1个；设置有3个网络控制器16个；DDC控制箱（其中包括21个I/O点DDC控制器37个，10个I/O点DDC控制器53个）；恒温恒湿机系统接口1个。2014年4月，项目完成并通过验收。库房楼宇自控系统建设提升了我馆库房设备和温湿度管理水平，提升了档案安全保障能力，为民国档案长期安全保管提供了有力技术支撑。

另外，馆里一直没有建设专门的母片库，馆藏缩微胶片母片临时保管在4号库一层的特藏库中，温湿度环境不符合母片保管要求。为了解决这个问题，在项目中增加了建设母片库的内容，在3号库一层新建一个母片库，面积70平方米。因为母片保管的温湿度要求较高（13℃～15℃，35%～45%），为了保证母片库温湿度控制效果，设计单位贯彻"建筑为主，设备为辅"的指导思想，通过对库房进行隔热保温改造和安装专用设备两个途径来实现母片库的低温干燥环境。具体的做法是，一方面在库房内部墙面和顶面采用聚氨酯现场发泡制作隔热保温层，厚度 10 厘米，外饰面采用防火涂料滚刷；地面采用聚氨酯现场发泡而成，厚度 10 厘米，面层采用 5 厘米厚混凝土制作，提升母片库隔热保温性能；另一方面在库房隔壁的机房内安装一台恒温恒湿空调，对母片库温湿度进行控制，加装一台工业转轮去湿机，专门对母片库的低湿环境进行控制。转轮去湿机主要技术参数为：输入功率 24kW，处理风量 2000m³/h，额定除湿量 14.4kg/h。通过两方面努力，母片库达到了低温干燥的环境要求，母片安全保管有了充分保障，母片库运行至今，温湿度控制效果一直较好。

（二）档案虫霉防治工作

1. 早期虫霉防治工作

史料整理处成立时，存放档案的库房基本上都是破旧的平房，漏雨渗水的情况比较普遍，库房环境很难控制；接收来的档案有被虫蛀蚀过的，也有已经霉烂的，这些档案本身就带有虫卵和霉菌孢子，当条件适宜时，害虫和霉菌就开始生长、繁殖。因此，当时史料整理处档案生虫长霉的情况比较多，档案虫霉防治成了档案安全保管的一项经常性工作：（1）注意库房通风，降温降湿，保持空气流通、清新，破坏虫霉的生长环境。（2）对潮霉的档案进行曝晒，去潮除霉（当然，从保护技术的角度看，这样做是不科学的）。（3）在卷内、档案架上放置樟脑粉防虫，喷洒滴滴涕杀虫，定期散放杀虫药剂，控制虫害发生。（4）定期对档案进行安全检查，防止档案生虫长霉。

2. 库房虫霉防治工作

新库房建成以后，档案虫霉防治工作进入新阶段，主要工作包括档案及装具的防霉、去霉处理；档案库房投放防虫药、粘鼠板；档案消毒和杀虫工作。

（1）档案及装具的防霉、去霉

由于客观条件限制，从史料整理处时期到 20 世纪末，本馆档案及装具曾经多次出现长霉的情况。5号库投入使用后，底层出现了潮湿现象，库房湿度较大，有少量的档案受潮长霉。当时的做法是用毛刷将档案上的霉菌刷掉，然后将档案晾干。此项工作一直延续至秋季，才告结束。1984年，技术组对5号库二、三层楼400只档案架上的霉斑进行了处理。1987年，组织职工、临时工，对5号库受潮长霉的档案进行刷霉、除尘，从1月下旬持续到6月中旬，共处理档案727965卷。1990年，2、3号库新的档案卷盒生霉，用了10多天的时间进行清刷和喷涂药水处理。1992年，对4号库投入使用的新库房（2000平方米）、新档案架（16660米）和新的档案卷盒（18155只）进行消毒、防霉处理。对1000多盘出现水渍、粘连和霉斑的缩微胶片进行水洗处理。1996年秋天，对9000多个档案盒进行除霉处理。1998年，对1万多个有霉斑的档案盒进行除霉处理。2010年，本馆开展档案封存试点工作，这是加强档案原件安全工作的一种探索和创新。主要内容是将档案进行消毒、除尘以后，密闭封存在专用包装袋中，使用氮气置换方法，降低袋内氧气含量，同时加入适量除氧剂，保持包装袋低氧状态，减少外界环境和虫霉对档案实体的影响和破坏。封存试点工作在5号库四层两个库房（共8万多卷）进行，其中一个库房的封存档案直接存放在五节柜内，另一个库房的封存档案存放在五节柜中的"四防"封存纸箱内。此后几年，我们都对档案封存情况进行检查，如封存袋密闭情况、纸张字迹变化情况等，检查发现，档案封存总体情况较好，档案封存袋密封效果较好，封存技术对档案纸张字迹没有不利影响，档案实体得到了较好保护。

（2）投放防虫药和粘鼠板

5号库建成以后，虽然档案的保管条件得到了改善，但受当时条件限制，建筑围护结构隔热保温性能一般，库房内没有专门的温湿度调控设备，库房温湿度控制比较困难。从建成投入使用到20世纪90年代安装中央空调系统，5号库存放档案30多年，库房环境基本处于自然状态，虽然采取了一些措施降低库房的温湿度，但总体效果并不是很理想，档案和装具滋生虫霉的现象时有发生，虫霉防治成为库房管理和档案保护的一项常规性工作。具体情况是：1965 年，在 5 号库房投放了樟脑丸 350 公斤。1980 年，技术组的同志自己动手，制作了 80 多张防虫纸用于档案防虫。1996 年，在 4、5 号库投放香茅草。2002 年，在库房投放 DA91 防虫药，在档案利用场所投放 8 个电子驱虫仪。2003 年，在库房投放粘鼠板 56 张。2006 年，投放 DA99 防虫药 5 万袋，粘鼠板 50 张。2007 年，利用五一假期，采用太阳牌防霉驱虫剂，加大用药量，对库房进行密闭熏蒸处理，并投放防虫药 4 万袋，投放粘鼠板 50 余张、昆虫诱捕器 6 个。采用陕西师范大学历史文化遗产保护教育部工程研究中心研制的防霉剂对图书进行防霉、除霉处理。2008 年，在档案、图书库房投放防虫药，继续开展图书防霉、除霉工作。2009 年，在库房投放粘鼠板，检查库房虫害情况。2010 年，在库房投放樟脑精块，投放粘鼠板 40 张。2011 年，投放乐春天牌防霉驱杀虫药 6 万多袋，粘鼠板 16 张。2012—2014 年，连续三年利用五一假期，在库房投放太阳牌杀虫粉剂进行熏蒸杀虫，熏蒸药剂回收后投放一批植物精油类防虫药，驱避档案害虫。同时在库房投放粘鼠板，检查库房虫害情况。2015 年，根据库房虫害发生情况统计分析，对 5 号库一层 8 个库房采取裸蛛甲特效熏蒸药物进行杀虫处理，巩固库房春季投药效果，投放和回收 70 张粘鼠板，进行害虫种类及数量调查和分析。2016 年，完成 550 公斤杀虫药、6.5 万包库房防虫杀虫药的投放，继续检查回收和投放 70 张粘鼠板，分析库房虫害情况。2018 年，对 3 号库一楼、4 号库、5 号库投放杀虫药 550 公斤，防虫药 6.5 万袋，对 3 号库、4 号库五楼、5 号库一楼 5 库和 6 库采取冷烟喷雾杀虫处理。2019 年，投放和回收档案库房粘鼠板 80 张，并对粘鼠板上害虫情况进行统计分析。2020 年 3、4 月，在所有库房投放粘鼠板 80 余张，同时回收去年投放的粘鼠板，对库房虫害情况进行统计分析发现，库房害虫数量和上年持平，以档案常见害虫裸蛛甲、书虱、毛衣鱼为主，赤拟谷盗、百怪皮蠹也发现一些。书虱和裸蛛甲幼虫数量有所减少。利用五一假期，在库房投放太阳牌杀虫粉剂 700 公斤，熏蒸药剂回收后投放 6 万包植物精油防虫药，以驱避档案害虫。另外，对 2 号库 12 个空库房进行了氯氰菊酯冷烟熏蒸杀虫。

（3）档案消毒、杀虫工作

1964年，5号库四楼1库档案架上发现害虫，当时杀灭害虫的方法是用注射器向档案架上的虫孔内注入二二三乳剂，隔两三天再进行补射，杀虫效果很好。在接收来的档案中也发现虫害，用"敌敌畏"将之杀灭。将5号库二楼5库200尺档案从库房中搬到东小亭，进行隔离杀虫。1980年，5号库发现皮蠹和粉蠹，用注射药物的办法进行处理。1983年，将接收的70麻袋（200尺）档案送到粮库进行熏蒸杀虫处理。1986年，将本馆积存多年未整理的2188麻袋档案送到粮库进行消毒杀虫（磷化铝熏蒸）。进入21世纪，一些新的档案消毒杀虫方法在本馆应用。从2002年开始，采用低温冷冻柜，利用冷冻杀虫技术对2万多卷财政档案进行杀虫处理。从2011年开始，采用专用消毒杀虫设备，利用臭氧消毒杀菌和低温冷冻杀虫技术，配合馆藏档案数字化工作，对已整理并数字化的入库档案进行消毒杀菌和杀虫处理。具体完成情况见下表：

档案消毒杀菌和杀虫工作完成情况统计表（2011—2020）

序　号	时　间	案卷数量（卷）
1	2011年	40278
2	2012年	182349
3	2013年	70712
4	2014年	108722
5	2015年	125955
6	2016年	156800
7	2017年	136497
8	2018年	25000
9	2019年	21445
10	2020年	22121
总计		889879

3. 白蚁防治工作

1995 年，馆区发生大面积白蚁出飞，严重威胁档案的安全。国家档案局专门发来加急传真电报，对白蚁防治工作提出指导意见。根据馆局的意见，本馆立即组织力量，采取多种办法，迅速杀灭了白蚁。此后，白蚁防治工作一直是技术部门的一项重要工作，20 余年坚持不懈，有效控制了馆区白蚁的滋生和危害，确保白蚁不进入库房，保证了档案和财产的安全。在工作中，我们坚持"预防为主，防治结合"的指导思想，一方面积极采取预防措施，防止白蚁危害档案；另一方面及时杀灭出飞的白蚁，防止白蚁的滋生和蔓延。具体工作内容包括对库房、办公楼以及树木、树桩、草地等场所进行认真检查，了解白蚁的活动范围和滋生的重点区域；在库房纱窗上喷涂长效杀虫药，防止白蚁进入库房；在馆区埋设诱桩，以洋葱、白糖为引诱剂，集中诱杀白蚁。自白蚁防治工作开展以来，共埋设白蚁诱桩 820 多根，诱杀了大量白蚁；使用砷酸钠水溶液、灭蚁灵等专用药物，杀灭环境和建筑物中的白蚁；使用"洁利 33"等喷雾剂，及时杀灭出飞的白蚁。2012 年，我馆还与南京市白蚁防治所合作，采用白蚁诱集新技术，埋设专用白蚁捕捉器 52 个，有效控制了馆区白蚁的滋生和蔓延，保证了档案和资产安全。

（三）档案消防安全管理

史料整理处成立时，库房破旧，耐火等级低，电线老化，火灾隐患大。面对这种情况，史料整理处一开始就把档案防火作为一项重要工作来抓，从组织、设备和管理制度三个方面保证档案免受火灾危害。在全处成立了治安保卫小组，负责档案安全保卫工作；在全处和库房周围布置灭火机、灭火弹、太平桶、沙箱等设备；在管理制度上，定期检查消防器材，及时更换到期的药液。严禁工作人员在整理档案时吸烟，组织人力值班守夜，确保档案安全。平时工作中，注意对电灯电线的管理，不让它们靠近档案。严格执行值星值夜制度，换班时双方必须在全处巡逻一次，以明确责任。

随着新库建设的进行，本馆消防设施和器材不断改善，防火能力明显提高。1976年，在2、3号库的设计中，对消防设施提出了具体的要求：在楼顶安装水塔1座，容量10~15吨，每层楼安装消防水桩三只；1978年，为了加强防火安全工作，本馆成立了义务消防队，并对库房和档案进行了安全检查；1986年，5号库改造开始，其中一项主要内容是提高库房防火等级，增设防火安全设施，确保档案安全保管。库房原来是木结构屋顶，木门窗，属于三级耐火结构。改造后，屋顶结构改为非燃烧体结构，拆除原有门窗，改为防火门窗，增设消防排烟设施和火警自动报警设施。这是本馆首次在库房安装火灾报警探头，实现火灾自动报警，保证在最短的时间内发现火情，为及时扑灭火灾赢得宝贵时间；4号库消防设计更加进步，消防系统防火、灭火能力进一步提升。4号库消防系统建立以后，库房具备了火灾自动报警和自动扑灭的功能，能够在最短的时间内扑灭火灾，把火灾造成的损失控制在最低限度；5号库原来的防火措施是在走廊放置手提式灭火器，1987年库房改造完成后，5号库增加了自动报警功能。1998年，又在每间库房安装4个悬挂式六氟丙烷灭火弹，实现报警与灭火结合，提高了库房的防火、灭火能力。2006年7月，消防系统升级改造工程小组成立，对4号库1211管道消防系统进行升级改造，2007年系统改造完成，4号库消防系统改为七氟丙烷管道灭火系统。2008年，为了监控库房火警情况，在所有库房安装了红外监控探头。从此，本馆库房全部实现火灾自动报警、监控和自动灭火的功能。

此后，消防工作的主要任务是对4、5号库两栋库房的消防报警和自动灭火系统进行常规检查和定期维护，更换灭火弹、气体钢瓶检测及更换灭火气体；对2、3号库调整为档案库房后的消防改造，建立火灾自动报警系统和自动灭火系统。具体工作情况包括：2010年，更换5号库200个悬挂式六氟丙烷灭火弹。2014年，3号库由数字化工作场所调整改造为档案库房，经江苏省建筑设计院有限公司设计，在全部21个库房安装感温、感烟探测器进行组合探测报警，安装200个悬挂式六氟丙烷灭火弹（每个 8 公斤）。对 4 号库档案库房管网式七氟丙烷灭火系统进行定期维护，检测钢瓶安全性并更换灭火气体。2016 年，对 4 号库档案库房管网式七氟丙烷灭火系统进行定期维护，检测钢瓶安全性并更换灭火气体。2019 年，2 号库由办公场所调整改造为档案库房，在 2 号库建立火灾自动报警系统，安装管网式七氟丙烷灭火装置。对 3 号库消防控制系统进行升级改造，对 2 号库消防系统加装远程控制功能。在数字化大楼一层建设中心控制室，将库房消防控制系统迁移至中心控制室，实行统一监控，24 小时专人值守，补齐消防安全短板，提高消防安全等级，确保档案实体安全。2020 年，对 4 号库档案库房管网式七氟丙烷灭火系统进行定期维护，检测钢瓶安全性并更换灭火气体。更换 5 号库、特藏库、图书库 240 个悬挂式六氟丙烷灭火弹。

（四）库房空气质量管理

为了准确掌握库房空气质量情况，保护工作人员身心健康，2009 年，邀请江苏省疾控中心和南京大学现代分析中心对库房空气质量进行检测。先后对 4、5 号库 19 个库房的 13 项指标和空调管道 3 个点的 3 项指标进行了检测，共取得数据 173 个。经检测，4、5 号库空气质量符合国家"室内空气质量标准"。

（五）库房照明光源更新

我馆库房照明光源主要有白炽灯、荧光灯和卤素灯三种。早期库房使用的都是白炽灯，20 世纪 90 年代基本上都替换成荧光灯，特藏展厅使用了一些卤素灯。在 LED 光源应用之前，从档案保护的角度看，白炽灯是最安全的，荧光灯和卤素灯会发出一定数量的紫外线，对档案纸张和字迹有破坏作用，档案库房光源推荐使用白炽灯，如果使用荧光灯，应进行防紫外处理。2010 年，美国 GE 公司推出防紫外线、防爆环保荧光灯，为了检测该类荧光灯过滤紫外线的能力，我们在库房进行现场检测。具体情况见下表：

库房光源照度和紫外强度检测登记表

时间	2010 年 9 月 25 日		2010 年 10 月 9 日
库位	5402		
光源种类	PHILIPS Lifemax 36W 荧光灯（日光型）		CovRguard 防紫外线、防爆环保荧光灯管，36W
光源型号	TL–D 36W/54–765 6500K 光通量 2600lm(72lm/W)		F36W/T8/835/GE/CVG/XL–R，3250lm，3450K
照度（Lux）	正下方 0.5 米	668	945（照度增加 41%）
	正下方 1 米	313	481（照度增加 53%）
	正下方 1.5 米	154	276（照度增加 79%）
紫外强度（mW/m²）	正下方 0.5 米	171	3.2（过滤紫外能量 98%）
	正下方 1 米	48	1.5（过滤紫外能量 97%）
	正下方 1.5 米	25	1.1（过滤紫外能量 96%）

经过检测，这种荧光灯管过滤紫外线的性能非常好，是当时比较理想的一种库房光源。此后，库房普通荧光灯全部更换为防紫外荧光灯。

我馆特藏展厅于 2003 年改造完成，当时采用的光源是荧光灯和卤素灯，这两种光源都含有一定数量的紫外线，卤素灯辐射的热量也较高。经过十年的运行，有些展品出现发黄变脆现象。为了保护好档案，2013 年，特藏展厅所有荧光灯和卤素灯光源全部更换为 LED 光源。LED 光源具有无紫外、红外线的优点，是档案展陈首选照明光源。展厅照明系统更新后，总发热量比原先卤素光源和荧光灯光源下降约 70%，照明总功率下降约 70%，降低了能耗，同时光源寿命也提高了 80%。

二、档案修复工作

档案修复工作是针对档案实体开展的抢救性保护工作。本馆档案数量庞大，年代较久，档案破损情况比较严重，需要修复的档案数量较多。2015 年，我们专门组织人员，对馆藏档案破损情况进行了摸底调查，一是由部门人员以及组织馆里年轻同志进库抽样调查，二是对 2010—2014 年档案数字化工作中修裱的相关数据进行统计，两项综合计算，馆藏档案破损率为 44.25%。具体抽查情况见下表：

馆藏档案破损情况抽样调查统计表

入库调查	全宗 / 案卷数	破损页数	总页数	破损率
小计	36/2477	178466	436446	40.89%
历年修裱	全宗数 / 案卷数	修裱页数	总页数	破损率
2010、2011	22/2717	176650	433656	41%
2012	10/3339	109335	195983	55.79%
2013	29/4696	501513	838106	59.83%
2014	23/5687	203089	737406	27.54%
小计	84/16439	990587	2205151	44.92%
总计	120/18916	1169053	2641597	44.25%

（一）破损档案修复情况

建馆之初，发现馆藏破损档案较多，结合档案利用实际工作需要，即着手开展破损档案修复工作，一直持续至今，甚至"文化大革命"时期也未曾中断。史料整理处留用了一些原国民政府工作人员，他们对破损档案修复有一定的经验，根据工作需要，开始自己动手摸索开展档案修复工作。70 年来，经过几代修复人员的努力，在社会力量的广泛参与下，馆藏民国档案得到了及时科学的抢救和保护，馆藏民国档案修复工作取得了令人欣喜的成绩，大量破损民国档案得到及时、科学的抢救和保护。截止到 2020 年底，建馆 70 年来，共计完成 700 万张馆藏破损档案抢救修复工作。

从现有资料看，最早有修复工作记录是在 1955 年。1955 年 4 月，档案保管组在工作总结中提到，"裱糊与装订职员录 21 册"。此后，在 1956 年、1972 年和 1980 年先后招进了几名职工从事修裱工作。此外，为了加快修裱工作进度，本馆还聘用临时工和劳务派遣人员从事档案修复工作。1987年10月，为了配合档案缩微工作，加快修裱进度，本馆向部队租用房屋，扩大修裱场所，成立档案修复社，聘用三四十名临时工从事修裱工作，修裱速度大幅度提高，满足了缩微工作的需要。1989年底，4号库投入使用，档案修复社迁回，历时两年，完成档案修复201万张。回迁以后，修复组继续聘用部分临时工从事修裱工作，一直到1997年，前后近十年；2009年，为了配合馆藏档案数字化工作，本馆以劳务派遣的形式，聘用4名莫愁职业技术学校古籍修复专业的大专毕业生从事修复工作，此后到2013年，人员逐步增加，从最初的4人增加到10人。

2013年，"民国档案征集整理保护和数字化"项目（2013—2017）启动，根据项目绩效总目标编制年度绩效目标，根据年度绩效目标编制修复工作年度预算，根据预算批复，采用公开招标方式采购服务供应商。从项目开始到结束五年时间，修复项目均由北京星震同源数字系统有限公司中标。项目完成后，数字化项目仍作为经常性项目继续进行，档案修复工作是其中一项主要工作内容，继续采用外包服务形式完成，仍由星震同源公司提供外包服务。档案修复工作采用外包服务模式以来，工作条件、工作规模和完成数量都有明显改善和提升，修复工作迈上了新台阶。具体工作情况如下。

1. 制度建设及设施改善

"民国档案征集整理保护和数字化"项目（2013—2017）是大规模开展档案基础业务工作的财政专项，项目绩效总目标是利用五年时间，对价值高、利用率高、利用预期好的馆藏档案进行整理和数字化处理，建设安全、稳定、高效的档案数字化存储利用平台，保障档案安全，为档案开放利用提供条件，有效解决档案原件封存与档案开放利用的矛盾。该项目对二史馆夯实业务工作基础，顺应新时代发展要求，实现档案工作转型升级具有重要意义。为适应业务工作外包服务情况，保证档案实体和信息安全，单位制定了39项数字化工作规章制度，其中和修复业务直接有关的制度有 4 项，即《档案修裱工作规则》《档案修复安全保密管理规定》《档案修裱质量检查细则》《机器修裱安全管理规定》。2015 年，为满足修复工作量增加的实际需求，新增一台档案修裱机，提高档案修复速度。2017 年，为解决大量裱后档案干燥问题，制作了 10 块活动板墙，将数字化大楼 203 室调整为修裱工作场所，加装修复墙板，订购 5 张红色漆面修裱台（其中 1 张为特制大尺寸），安装监控探头。2018 年初，修复场所完成改造调整，工作场所增加约 200 平方米，有效解决了修复场所紧张、干燥设施不足等问题，为修复工作提质增效、保障业务工作顺利推进创造了有利条件。

2. 人员更新和队伍建设

近年来，二史馆专业人才队伍呈现新老交替、人员更新的情况，修复人员也是如此。随着老同志陆续进入退休年龄，从 2010 年开始，通过国家公务员考试，招录相关专业的修裱人员，加强修复岗位力量，至今已招录 6 名年轻同志从事修复工作，经过专业技能培训，档案修复水平和管理能力有了较大提升，基本上都能发挥自己优势，独当一面，顺利完成了新老交替。

3. 修复工作完成情况

从 2010 年至今的十年，档案修复工作模式主要有两种：一是以劳务派遣方式，聘用南京莫愁职业技术学校古籍修复专业的毕业生从事档案修复工作；二是以服务外包方式，通过公开招标，采购外包服务供应商开展档案修复项目。这两种方式和以前不同，是一种新的发展阶段，在这个新的发展阶段，修复人员开拓创新、埋头苦干，取得了突出的成绩。2014 年，本馆修复科被江苏省级机关工委和妇工委评为"巾帼文明岗"，郝达琴同志被评为"巾帼建功标兵"；2015 年，修复科被省级机关工委授予"工人先锋号"荣誉称号。2010 年以来，修复工作完成情况见"历年档案修裱情况统计表"。

4. 其他修复工作情况

修复工作外包后，修复科工作人员的主要任务是负责现场管理、指导、监督、质检等工作，此外，根据工作需要，还开展了一些其他项目档案修复工作，以档案抢救修复项目为抓手，通过项目以老带新，锻炼培养年轻修复人员提升专业技能。2015年，邀请陕西师范大学历史文化遗产保护教育部工程研究中心对特藏140余幅濒临破损字画档案、700多张照片档案的酸度、成分及病害情况进行抽样检测和评估，制定可行性抢救保护方案。2016年7月，召开特藏档案抢救专家咨询会，根据专家意见完善抢救保护方案。经过四个多月努力，第一批完成43幅字画、1893张胡汉民档案的纸浆补洞托裱、37张大幅照片、600张小照片（其中南京市早期航拍地图由35张照片拼对组成）和27张玻璃底片的抢救修复；同时，完成了云南大理州档案局馆藏1904年日本制《大清全地图》（2.2米×1.9米）的拼接、托裱和包边等修复工作。2017年，根据《2016年馆特藏档案抢救保护项目实施管理方案》，对馆藏6幅珍贵字画（孙中山题词"博爱""应为雄鬼"，林风眠《水鸟图》，王时敏《山水画》，孙中山等四人书法"淡薄明志"，以及《孙总理建国方略图》）进行抢救修复，完成馆藏21幅字画仿真复制件托裱装帧工作，制作4幅仿真复制件画芯托裱及镶镜片工作。2018年9月至2019年2月，完成39幅珍贵字画抢救修复工作。此外，还通过业务研讨和技术培训加强业务交流，提升工作水平和管理能力。2015年9月，在陕西省档案局、陕西师范大学历史文化遗产保护教育部工程研究中心协助下，我馆在西安主办了"历史档案修复与保护学术研讨会"，来自全国各级档案馆局、图书馆、高校研究机构等单位的70余名代表出席会议，围绕档案修复与保护技术进行研讨交流。2017年11月，国家档案局档案干部教育中心主办、我馆协办，在南京举行为期10天的全国"档案修裱技术理论与实践培训班"，来自全国各省、自治区、直辖市档案局馆31家单位的30余名代表参加培训。此次培训采用专家授课、外出观摩、动手实操三种形式进行教学和研讨，效果良好，受到学员们一致好评。

为了更清楚地了解本馆历年来档案修复情况，根据目前查阅到的资料，我们进行了汇总和统计，具体情况见下表：

历年档案修裱情况统计表

年代	档案名称	数量（张）	备 注
1955	职员录	2100	档案保管组 1955 年工作总结，卷号 5516。材料上记录的是 21 册，我们按每册 100 张换算为 2100 张
1956		23152	该数据是根据当时工作情况和以后的统计数据推断出来的
1957		28313	档案保管组五年来（1953—1957）工作总结，卷号 5722
1958	霉烂档案	24836	南京史料整理处 1958 年工作总结，卷号 5828
1959		6030	保管利用组工作总结，卷号 5910。在 5839 卷中有一本小册子，对史料整理处 9 年来各方面的工作进行了汇总，其中在档案保管利用组情况介绍中提到，9 年来共修复档案 84431 张
1960		1738	对虫蛀破损的 15 个卷共 1738 张文件进行修补裱糊，卷号 6004
1961	霉碎档案	14422	南京史料整理处 1961 年工作总结，卷号 6113
1962	霉损档案	15884	1962 年工作总结，卷号 6201
1963	破碎的、价值较大的	20836	1963 年工作总结，卷号 6309
1964	行政院等	35617	技术组 1964 年工作小结及 1965 年工作计划
1965	财政部	11218	技术组第一季度工作小结及第二季度工作计划，技术组 1965 年第二季度工作情况汇报
1966–1976			"文革"期间，资料缺失，统计数据不完整。1966—1969 年、1974—1976 年共 7 年没有修裱工作记录，1970 年只有半年的记录。据当年工作的老同志回忆，这一时期修裱工作一直未停
1970		2644	上半年工作总结（1970.8.15），卷号 7001
1971		21113	清档办公室 1971 年工作总结，卷号 7102
1972		22276	清档办公室 1972 年工作总结，卷号 7201
1973		44759	1973 年工作情况总结，卷号 7306

年代	档案名称	数量（张）	备 注
1977		1372	关于中国第二历史档案馆情况的汇报（1977.6），卷号7701
1978	财政部等	10961	1978年工作总结，卷号7806
1979	北洋等	15372	保管利用部1979年工作总结和1980年工作打算，二史馆档案
1980	北洋	15469	1980年工作总结，卷号8006。截止到1980年共修裱档案320126张
1981	北洋、南京临时政府	14120	1981年工作总结，卷号8106
1982	北洋、南京临时政府	9101	技术组1982年度工作总结
1983	南京临时政府	10608	1983年工作总结，卷号8306
1984	南京临时政府	12447	1984年工作总结，卷号8401
1985	南京临时政府、大元帅大本营	9706	其中字画42幅，技术室1985年工作总结
1986	大元帅大本营、广州国民政府等	12275	其中字画4幅，丝网加固100张。技术室1986年工作总结
1987	大元帅大本营、广州国民政府等	65120	技术室1987年工作总结。为了加快档案修裱进度，向部队租房扩大了修裱场所，成立了档案修复社
1988	国防部史政局、蒙藏委员会	1049661	修复社1988年工作小结
1989	北洋、国防部史政局	911888	技术室1989年工作总结
1990	国防部史政局、蒙藏委员会	244648	其中字画18幅。技术室1990年工作总结。到1990年底，共完成档案修复2659534张
1991	行政院	187732	其中字画48张。技术部1991年工作总结
1992	行政院	160342	其中字画31幅。裱糊组1992年工作总结
1993	行政院、中央大学	232713	其中字画65幅。1993年工作总结，卷号9303
1994	中央大学、云南特派员公署等	287457	其中字画4幅。技术部1994年工作总结

续表

年代	档案名称	数量（张）	备 注
1995	总统府、云南特派员公署、黎元洪等	186876	其中字画 21 幅，拓片 171 张。技术部 1995 年工作总结
1996		192904	1996 年工作总结，卷号 9608
1997	财政、教育等	151465	其中字画 70 幅。技术部 1997 年工作总结
1998	总统府、2188 零散档案	31606	其中字画 50 幅。技术部 1998 年工作总结
1999	2188 零散档案	900	其中照片 15 张，字画 45 幅。1999 年技术部工作总结
2000	钱币、字画	220	其中钱币 106 枚，字画 114 幅。2000 年技术部工作总结
2001		21200	其中字画 87 幅。2001 年工作总结，卷号 200105
2002		8189	其中机器修裱档案 6360 张，手工修裱 1785 张，字画 44 幅。2002 年部门工作总结
2003	财政	53366	其中字画 26 幅，丝网加固 9 张。2003 年部门工作总结
2004	财政	37080	2004 年工作总结，卷号 200405
2005	财政	62070	2005 年工作总结，卷号 200520
2006	财政	72358	其中机器修裱 60075 张，手工修裱 11973 张，丝网加固档案 310 张。技术部 2006 年工作总结
2007	财政、中研院	81947	其中丝网加固 279 张。技术部 2007 年工作总结
2008	教育部、中研院等	58601	其中机器修裱 53325 张，手工修裱 5070 张，丝网加固 148 张，修裱商标档案 58 枚。技术部 2008 年工作总结
2009	教育部、外交部、社会部、农林部、国史馆等	77915	其中机器修裱 72350 张，手工修裱 5515 张，丝网加固 50 张。技术部 2009 年工作总结
2010	教育部、外交部、社会部、农林部、国史馆等	148290	其中机器修裱 128700 张，手工修裱 19550 张，丝网加固 40 余张，修复商标档案数十枚。技术部 2010 年工作总结。到 2010 年底，共完成档案修复 4714012 张
2011	社会部、中执会、设计局、农林部、国史馆等 14 个全宗	128678	其中机器修裱 84257 张，手工修裱 42925 张，丝网加固 1170 张，补洞 250 张，修复海疆项目地图（大尺寸）41 张，孙文宣言 1 张，字画 4 幅，商标 30 枚。技术部 2011 年工作总结

续表

年代	档案名称	数量（张）	备　　注
2012	蒙藏委员会、最高法院、党史编撰委员会、财政等6个全宗	179520	其中机器修裱88900张，手工修裱84430张，丝网加固6190张。技术部2012年工作总结
2013	金陵女子学院、金陵大学、中央训练部、兵工署、中宣部、财政等12个全宗	267387	其中机器修裱179663张，手工修裱71061张，丝网加固12111张，补洞4552张。技术处2013年工作总结
2014	经济部、财政部、交通部、北洋等	288286	中国第二历史档案馆2014年数字化项目绩效报告
2015	海关总署、汪伪立法院、警政部、内政部等	358322	2015年数字化项目修裱产出数量指标为34万张，按序时进度，到8月底应完成226666张
2016	财政部、教育部、交通部等30个全宗	312491	手工修复158900张，机器修裱142627张，丝网加固8630张，补洞1672张，揭裱662张
2017	财政部、主计部、立法院等49个全宗	292869	其中手工修复127640张，机器修裱157490张，丝网加固5540张，补洞1324张，揭裱875张
2018	公路总局、资委会运务处、赈济委员会等10个全宗	190386	其中手工修复186295张，丝网加固1613张，补洞2478张
2019	公路总局、中国茶叶公司、财政部贸易委员会等9个全宗	200122	其中手工修复192916张，丝网加固1032张，补洞6174张
2020	公路总局、审计部、四联总处等6个全宗	110872	其中手工托裱94242张，修补7344张，丝网加固2594张，揭砖6692张
合　计		7039850	1955年的21册按2100张估算（每册按100张计算）

（二）修裱技术的进步与发展

本馆档案修裱工作经历了较长的发展阶段，修裱技术也在不断地改进创新和发展，例如，干燥方法的改进、修裱过程中的质量控制、新技术的运用以及对一些修复方法的实践和探索等。

　　20 世纪 80 年代以前，修裱后档案的干燥办法是将档案夹在报纸中（先将报纸装订成册，一般 30 张报纸一册），然后将报纸放置在炕上进行烘干。这种方法虽然解决了批量档案的干燥问题，但有点费事，遇到阴雨天，档案不容易干，需要将档案从原来的报纸夹中换到另外干的报纸夹中继续干燥。1987 年，拆掉了火炕干燥台，采用大墙和活动板（纸绷）进行干燥。这是中国传统的修裱干燥技术，干燥速度快，干燥后的档案也比较平整，但这种方法只能解决少量档案的干燥，如果修复量大的话，就需要有足够大的场地。档案修复社成立以后，档案修裱数量大增，为了解决裱后档案的干燥问题，通过学习中央馆的经验，利用木质活动干燥架和密闭加去湿的方式进行干燥。这种方法解决了大批量档案的干燥问题，不足之处在于档案干燥后的平整度欠佳，档案干燥下架后，需要进行压平，增加了工作量。2009 年，为了配合馆藏档案数字化工作，加快修裱进度，我们扩大了修裱场地，将两面墙用五夹板做成干燥墙，解决了大量档案的干燥问题，满足了实际工作的需要。

　　档案修裱过程中的质量控制，既反映了修复人员的技术水平，也是一件和档案实体安全密切相关的大事。因此，修裱人员必须切实注意修裱过程中的质量控制，避免对档案造成新的破坏，始终把档案的安全放在第一位。例如，档案中的染料墨水字迹遇到水就会扩散，在修裱时要采取不同的办法防止字迹扩散。早期的办法是使用干浆糊，但裱糊的质量很差，后来采用在字迹上涂油办法，解决了这个问题。1980 年，为了提高修裱质量，修复组在吸取外单位经验的基础上，对去除档案霉斑进行了一些试验，采用高锰酸钾和草酸配合的办法除掉档案霉斑，取得了较好的效果。1983 年，为了开展双面字迹档案加固工作，本馆从文物系统引进丝网加固设备，对馆藏双面字迹档案进行加固。2002 年，为了提高修裱速度，本馆引进第一台修裱机，首次开展机器修裱工作。机器修裱集上浆、干燥、压平于一体，大大提高了修裱速度，存在的主要问题是前处理的工作量较大，需要事先将褶皱的档案展平，然后才能上机器进行修裱，工作量较大。但修复人员坚持修复工作原则，坚守档案安全、质量底线，严格按照手工修复档案的技术规范开展机器修裱工作，确保了机器修裱档案的质量。自馆藏档案数字化工作开展以来，破损档案修复数量激增，在努力增加修复人员数量的同时，本馆适时引进机器修裱技术，在确保机器修裱质量的前提下，有效缓解了手工修裱档案的压力。至2018年，因机器修裱用纸出现机械强度不稳定、pH值偏低的情况，在机器修裱用纸质量没有解决之前，机器修裱工作暂停，档案修复工作全部采用手工修复技术完成。2019年下半年，为了解决我馆破损档案酸化严重等情况，根据有关技术规范，技术处开始利用碳酸氢镁水溶液对修裱档案进行脱酸，将调出的档案先抽检pH值，再根据档案酸度情况，调制出相应的碳酸氢镁水溶液，代替纯净水来稀释浆糊，将浆糊调至修裱所需的浓度即可，在修裱过程中完成档案脱酸工作，取得了很好的效果。

丝网加固技术是保护严重脆化双面字迹档案的一种有效手段，20世纪80年代初由文物系统首先研制成功。1983年，本馆及时引进了该项技术，筹建丝网机室，开展档案丝网加固工作。截止到2021年上半年，共完成丝网加固档案57000张，有效保护了脆化的双面字迹档案。1983年10月20日，《人民日报》对本馆对待珍贵文物《天津学生联合会报》不负责任态度进行了批评。但当时双面字迹档案的加固在档案部门还没有开展，通过和南京博物院的交流和合作，我们了解到他们1982年刚研制出丝网加固设备。于是，本馆迅速引进该套设备，在11月初，将8张《天津学生联合会报》进行加固。此后，本馆建立丝网机室，自己动手编织丝网，认真开展丝网加固工作。从1983年开始，该项工作一直开展至今，一批严重脆化的档案得到了保护。

另外，对待档案砖的问题，修复人员也进行了有益的尝试。开始的时候用开水烫、隔水蒸的办法，后来试验用抽负压、冷冻及浆糊干揭、湿揭等方法来解决，取得了较好的效果。通过工作中的不断摸索、实践和总结，修复人员既提高了修复技术水平，也保护了档案的安全。

三、档案复制工作

档案复制工作是档案利用服务的一种方法，可以为档案利用者提供一种档案副本，供参考凭证之用。档案复制技术根据发展情况先后有档案照相复制、手工仿真复制、静电复印、缩微复制、档案数字化和机器仿真复制等技术手段。史料整理处成立之初，档案复制主要采用照相复制技术提供档案复制服务；到 20 世纪 80 年代，静电复印、手工仿真复制、缩微复制等档案复制技术手段相继出现，档案复制工作呈现便捷、仿真的特点。进入 21 世纪，档案数字化、机器仿真复制等数字化复制技术日趋成熟，档案复制工作向数字化、高仿真方向发展。70 年来，二史馆档案复制工作成为档案业务工作的一个亮点，档案复制技术与时俱进，为民国档案服务经济社会发展、确保民国档案长期安全保管提供了一个重要支撑。

（一）照相复制工作

1954 年，为了对大量重要档案进行照相保存或供给其他单位应用，史料整理处在史料整理组内设立照相室，开始照相复制工作。1956 年下半年，为了适应工作需要，扩大了照相室。此后，照相复制工作一直持续到 2003 年，整整 50 年从未间断，完成了大批档案的照相复制任务，为民国档案价值的全面体现发挥了重要作用。2003 年至今，档案照相复制任务基本结束，照相技术也由原来的胶片感光技术发展成数码摄影技术，照相复制工作的主要任务是对有关项目（如"台湾档案史料汇编""西藏档案史料汇编"等）中选用的档案进行数字化翻拍，以满足印刷出版的要求。到目前为止，本馆共印放档案复制照片 95000 多张，数字化翻拍档案 122000 多张。照相复制工作为档案利用提供了更加便捷的途径。

（二）手工仿真复制

手工仿真复制技术是利用手工对档案原件进行临摹复制的一种技术，从事手工仿真复制人员需要具备一定的书法和绘画基础，手工仿真复制工作是开展档案陈列、展览等档案利用工作的重要手段。1981年，本馆着手开展手工仿真复制工作，至今已有40年，基本没有中断，完成了4300多张手工仿真复制件制作工作，手工仿真复制在档案利用和对外交流工作中发挥了独特作用。2005年4月，国民党主席连战先生访问大陆，二史馆采用手工仿真复制技术，将连战祖父连雅堂先生在日本占据台湾时期，向北洋政府申请恢复其福建原籍并更名为连横经过的档案制作成仿真复制件，由胡锦涛总书记将其作为独特的礼物，送给来访的连战先生，使其深受感动。

（三）静电复印

静电复印是利用静电复印机对档案进行复制的技术，是一种主要的档案复制方法。1979年，本馆添置了第一台静电复印机，开始档案静电复印工作。静电复印工作一方面为档案利用者提供档案复印服务，另一方面为馆内档案编研工作提供档案复印支持。静电复印工作在档案利用和业务工作中发挥了积极作用，已先后完成静电复制档案200多万张。

（四）阅读复印

阅读复印是指利用档案缩微设备——阅读复印机对档案缩微胶片进行复制的一种方法，通过阅读缩微胶片，选择需要复制的档案画幅，利用阅读复印机打印出纸质档案复印件。阅读复印既能起到保护档案原件的作用，又能满足利用者复制档案的需求。20世纪八九十年代，阅读复印是一种主要的档案复制手段。1985年，本馆引进第一台阅读复印机，下半年开始进行阅读复印工作，至21世纪，档案数字化复制技术迅速发展，档案利用开始以数字化副本为主，缩微胶片阅读利用数量逐渐减少，阅读复印工作逐渐退出历史舞台。

（五）机器仿真复制

随着档案数字化复制技术的不断发展，机器仿真复制（数字仿真复制）技术逐渐发展成熟。机器仿真复制技术是运用现代数字技术、色彩管理技术、数字打印技术等，借助专业复制设备，通过数字图像采集、图像处理和打印输出等数字处理工艺流程，制作数字档案复制件的一种技术。机器仿真复制提高了档案复制工作效率，是保护档案原件、发挥档案价值的一种有效手段。2011年，本馆购置一套赛数OS14000A1大幅面扫描仪，开始机器仿真复制工作。

为了详细了解档案复制工作情况，现将历年复制档案工作完成数量列表统计如下。需要说明的是，下表中的数字只是一个初步的统计数字，不是很精确。因为：（1）有些工作曾经归属不同的部门，工作记录不完整。（2）部门总结中的数字和本馆总结中的数字有时不一致，如果出现这种情况，以本馆总结中的数字为准。（3）有的数据是两项内容合在一起统计的，没有分开，无法进行准确的单项统计。

历年复制档案情况统计表

年代	印放照片（张）	手工仿真复制	静电复印（张）	阅读复印（张）	机器仿真复制（张）
1963 年	2003				
1964 年	820				
1965 年	1168				
1971 年	4500				
1972 年	10400				
1973 年	2151				
1977 年	506				
1978 年	298				
1979 年	1327		2210		
1980 年	733		1649		
1981 年	500	14 张	45331		
1982 年	809	7 件 20 张	89592		
1983 年	2575	5 件 12 张	98635		
1984 年	4567	12 件 20 张	164331		
1985 年	2342	4 件 8 张	280000	400	
1986 年	4418	6 件 8 张	210000		
1987 年	3325	3 件 7 张	79136		
1988 年	1255	12 件 20 张	255955		
1989 年	1484	6 件 9 张	108813		

续表

年代	印放照片（张）	手工仿真复制	静电复印（张）	阅读复印（张）	机器仿真复制（张）
1990 年	930	16 张	105968	5875	
1991 年	2476		62489	6800	
1992 年	1476		69215	4398	
1993 年	1244	60 张		17389	
1994 年	2162	180 张	70398	8000	
1995 年	10368	16 张	66625	2266	
1996 年	12033	145 张	10888	4165	
1997 年	11214		44738	2945	
1998 年	668	40 张	51000	4375	
1999 年	1149	250 张	10000		
2000 年	1200	950 张	133224	2012	
2001 年	291	162 张	183406	1650	
2002 年	1675	303 张	46120		
2003 年	3147	330 张	39800	2741	
2004 年		290 张	47120		
2005 年		326 张	54630		
2006 年	90000	371 张	146205	这几年静电复印和阅读复印的数量是合在一起统计的	
2007 年	8764	330 张	168800		
2008 年	10000	120 张	145000		
2009 年	12000	163 张	25575		
2010 年	2000	247 张	65300		
2011 年		名人手迹 394 张			
2012 年		185 件			25
2013 年		173 件			253
2014 年					699
2015 年					1099
2016 年					3114（含彩色打印1132 张）

续表

年代	印放照片（张）	手工仿真复制	静电复印（张）	阅读复印（张）	机器仿真复制（张）
2017 年					2097
2018 年					1125
2019 年					823
2020 年					322
总计	217978	413 件 /4811 张	2882153	63016	9557

四、科研工作

在做好档案保护工作的同时，本馆还进行了一些保护技术方面的科研工作。保护工作者充分发挥主观能动性，通过对工作中出现的一些问题进行思考、试验和研究，提高了档案保护工作水平和解决实际问题的能力，为做好民国档案的保护工作打下了基础。

（一）1980 年以前的技术革新

保护技术方面的科研工作在史料整理处时期就开始了。为了做好保护工作，根据当时的实际情况，保护人员自力更生，从零开始，认真开展技术革新，取得了较好的效果。例如，1958 年，照相的同志为了更好地完成照相复制工作，自己动手制作棱镜和闪光灯；为了节约胶片，利用放大纸直接成像。这些技术革新都取得了很好的效果。针对 5 号库和其他工作中的问题，史料整理处积极开展了相关研究工作。1960 年，中科院江苏分院确立的重要科学技术研究项目中，史料整理处的就有5 个：（1）改装现有通风洞（减少或避免潮气侵入库内）；（2）设计安装新档案库的通风设备（解决新档案库的潮湿问题）；（3）改进现有的吸尘器（解决库房地板上的尘土），设计改装吸尘器配合整理工作；（4）设立简易消毒室（将大批档案进行消毒）；（5）设立除尘室（将大批档案进行除尘）。1~4 项第一季度完成，第 5项第四季度完成。1960 年上半年，为了提高修裱速度，本馆尝试进行技术革新，考虑研制一台裱糊机，利用机器代替手工进行修裱。最初研究用机器喷水，后来又想出机器喷浆、下纸、揭纸、烘干等，想把裱糊工作的全部过程连成一条线，研制一台实用的裱糊机，可惜，后来这个项目没有深入下去。虽然这个项目没有成功，但通过试验摸索和总结，大家积累了经验，为今后的研究工作打下了基础。1979年，为了控制5号库的湿度，技术组的同志在学习同行的基础上，试制了一台去湿机自动控制仪，并逐渐在5号库和2、3号库进行应用，解决了人工去湿存在的问题，较好地控制了库房的湿度。

（二）1980年后的科研情况

进入20世纪80年代以后，随着档案事业的发展，档案保护研究工作进入新阶段，除了馆内开展一些研究项目外，还积极和有关单位合作，开展保护项目的研究。1983年，本馆与南京博物院、江苏省档案馆和南京市化工研究所合作开展纸张脱酸项目的研究（小试）；1984年底，项目通过鉴定；1985年，获文化部科技成果三等奖。在小试完成后，四家单位继续进行扩大应用试验（中试），1992年，中试通过鉴定并获得国家文物局科技成果一等奖；1986年，与五十五所合作，开展红外字迹恢复试验。通过试验发现，红外恢复技术对档案中的炭化字迹和褪色的铅笔字迹恢复效果较好，但对褪色、扩散的复写字迹和圆珠笔字迹恢复效果不理想。1990年，为了研究PM防霉剂对档案霉菌的防治效果，技术部和第二军医大学有关部门合作，开展PM防霉剂应用试验。为了开展对严重脆化档案的保护研究，技术部与南京图书馆合作，开展"几丁用于纸张加固"的课题研究。1996年，为了解决破损照片、唱片的加固问题，技术部和江苏省化工研究所有关部门合作，开展Parylene加固技术对破损档案加固效果的应用试验。除了开展以上合作项目外，本馆还完成了馆局立项的科技项目。1991年，两项课题获得馆局立项，一是"静电复印对档案文献的影响"，二是"馆藏档案完好状况的调查与分析"。1993年，"静电复印对档案文献的影响"课题完成并通过鉴定；1994年，"馆藏档案完好状况的调查与分析"课题完成。

在实际工作中，专业技术人员注意对工作中的一些问题进行分析、总结和研究，提升档案保护工作研究能力和水平。例如，1995 年，4 号库一层技术处办公和技术用房场所出现白蚁大面积出飞情况，为了控制白蚁危害，保护人员一方面把白蚁防治工作作为一项主要任务来做，坚决防止白蚁滋生蔓延，保护档案实体和资产安全；另一方面，在工作中注意对白蚁发生情况进行分析和研究，通过白蚁防治工作，深入探究白蚁发生的原因、过程及杀灭技术，提升档案虫害防治工作能力和研究水平。2002 年 4 月 5 日，在南京市科技局科技成果处主持下，本馆开展的"档案馆白蚁防治技术研究"课题通过专家组的鉴定。当年，课题组以"一种便于灭杀白蚁的引诱剂"为名称，申请国家发明专利，2005 年 8 月 17 日，获国家知识产权局颁发的发明专利证书，专利号 ZL02 1 37981.5，国际专利主分类号 A01N65/00。

为了做好档案脱酸工作，2000 年以后，我们开始对馆藏民国时期报纸、期刊、图书进行酸度普查工作，基本摸清了馆藏民国文献的酸化情况。先后发表《纸张酸度测定方法比较研究》《民国报纸酸度调查与分析》《民国书刊酸度调查与分析》等文章，对民国文献酸度检测方法、酸化原因和酸化现状进行调查和分析。在完成对馆藏民国图书、期刊、报纸酸化状况调查的基础上，继续开展馆藏民国档案酸化状况摸底调查。2014 年，"民国档案酸度普查研究"课题入围《2014 年度国家档案局科技项目计划》（项目编号 2014-B-10）。项目主要内容是对民国档案进行全面系统的酸度普查，全面了解民国档案酸化情况，为民国档案脱酸工作和民国档案的长期安全保管提供科学依据。根据课题研究方案，抽取数字化以后 71 个保管单位、11198 卷共 33582 张民国档案进行酸度检测和分析，获得民国档案 pH 值数据 100746 个，初步掌握了馆藏民国档案的酸度情况。2018 年，"民国档案酸度普查研究"课题顺利通过国家档案局技术部组织的验收。通过调查，我们发现馆藏民国档案已经出现酸化的比例约占总量的三分之二，其中酸化严重和特别严重档案的比例为 19.8%，约占总量的五分之一。馆藏民国档案酸化情况严重，档案脱酸工作相应提上议事日程。

纵观 70 年的发展，档案保护技术工作经历了从无到有、不断丰富和发展的不平凡历程，为民国档案的长期安全保管提供了重要技术保障。从发展历程看，本馆保护技术工作经历了安全保管、技术保管和保护技术三个发展阶段。

史料整理处成立之初，档案保护工作以安全保管工作为主，主要是防火、防盗、防特、防虫、温湿度调节和档案修复等工作，虽然工作内容比较多，投入的精力也比较大，但整个工作还是处于起步阶段，档案保护工作的技术含量和水平都不高。因为大家都是从头学起，没有经验可以参考，需要自己在实践中摸索，不断积累经验。1959 年初，5 号库投入使用后，库房出现了高温潮湿问题，史料整理处成立了技术保管组，专门负责库房温湿度控制工作。档案安全保管工作开始向技术保管方面发展，原来只是通过简单的开窗通风来调节库房温湿度，现在开始以温湿度监测、密闭和去湿三者结合的技术来控制库房温湿度，档案安全保管工作的技术含量在增加。随着时间的推移和工作的不断深入，温湿度控制的技术和水平也在不断改进和提高，档案库房环境明显改善，档案安全有了基本保证。进入 20 世纪 80 年代，我国开始实行改革开放政策，社会经济进入大发展阶段，历史档案的开放政策进一步促进了档案事业的发展，档案保护工作的内容进一步丰富和发展，缩微复制技术作为档案保护工作的一项新内容发展起来，成为档案保护技术的一项重要内容。此外，档案修复技术、虫霉防治技术、库房建筑技术、温湿度控制技术等内容也都有了很大的发展和进步，档案技术保管工作的内涵进一步丰富，技术保管工作发展成档案保护技术工作。

（邵金耀、邹素珍　撰稿）

┃ 第十章 ┃
档案信息化建设

　　档案信息化建设是一个现代化档案馆的基础性建设，数字档案资源的收集、保存和开发利用是档案信息化建设的工作重点。为有效提高档案管理的工作效率，冲破档案利用局限，实现档案信息资源的合理配置和社会共享，适应时代发展的跨越式"数字崛起"，并最终建立数字档案馆，档案信息化建设势在必行。为此，2020年最新修订的《中华人民共和国档案法》专门增加了一章"档案信息化建设"，作出了具体规定，为档案信息化建设指明了方向。

　　作为国家级档案馆，本馆的信息化建设开始得比较早，自20世纪80年代初起，陆续开始档案缩微工作，并于2006年底被中央档案馆国家档案局确定为全国档案系统档案信息化工作15个试点单位之一，在2007年9月于福州召开的全国档案信息资源开发利用试点工作总结会议上交流了试点工作经验。从80年代初到2021年已走过近40年的发展历程，从缩微复制、计算机电子检索、档案全文数字化及各类存储介质的运用，发展到全馆档案信息化系统工程的全面建设，如今已形成了档案信息化管理平台、办公自动化系统、全国民国档案目录系统、多媒体文件管理系统、民国档案文献编研系统及馆外部门户网站、微信公众号等组成的全馆档案信息化管理体系，尤其在档案全文数字化及电子档案数据信息利用等方面，我馆在档案界均居领先地位。

根据信息化技术的发展，我馆信息化建设大致包括以下几个方面的内容。

一、档案信息资源建设

档案信息化建设包括方方面面的内容，其中最基础、最迫切的是档案信息资源的建设。本馆浩如烟海的档案资料，要经过数字化处理变成计算机能识别和处理的代码序列，这无疑是一项艰巨的工程，是制约着档案信息化建设的"瓶颈"问题。本馆自20世纪末至今，始终高度重视馆藏档案信息资源建设，从缩微胶片的拍摄，到档案数字化扫描，到胶转数、数转胶等工作的开展，特别是"五年数字化工程"的实施，对我馆信息资源建设起到了巨大的推动作用。目前已经数字化的档案达到7000多万画幅，单套数据总量1.6PB，另外还通过缩微和数转胶制作了4万余盘缩微胶片，共6300多万画幅，在国家级档案馆及省部级档案馆中名列前茅。

（一）民国档案的缩微复制

缩微复制技术是利用摄影的方法，将原件（如档案、书刊、报纸、工程图纸、单据等）缩小拍摄在感光胶片上，经冲洗、拷贝加工成各种缩微品。使用时，借助放大还原设备阅读或复制。缩微复制技术在档案界有着广泛的运用，具有存储空间小、精密度高、速度快、记录准确、便于档案长期保存和利用的特点，适用于各种原文的全文存储，它保护抢救了档案原件，延长了档案的寿命。同时，由于缩微拍摄忠实于原件面貌，因此《中华人民共和国档案法实施办法》第二十一条、《民事诉讼法》第六十一条都明确地规定了缩微品的法律效力。

本馆早在20世纪80年代初期就开始研究利用缩微技术保护和利用档案。80年代中期，根据国家档案局关于《发展我国档案缩微事业》的指示和全国档案馆缩微工作会议精神，本馆开始有计划、按步骤地将馆藏档案进行缩微复制，制作了大批民国档案缩微品。

从1985年起，本馆经过近20年的不懈努力，缩微复制工作到2000年已经进入一个比较成熟的阶段，取得了较丰富的实践经验。馆里配备了 10 余台不同规格的缩微摄影机、冲洗机和拷贝机等设备，建立了以 16 毫米卷式银盐片为主、35 毫米卷式银盐片和封套 (平) 片为辅的缩微品摄制管理系统。20 世纪 80 至 90 年代，每年可拍摄档案资料在 160 万幅以上，最多时一年曾拍摄近 800 盘约 200 万画幅，并有一项科研成果获国家档案局科技进步奖。

2000 年至 2004 年，本馆利用合作项目，重点运用缩微技术的优势，采用 35 毫米胶片，对馆藏民国时期香港、澳门地区档案史料进行了缩微复制。2002 年，完成香港地区档案史料专题选编 50688 画幅、84 盘胶卷制作。2003 年，摄制完成澳门地区档案史料专题选编 18237 画幅、30 盘胶卷制作。2003 年，摄制海关专题档案，完成 220832 画幅、363 盘胶卷制作。

在"五年数字化工程"期间，本馆将档案缩微工作进行了外包，完成了海关档案等共 900 多万画幅、3393 盘胶卷的拍摄制作。

迄今，本馆档案缩微复制总数已达到单套 8286 盘 2043 万画幅以上。另外，我们还制作了一套备份胶片，送到中央档案馆后库进行异地保存。这些档案缩微品自 80 年代起，已经逐步替代档案原件对外提供利用；同时，部分缩微品已向海内外发行，满足了中外学者及社会各方面研究参考的需求。

（二）民国档案数字化工作

本馆馆藏档案数字化从对外项目合作到馆藏档案有计划地全面数字化、从自行组织人员到档案数字化加工全面外包、从利用外部投入到按计划申请国家财政投入、从自定技术参数到制定符合国际标准的技术参数、从小规模小范围数字化扫描到大规模数字化局域网环境平台及数字化数据管理平台建成，已从摸索阶段发展到成熟规模化阶段，积累了一些比较成熟的经验并形成了自身的特点。特别是 2013 年开始实施"五年数字化工程"以来，本馆以档案数字化为中心，全面加强档案信息化建设，以信息化为标志的档案信息资源开发利用工作，走在了我国档案界的前列，我馆的经验已在全国诸多档案馆局推广参照，产生了一定的影响。从1998年开始档案数字化至今，本馆已完成7000余万页的档案数字化制作，累计产生电子数据1.6PB。

我馆民国档案数字化工作发展的历史脉络，可划分为探索实施阶段、规模化阶段和社会化阶段。

1.民国档案数字化工作探索实施阶段（1998—2008）

民国时期是距离我们最近的历史，对于这一时期历史经验的总结、真相的探寻、历史文化的传承，都离不开民国档案的开发与利用。民国档案作为民国历史的原始记录和真实凭证，其数字化工作极具现实意义。但民国档案基础状况普遍不佳，纸质差，破损、霉变较多，且内容繁杂、玉石俱存，尤其是立档成卷机构多，案卷数量庞大，质量参差不齐，因此，档案扫描的前期整理工作就变得尤为重要。

20世纪90年代末，我馆便开始有计划地按专题进行民国档案数字化工作。主要利用合作项目，借助社会资金，依靠我馆档案工作人员，按专题进行档案整理和数字化扫描工作，曾先后完成财政、邮电、黄河水利等档案数字化。正是在这一历史时期，我馆制定了《民国档案整理规则》（以下简称《规则》），全面总结历年来档案整理所取得的经验，从主题内容与使用范围、民国档案整理的目的与原则、整理工作的程序与方法等方面对整理工作进行了全面规范。《规则》成为后来《民国档案数字化前整理规则》的雏形，对现在的数字化工作仍然具有重要的指导意义。

这些项目的完成，开创了我馆大规模结合档案整理工作开展档案扫描工作的先河，同时，奠定了我馆数字化工作的显著特色，即"先整理，后扫描"。这一做法，使完成数字化的档案在进行数据挂接处理以后便可对外开放，实现了数字化成果的迅速高效利用。

但受限于资金、人员、项目时间等因素，这些专题电子档案不是全卷扫描的，而是选择了一部分进行扫描，且数据标准不统一。其成果在检索、利用及保管上的局限性日益凸显。

2. 民国档案数字化工作规模化阶段（2008—2012）

为解决上述问题，2008 年起，我馆制定规划，招募一定数量的社会人员，由我馆直接负责培训和管理，开展了对馆藏档案按全宗进行规模化数字工程，以"中央研究院"档案全宗为试点，高标准全部扫描后封存了原件。

2010 年，制订《中国第二历史档案馆"十二五"规划》，将加快档案数字化工作作为增强档案服务的主动性和有效性、提高档案工作为科学发展服务能力和水平的主要手段，规划"十二五"期间，每年完成 500 万画幅扫描制作，180 万画幅缩微拍摄，3000 盘档案缩微品清洗、拷贝，约 100 万画幅数胶转换，如条件许可，应力争加快制作进度。

这一时期，我馆在档案数字化过程中，充分汲取前期经验，按照既定方针，执行"先整理，后扫描"的程序，在确保档案实体及其信息安全的前提下，基本实现制成的档案数据能够及时提供利用，形成了一整套比较成熟的馆藏民国档案数字化流程管理的工作经验。

在数字化技术参数方面，我们参考世界上领先的台湾有关档案机构数字化标准，制定了 Tiff 300 dpi 彩色扫描标准，不仅能够满足利用需要，更可满足一般出版需要。在数据安全管理和存储方面，我们对制成的电子档案，除中心服务器磁盘阵列在线存储外，另制作 3 套备份。一是近线存储，磁带备份；二是刻录 DVD 光盘，库存备份；三是磁转胶，以胶片实现异地备份，确保档案数据万无一失。

截至 2012 年，我馆已完成约 2130 万画幅档案的扫描工作，加上档案缩微成果，数字化档案总量约占我馆馆藏的 14.3%。

3. 民国档案数字化工作社会化阶段（2012 年至今）

经过 10 余年的探索和努力，我馆的档案数字化工作取得初步成效，并形成了一整套行之有效的档案数字化工作流程和技术要求。但随着经济社会的不断进步和发展，大数据时代呼啸而来，档案资源现代化、信息化建设进程不断加快，当前数字化工作的进度，仍不能完全满足查档利用的需求，急需大规模的资金、人力和物力的集中投入。经讨论，二史馆决定实行档案数字化工作社会化，即借助社会力量，利用专业化、市场化的档案服务供应商的优势资源，实现档案数字化的流程管理，以提高工作效率，加速完成档案数字化工作。

据此，二史馆向财政部、国家档案局申请启动"馆藏民国档案前整理和数字化跨年度项目（2013—2017 年）"（简称"五年数字化工程"），所需经费 1.56 亿元。用五年时间（2013 年 1 月—2017 年 12 月），完成档案整理 6000 万页、档案数字化扫描 5000 万页、档案缩微 900 万画幅、破损档案修复 120 万页。按照"重点优先，分步实施"的原则，对价值大、利用率高的馆藏档案进行整理和数字化处理，保障档案安全，为档案开放利用提供条件，解决档案原件封存与档案开放利用的矛盾。建立开放档案数据库，构建安全、稳定、高效的电子档案保管、检索、利用平台，为逐步建成数字化档案馆奠定基础。

为保障"五年数字化工程"的顺利实施，我馆成立专门的数字化领导小组和各专业工作组，负责全馆档案数字化工作的组织与实施。将新建成的 4000 平方米办公楼改为数字化业务楼，内设档案整理、扫描、修裱、装订、缩微、消杀等工作场所。各个环节的具体工作，全部以技术服务外包的方式开展，通过公开招标聘请来专业外包公司进行工作。

依据民国档案的历史特点和保存现状，以全宗为数字化加工单位，遵循档案内在逻辑，在调整和优化原有工作程序的基础上，本馆形成了一整套档案数字化加工的工作流程（如下图）。

档案出库	数据存储	扫描质检
整　理	扫　描	档案装订
整理质检	修　裱	档案入库

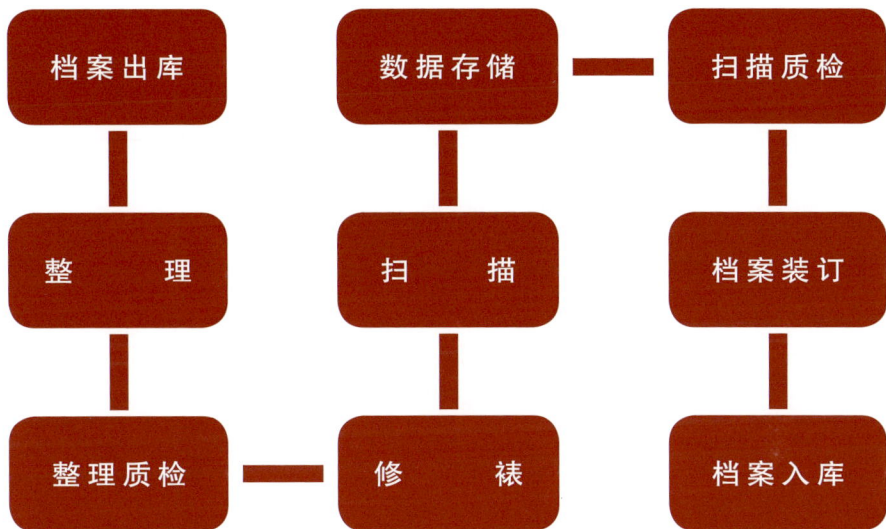

　　全流程包括24个环节，通过精确的流程管理，实现项目的高效运转：（1）档案提调移交；（2）分卷(包、盒)顺号；（3）拟写案卷标题；（4）卷内文件排序；（5）卷内文件秩序固定；（6）重份档案的处理；（7）档案保护性处理；（8）填写案卷备考表；（9）案卷包装；（10）编制目录条目；（11）整理质检验收；（12）档案的移交；（13）扫描前的新卷封打印与更换；（14）扫描前的工序；（15）档案的扫描加工；（16）扫描图像的优化和质量检查；（17）数据存储、转换和备份；（18）电子档案数据的挂接；（19）电子档案数据的处理与质检；（20）档案的缩微与质检；（21）档案的数胶转换；（22）档案的装订；（23）档案的消毒入库；（24）档案数据的提供与开放。

　　在管理上采取本馆专业人员负责全程安全管理和业务指导、质量管控的模式，确保了档案安全和档案数字化加工质量，大幅度加快了本馆档案数字化的速度。这一做法也得到了上级领导及业界同行的充分肯定。

　　各业务部门深入数字化工作的第一线进行指导和管理，同时进场，同时退场，共同管理。同时制定了一系列的安全管理制度并切实遵照执行，并要求外包公司在加工现场分别对应设置了专职的安全员、库管员、数据管理员，每天都要做好相应的检查和记录工作，务必做到责任到人。馆方与公司、公司与员工都签有保密协议，外包公司员工入职前必须经过入职安全教育。在项目实施过程中，馆方组建由各部门领导组成的安全督导组，每天对数字化工作现场进行巡查和指导，确保数字化工作的安全。在质检验收上严格按照本馆《档案数字化质检验收办法》《档案数字化质检工作要求》《档案数字化前整理成品质量检查细则》《档案扫描质量检查细则》《缩微产品质量检查细则》《档案修裱质量检查细则》《档案装订质量检查细则》的要求组织实施。数字化工作过程中，我们实行分阶段累进式的质量控制。各专业组督促外包公司完成至少两次100%产品自检，并根据合同按照20%的比例抽检，对不合格的产品退回重新处理，检查合格后提交馆方质检验收组。馆方质检验收组组织有关人员按照合同总量的3%～5%，重新对各项目提请验收的成品进行质量抽检，对不符合合同约定的情况全部退回重新处理，对在合同规定范围内出现的问题汇总后反馈各专业组，并由其责成外包公司及时整改，同时出具质检验收报告。

为了达到每年数字化加工1000万页的目标，在硬件上我们扩建了中心机房，并购置了交换机、服务器、磁盘阵列、磁带库等核心设备。根据任务的需求，结合我馆在前期档案数字化工作中积累的经验，经过科学论证，建设了两条数字化扫描流水线。每条流水线配置加工终端70台、A3零边距扫描仪36台、A2平板式扫描仪三台和A0馈纸式扫描仪一台，满足档案扫描、质检等工作需要，同时配置一台A0非接触式扫描仪，满足两家公司对各种特殊尺寸、特殊类型档案的扫描需求。数字化加工生成的图像文件不再用离线硬盘保存，而是通过网络传送到磁盘阵列中，经过检测合格后，再刻录两套磁带保存。为此，我们建立了总容量达1400TB的磁盘阵列，分别配置了数据加工区、数据移交区和核心数据区。

依托这些硬件设备，五年共计扫描了约 51 万卷 5000 多万页档案，累计产生电子数据 1.2PB。

2017 年"五年数字化工程"结束后，我们转为常态化的档案数字化工作，继续采用服务外包的工作形式，每年 200 万电子画幅的档案数字化任务。针对此情况，我们把两个数字化扫描流水线合并为一个，充分利用现有设备，对加工软件和管理方式进行了调整，实施精细化的管理。及时对现有扫描状态做出调整，制定出适合小规模扫描工作的流程和制度，重新对工作区域进行划分，对参加扫描工作的人员进行重点培训，对扫描档案进行有序安排，对现场管理人员进行合理安排，在现有扫描经验基础上进一步提升工作技术含量，打造出"小而精"的品质工程，保证数字化扫描工作做有所获，获有所用。同时，在扫描工作后期数据质检中增加图像标记环节，对扫描过程中遇到的特殊档案或载体进行数据标记，形成分类数据库，对档案数据进行细化，方便史料研究利用。

（三）胶转数、数转胶工作

1. 胶转数工作

2006 年以后，本馆开始对缩微胶片的模拟影像进行数字影像转换，先后采用外聘人员和服务外包的方式，至今已完成 18 个全宗约 9 万卷 1500 万画幅，其中部分电子数据已挂接到档案信息化管理平台，代替原件为利用者提供查阅服务。

2. 数转胶工作

从 2012 年开始，我们对数字化后的档案进行转换，形成灰度图片，并用胶片打印机打印成胶片储存。我们购置了一台柯达 9610 胶片打印机，采用外聘人员的方式制作胶片。从 2013 年开始，"五年数字化工程"期间，我们又购置了一台柯达 9610 和两台赛数 OP500 胶片打印机，制作了 19000 盘，3445 万多画幅。从 2018 年开始，到 2020 年底，我们共打印胶片 4500 盘，约 900 万画幅。迄今，本馆档案数字化图像转胶片总数已达到 23500 盘、4320 万画幅以上。

二、档案信息系统建设

（一）档案信息系统初步建立

进入 21 世纪后，在全国大力推进档案信息化建设的大背景下，本馆亦加快了信息化建设的步伐，认真梳理民国档案在信息化管理方面遇到的新情况，认识到档案信息化建设的重要性和紧迫性，对档案信息化建设工作进行了探索和实践，取得了一定的实效。

2000 年至 2004 年主要为前期准备时期。包括向上级申请立项、申报一期建设工程经费预算、部署安排本馆相关启动事宜并对系统建设功能的需求进行分析调研。

从 2004 年起，在馆领导的全力支持和推动下，本馆的档案管理信息化开始正式建设。结合本馆馆藏档案的特性，制定了本馆档案信息化建设的总体目标，即在国家档案管理部门的规划和组织下，在档案管理的活动中全面应用现代信息技术，对档案资源进行数字化管理和提供利用。建设目标主要包括五个大的方向：一是以本馆的外网和各部门内网包括办公自动化建设为重点，加强基础设施建设；二是以档案检索查询、提供利用为重点，加强档案管理现代化应用系统的建设；三是以馆藏档案的数字化加工为基础，加强档案信息资源的建设；四是按照民国档案的保管整理的要求，研究和制定数字档案的安全管理标准，以数字档案存储设施建设为重点，加强数字档案的安全管理；五是以档案专业人才、计算机专业人才、复合型人才为重点，加强档案信息资源管理专门人才队伍建设。

1. 档案现代化信息管理系统建设规划及总体目标

根据本馆特点，设计具有档案管理（包括整理编目、利用查询、库房管理、保护技术、档案编辑、出版等）、档案数字化、办公自动化、多媒体展示、网上信息发布、全文信息检索等公用服务所需的数据交换功能的软件系统。系统的建设，围绕办公自动化（OA 管理系统）和档案业务管理现代化两大目标进行，包括办公自动化、业务管理现代化、档案数字化和互联网信息发布平台四个组成部分。

2. 管理信息系统建设进程

2003 年 12 月，我们启动了"中国第二历史档案馆综合管理信息系统"开发工作。2004 年 3 月，经馆领导批准，《中国第二历史档案馆信息管理系统应用软件需求说明书》正式定稿。其设计思路与功能模块的确定，是在充分征求各相关部门的意见后，经多次修订形成的。同年 5 月，信息中心机房改造正式竣工，并通过验收。从 2004 年 4 月份起，本馆档案信息管理系统建设的软件开发与硬件配置方案正式上报馆局行财司，进入政府采购程序。7 月，完成了机房与办公场所的搬迁，并将馆外部网站建设作为当年的重点工作目标先期展开。8 月，馆藏民国图书录入管理系统软件开发成功投入试运行。9 月，正式成立了馆现代化信息管理系统建设工作小组。小组部分成员在赴广东省、广州市及深圳特区等省市级档案馆进行调研、学习后，形成了本馆现代化信息管理系统集成方案，并向馆领导及馆局行财司提交了系统建设方案的实施意见。2004 年 12 月，馆局正式批准本馆现代化信息管理系统的软件开发工作。

在硬件建设上，2004 年 12 月，本馆将系统硬件设备集成的采购方案上报中共中央直属机关政府采购中心审批。2005 年 1 月，中直政府采购中心组织专家组对本馆现代化信息管理系统硬件设备集成方案进行论证、答辩，该方案顺利获得通过。

2005 年 5 月底，本馆现代化信息管理系统的网络布线工作正式展开。至 9 月，共完成 5 个楼宇交换机、313 个信息接入点的安装和布放，还预留了东、西馆区今后建设所需的光纤，并同步完成内部网站控制机房、数据交换机房、主机房的设备安装。主机房的主要设备选型为：主交换机采用 CISCO-4510R；服务器采用 DELL-PE2850、DELL-PV775N；存储采用 DELL-EMCCX300。中心数据库系统平台在全国档案系统中属于一流水平，全馆网络结构分为外部网站和内部网站。外部网站对外连接互联网，适时发布经馆领导审批通过后的各类档案信息。内部网站由办公、业务网交互形成，网络结构为 BS 结构，充分考虑到本馆馆藏档案的属性，通过设置访问权限，可以确保各类信息数据、文件、图像的传输存储安全，同时充分保证各部门职能独立运行。

2005 年 10 月，本馆完成档案扫描应用软件升级和设备更新，馆内外数字化加工能力得到提升。同时完成中心机房消防、配电设备的安装。主机房中心交换机存储设备开始加电调试，网络平台基本建成。系统应用软件（办公、业务管理软件）也于当年完成开发，进入应用阶段。

至此，中国第二历史档案馆档案信息化系统初步建立，在此基础上，2008、2009 年分两次对机房进行了扩容和升级改造等项目，完善了各系统的功能，2010 年建设了 24 小时供电新中心机房，初步满足了馆内信息化工作的要求，实现了档案业务信息化管理的目标。

（二）信息化建设跨越式发展

随着信息化技术的高速发展，特别是从 2009 年馆藏档案数字化加工实施外包以来，每年 500 万画幅的扫描数量，产生了大量的原始数据。原有的信息化系统，无论是软件还是硬件都无法满足不断增加的使用需求，因此在 2013 年开始实施"五年数字化工程"计划时，我们对机房环境、网络设备、服务器、存储设备、数字化加工设备以及信息化管理软件进行了大规模的改造，从而实现高效稳定的数字化加工、长期安全地存储馆藏数字化资源、电子化的档案数据管理和档案业务办理、向社会各界分级提供馆藏开放档案资料快捷的查阅利用服务。

2013 年 6 月，经过公开招标，我馆"数字化基础终端设备与核心数据机房建设系统集成项目"正式启动，并于年底前完成全部建设内容。2014 年年底，完成机房的扩建与"数字化基础终端设备与核心数据机房建设系统集成项目（二期）"的建设。跟随着硬件设备的升级，软件系统也进行了重新开发，2013 年，我馆正式开始信息化管理平台的研发任务，同年底完成办公自动化系统的研发，2014年底完成了档案信息化管理系统的研发，并正式通过验收，上线运行。

"十三五"期间，我馆信息化建设不断完善。2019年，对UPS间进行了改造，保证了用电安全。2019年，建设了蓝光存储系统，满足了数据异质备份的要求。2020年，我们完成了"档案信息化平台"软件研发项目二期的建设，增设了相关业务模块。软硬件系统设备在达到三年质保期后，我们从2017年1月开始对硬件运维进行了外包，8月份开始对软件运维进行了外包，由专业运维公司承担我馆信息化系统的运维工作，有效地保证了各系统安全稳定的运行。

经过多年的建设与维护，我馆信息化建设实现了跨越式发展，办公自动化、数据存储与备份、数据管理与利用、史料编研、多媒体文件管理、全国民国档案目录管理系统以及云存储系统等功能全部在内网中运行，涵盖了档案业务的各个方面，在全国档案系统中处于领先地位。具体建设内容有：

1. 硬件设备

（1）机房环境。二史馆现有中心机房1间，UPS机房1间，楼宇交换间12间。其中，中心机房分为数据存储机房、交换应用机房和数据备份机房三个部分，根据不同功能存放磁盘阵列、服务器、交换机和磁带库等设备。UPS机房存放UPS主机及电池柜等设备。楼宇交换间存放多台楼宇交换机与中心机房相连。在机房电气环境方面，中心机房采用双UPS电源双路供电模式；每间机房采用两台精密空调，12小时自动切换的主备温控模式。同时，中心机房还配备了环境监控系统对电力、温湿度、门禁、消防进行监控。

（2）网络环境。网络结构为"核心—接入"两层拓扑结构。共有主备模式核心交换机2台（华为S9306，华为S9703），楼宇汇聚交换机1台（华为S9706），接入交换机30台，其中有Cisco 3550（2台）、华为S5700（19台）、华为S5710（9台）。核心交换机存放于中心机房，楼宇汇聚交换机存放于二史馆信息化处，接入交换机存放于各楼宇交换间中。楼宇间网络带宽为万兆网，桌面接入为千兆网。IP 划分共 27 个网段，分属为 27 个 VLAN，包括物理服务器网段、虚拟化服务器网段、办公网段、加工网段等。访问规则为：办公网段间允许互相访问，并允许访问服务器网段；加工网段间不允许互相访问，仅允许访问指定区域网段。通过核心交换机上的 ACL 实现访问控制（见图 1）。

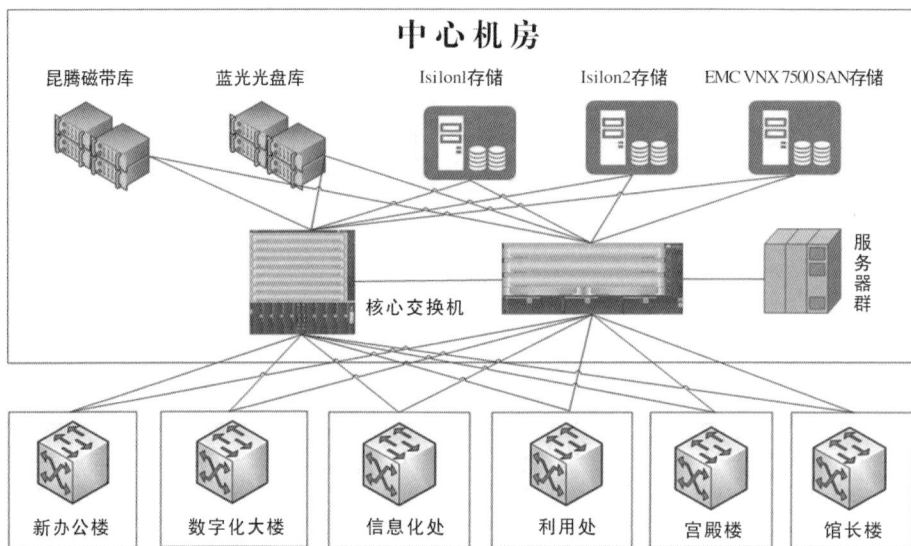

图1　中国第二历史档案馆内网网络拓扑图

2017 年，根据国家档案局的统一安排，建设了我馆网络视频会议系统，实现了与馆局的远程视频会议、在线教育等功能。同年，对互联网公共阅览区进行功能改造，实现本馆人员注册授权后自助上网。

2019 年，根据办公场所调整需要，对财务专网、互联网线路进行了迁移和改造，新增并接通了馆局办公网，完成了新办公楼至西库中心机房的内外网光纤、新办公楼至宫殿楼财务专网光纤、宫殿楼至馆长楼馆局专网光纤铺设，并更换了核心交换机、配置了楼宇交换机，保证馆内的网络通畅。

2020 年，我馆克服了疫情带来的不利影响，完成了全馆老旧网络的改造升级，重新铺设中心机房至馆长楼、宫殿楼的光纤，更换安装调试楼宇交换机共 7 台次，内网、外网主干链路全部新铺光纤，核心交换机、楼宇交换机全部替换为华为品牌。此轮改造完成后，我馆网络速度及稳定性得到了显著提升，各处室网络可独立运行，提升了网络办公的质量和效率。

（3）存储设备。我馆共建有存储设备 4 套：1 台 EMC VNX7500，总容量 823T，用于档案电子数据的存储和利用；2 台 EMC IsilonX400，容量各 509T，用于档案电子数据的加工和中转；1 台昆腾 I6000 磁带库（可存储 3000 盘磁带）和 1 套星震 BD200 蓝光光盘库（总容量 2P），用于档案电子数据的近线离线备份。存储设备均存放于中心机房中。

（4）服务器设备。我馆各机房在用服务器共 25 台。其中，华为 RH5885 服务器 13 台，Dell R710 服务器 4 台，联想 RD630 系列服务器 8 台。这些服务器采用虚拟化和物理集群相结合的方式，分别用于系统应用安装、服务器集群、磁盘阵列管理、磁带库管理、数据库集群等。

2. 软件系统

我馆信息化管理系统共分两期建设，一期包括办公自动化系统、信息化管理平台和全国民国档案国家总目三个部分，2014 年完成研发上线运行，基本满足了办公、档案划控、查档、利用等档案业务需要；二期研发是在原有系统使用多年的基础上，有针对性地提出了使用需求和改进建议，对原有系统进行功能升级，并新增多媒体文件管理系统、民国档案文献编研系统、全国民国档案文件级目录管理平台三个子系统，2020 年底完成研发并上线运行。通过两期软件的研发和上线运行，基本实现了全部档案业务的线上办理。

（1）办公自动化系统。本系统包括公文办理、办公室工作、人事管理、固定资产管理、离退休管理、党群工作、项目管理等模块，二期研发时增加文书归档模块，能够对各部门文书进行整理，对需归档文书按国家标准进行自动检测，上报办公室审批。经过不断调整完善，已经能够基本实现无纸化办公的需求。

（2）档案信息化管理平台。包括档案数字化、数据管理、档案整理、档案划控、档案利用、档案保管、图书管理、数据查询等模块，涵盖了我馆档案业务的方方面面，能够满足各业务部门的需求，所有业务线上审批，线上办理，工作科学化、流程化、可视化。特别是对档案数据的全流程管理，从数字化加工、数据存储和备份、数据管理到档案划控、档案利用、审批等所有环节都在系统内进行，不仅为查档者提供了高效的查档服务，同时所有审批过程都可通过线上进行，有效地保证了流程的规范、数据的安全和审计的全面。

（3）多媒体文件管理系统。多媒体文件管理系统是以多媒体文件为管理对象，采用计算机多媒体技术构建起一个多媒体文件的收集、管理、保存、利用的平台。系统提供多媒体文件在局域网服务器的导入导出功能，对多媒体文件进行基本编辑，满足利用需求，实现多媒体文件调取线上审批流程，追溯文件传输过程，确保数据安全。根据用户需求，形成接收库、素材库、资料库、归档库四个库。接收库是对目前文件夹管理的多媒体数据，归纳入系统进行统一管理，所有数据先进接收库。素材库是多媒体管理员结合接收库的数据进行审核，把不需要的数据放入素材库，以备后续备查。资料库是多媒体管理员结合接收库、素材库的数据进行审核，把需要的数据收进资料库。归档库是根据国家档案局的要求，从资料库中提取需要归档的数据进行整理，并移交办公室进行审核归档。

（4）民国档案文献编研系统。构建一套数字化、自动化、网络化的协同编研平台，在线进行档案文献目录查询、电子影像获取、史料选材编辑、汇总审核出版等业务环节，全程流程记录与回溯跟踪，增强数据安全风险管控。实现灵活整理编目，提供图像自由旋转和图像拼接功能，可将 A3 图像截图成两个 A4 图像，提供跨案卷图像移动功能。

（5）全国民国档案目录管理平台。对于全国民国档案文件级目录数据，建立全国民国档案文件级目录管理平台，建立层级关系，将文件级目录数据信息按地区分类，以图表、树形图等图形化的形式进行形象化展示，实现对条目数据的各类统计，支持表格、饼状图、柱状图统计，提供目录数据质检验收功能，对质检验收后的数据进行分析和统计，实现对全国民国档案文件级目录数据的管理功能。将目录数据按地区分类推送到各自地区档案表中管理，以地图展示各地区民国档案文件数量，以折线图、柱状图等展示年度接收总量，可查看各档案馆的民国档案案卷级、文件级目录数量。

（三）官方网站及微信公众号建设

1. 官方网站建设

本馆官方网站 2004 年 11 月 11 日正式建成开通，网址是 http://www.shac.net.cn。2009 年 7 月，进行过一次全面改版更新，对中英文版面 LOGO、色彩等进行了修改调整，增加了主页动画，增设爱国主义教育基地、学术研究、民国春秋、民国旧影以及全国民国档案资料目录中心等板块，更新了网站的素材，增加了网站的内容，后期还增加了《民国档案》杂志的内容。

2016 年，再次改版，对网站版面进行重新设计与开发，增加了工作动态、学术动态、民国档案常识、海峡两岸、编研成果、史学研究、视频点播、虚拟展厅、预约查档等功能。

本馆外部网站自开通以来，运行状况及社会效益良好，点击率近 500 万，在全国各大档案网站中位居前列。

2. 微信公众号建设

《全国档案事业发展"十三五"规划纲要》提出，各档案馆要"充分运用新技术、利用新兴媒体，有效传播优秀档案文化，扩大档案工作的社会影响力"，"拓宽通过档案网站和移动终端开展档案服务的渠道"。微信公众号已经成为各档案馆局开展服务宣传工作的新手段。

我馆官方微信公众号"民国大校场"于 2017 年 5 月正式开通，包括史海钩沉、档房寻宝、服务指南等模块，定期推送民国历史方面的史学研究成果，为社会各界人士提供预约查档、个人查证等功能。至今，共推送文章 193 篇，阅读量累计 46.8 万余次，订阅人数 1 万多人，接收留言 1800 余条。

三、档案信息安全建设

档案信息安全是档案信息化的重要组成部分。档案信息通过网络系统向社会公众提供高效快捷的档案信息服务，必须要采用一套完整的安全措施和制度，保证网络系统安全性，防止黑客的攻击和病毒的入侵，使数据和应用系统不被破坏，系统时刻保持正常运转，信息传输的过程中重要信息不泄漏或被修改。

（一）档案数据安全

档案数据安全是档案信息安全的基础。目前，档案界公认的、主流的、较为科学的数据存储备份策略及方式，是"3—2—1"模式（对于要长期存储的数据至少要有 3 份拷贝，存储在 2 种以上不同的物理介质上，其中 1 份必须是可移动的、离线的、不可更改且不可删除的永久拷贝），简单归纳起来就是"多套、异质、异地"。

我们根据自身实际状况，搭建了多样介质管理系统，采取在线、近线、离线三种方式对档案电子数据进行长期有效的存储与备份，有效地保证了档案数据的安全。目前，通过档案数字化产生的电子数据共有 3 套备份：1 套存储于在线磁盘阵列，1 套存储于近线磁带库，1 套存储于离线磁带（其中 660 盘磁带送至中央档案馆后库进行异地保存，其余暂存在保管处库房，时机合适也要送到中央档案馆后库进行异地保存）。为提高档案数据的安全性，实现异质存储的目标，2019 年，我馆还采购了一套蓝光光盘库系统，容量 2PB，能够满足一套完整电子数据的存储，已经完成部分全宗数据的刻录，计划在 2021 年底完成全部数据的蓝光光盘备份。

（二）信息系统安全

信息系统安全是整个系统正常运行的保证，设计一套切实可行的网络安全策略，如采用严格的身份认证和权限管理、配置防火墙产品、配备入侵检测系统和信息传输加密产品、安装防病毒系统、安装备份灾难恢复系统等是保证系统安全的基础条件。

1.办公用计算机硬件安全保密方面

我馆目前在用的涉密计算机仅有一台，为江苏省政务内网接入终端，由省里统一配发，相关安全配套软硬件均已安装到位，不存在非法移动介质使用、非法外联、感染病毒等情况。其余目前在用的办公及业务用计算机均为非涉密计算机，我们均严格按照《中国第二历史档案馆内部网络管理规定》进行管理。在 2019 年底馆局组织的计算机安全专项保密检查时共检测计算机 340 台，未发现非法存储涉密信息、非法外联、非法使用涉密移动存储介质等情况。

2.中心机房安全管理方面

我们按照《内部网络管理规定》严格管理内网设备使用，局域网与互联网之间实行了严格的物理隔离，在局域网部署了网络版杀毒软件、统一终端安全防护软件，在接入层交换机中设置访问策略，涉及外来使用的交换机端口配置安全策略、绑定 MAC 地址，使用业务应急系统对网络及业务中的核心应用进行备份。按照《互联网使用管理规定》，严格互联网接入审批手续，部署互联网上网行为管理器，规范互联网使用行为。在门户网站服务器上安装网页防篡改软件，定期进行漏洞扫描及修复，每年开展一次网站渗透测试。2018 年，制定了《内部网络信息安全应急响应预案》，截至 2020 年底共进行应急响应演练 4 次。

根据馆局落实巡视整改工作相关要求，2020 年，我馆及时按照《档案信息系统安全等级保护定级工作指南》《档案信息系统安全保护的管理要求》的相关要求开展了中国第二历史档案馆信息化管理平台系统的定级测评工作。8月19日，完成定级专家评审，在江苏省公安厅按信息系统安全等级保护第三级备案。10月30日，完成信息系统安全等级保护测评。

我馆高度重视馆中心机房的安全和运行，机房动力及环境监控系统与馆中心安防监控室联动，中心机房设备由信息化处和技术服务外包公司组成团队进行日常运行维护，实行对中心机房工作日、节假日全面巡检制度，对机房核心交换机、存储、服务器等各项设备进行日常的维护和检测，安排每天4次巡检并做好记录，编制巡检报告，解决机房核心设备故障，更新内网杀毒软件病毒库。每年均安排运维公司及原厂工程师按月度季度进行设备巡检、出具巡检报告，同时对其运维工作进行半年度验收和年度验收。

2019年，信息化处对中心机房供配电和环境系统进行了升级改造，将中心机房不间断电源系统移至不同楼层的独立UPS间，将中心机房视频监控及消防气灭系统汇入馆新安保中控室。经过此次改造，机房核心设备由UPS供电＋市电供电升级为双UPS双路供电，三号机房由单路市电供电升级为双UPS双路供电。双路UPS为设备持续不断供电的时间延长到近2小时，比原来增加了一倍，给技术人员提供了更多的应急处理时间。UPS主机及电池迁移至东库三楼的独立UPS机房后，减少了中心机房内的火灾隐患，提升了中心机房核心设备的安全等级。

3.网络应急及安全管理方面

我馆官网网站、微信公众号均严格按照《中国第二历史档案馆互联网使用管理规定》进行管理。我馆官方网站一直以来都托管在江苏省信息中心，2020年迁移至江苏省大数据管理中心，能够有效地保证网络安全。信息公开、内容发布等均严格按照信息公开审查制度先审查后公开、一事一审、全面审查。目前未发现违规发布涉密或不宜公开的信息，不存在违规制作、复制、发布、传播涉密信息的情况。同时，我们建立每天读网制度，特别是在节假日期间，安排专人定时读网，能够有效监控网站情况，防止网站故障和黑客攻击。

（三）安全制度建设

信息化管理系统建设不能仅仅停留在软硬件设施的建设上，必须要有一整套完善的规章制度、标准，才能充分发挥信息系统的先进功能，更好地为档案事业服务。为了对本馆信息化系统进行科学的管理，根据馆领导要求，参考中央档案馆国家档案局及国家有关管理制度、国际相关技术标准，结合本馆的实际，本馆拟订了一系列信息化建设方面的规章制度及标准，如《中国第二历史档案馆外部网站与国际互联网联网保密管理规定》《中国第二历史档案馆计算机中心网站邮箱保密管理规定》《中国第二历史档案馆计算机内容网络管理规定》《中国第二历史档案馆馆藏档案电子数据管理与使用规定》《中国第二历史档案馆涉密载体销毁管理规定》《中国第二历史档案馆多媒体工作文件调用规定》《内部网络信息安全应急响应预案》，等等。同时在日常工作过程中，我们认真组织学习，严格按规定执行，并根据不断变化的实际情况进行及时的修正和调整，确保规章制度的严谨和科学。

四、结语

综上所述，本馆的档案信息化建设已取得令人瞩目的进展，档案管理水平迈上了新台阶。档案信息化建设可以为档案数据资料收集保管、利用的各个工作环节以及办公自动化工作提供方便、准确、快捷、可靠的技术服务和手段，把档案工作人员从繁重的手工劳动、重复劳动中解放出来，使档案的保管更加安全可靠，利用更加科学合理，查询更加迅速准确，加快档案信息的处理和流通，提高档案信息的利用率，提高档案管理工作的质量、效率和工作水平。但是，我们也要清醒地看到，现阶段我馆在信息化建设方面还存在许多需要改进的地方，就档案信息化的进程而言，我们还处于档案数字化阶段，距离数字档案馆阶段和智慧档案馆阶段还有相当大的差距。

信息化是新时代档案事业发展的重要方向。信息技术革命的日新月异和公众档案意识的不断增强，对现在和未来档案事业的管理模式、工作内容、服务形态等均产生深刻影响。我们要紧跟时代、积极探索、主动作为，积极履行为党管档、为国守史、为民服务的职责使命，深刻把握档案信息化内涵，站在我馆档案事业发展的全局来谋划和推进信息化工作。

在未来5~10年时间里，我馆的信息化建设将从实现加快和完善信息化"三个体系"建设的总目标出发，以新馆的落成使用为契机，以馆藏档案信息资源建设为核心，以档案网络建设为平台，以扩大档案信息资源开发利用为目的，加快推进档案资源数字化、信息管理标准化、信息服务网络化的进程，促进民国档案事业持续快速健康发展，将我馆打造成一座设施先进、技术领先并在国际上具有一定影响的智慧档案馆，实现信息时代传统公共档案馆现代化水平的全面提升，更好地服务于党和国家的各项工作，满足社会各界对历史档案信息的多层次多方面需求。

（陈勇开 撰稿）

第十一章

全国民国档案资料目录的
采集管理和资源共享建设

信息化时代的到来给档案事业的发展带来了新的机遇，也对档案工作提出了新的要求。随着档案事业的发展，全国民国档案资料目录中心（以下简称"目录中心"）应运而生。从 20 世纪 90 年代初期筹建至今，春华秋实三十载。目录中心在国家档案局全国历史档案资料目录中心领导小组及中国第二历史档案馆的正确领导下，抓住机遇，面对挑战，迎难而上，争创佳绩。截至 2020 年年底，已采集了全国范围内民国档案 14522 个全宗级目录数据、1100 多万条案卷级目录数据、7000余万条文件级目录数据，建立了涵盖全国各级档案馆典藏的民国档案全宗级和案卷级目录数据的"全国民国档案国家总目管理系统"和"全国民国档案文件级目录数据管理平台"，编辑出版了《全国民国档案通览》。在服务党和国家中心工作，推动全国各地档案馆基础建设、信息化建设标准化、规范化，实现民国档案资源信息共享等方面取得了可喜的成绩，发挥了不可替代的独特作用。

一、目录中心的建立

（一）成立缘起

20 世纪 80 年代初期，我国档案管理工作正处于从传统的封闭型、半封闭型的管理体制向开放型方向转化的过程。传统的档案管理体制阻碍并制约了档案信息的广泛交流和系统开发。一方面，我国的历史文献、档案资料极为丰富，另一方面因为二次文献检索工具的不完备，许多重要的历史档案资料长期得不到开发利用，这种现状与社科情报用户对档案文献资料全面性、系统性的需求不相适宜。有关部门对中国近现代史研究人员的资料来源进行过分析，就史学研究工作情况来看，图书是主要情报来源，约占 88.5%，报刊约占 8.5%，而档案和其他资料还不到 3%。从这一数据我们不难看出，我国的档案信息对社会的开发利用与社会各界期望相距甚远。我国的档案工作管理体制是"统一领导，分级管理"，因而国家全部档案是分级分地进行保管，客观上造成民国档案分别由全国各地 1000 多个档案馆收藏。各档案馆之间以往互不交流，馆藏情况互不了解、信息渠道彼此不通，使得社会各界的利用者无从了解民国档案的相关内容和保管情况。这就给民国档案的开放利用带来了极大的困难和不便。为此，档案界就如何进一步开发档案信息资源，将蕴藏在档案实体内丰富的信息资源充分揭示出来，为社会各界提供系统、准确、全面的档案信息，改善、提高各级档案馆的服务水平，满足社会各方面对民国档案信息日益增长的利用需求展开了讨论。档案界的有识之士认为，解决制约档案信息开发利用的方法"就是要把档案工作纳入国家信息化的轨道，推行档案工作标准化，采用电子计算机等现代化技术，建立各级各类档案检索和交流报道系统。大大提高档案工作服务水平，使档案工作成为我国现代化信息系统的一个组成部分"。实现这一愿望的最佳途径就是建立一个涵盖全国各级档案馆档案二次文献信息的全国档案情报检索系统。至此，建立一个全国性的历史档案资料目录中心的设想浮出水面，呼之欲出。

1983 年，国家档案局制定的"档案事业发展八年规划"中正式提出："到 1990 年建立起全国和省级历史档案资料目录中心"，并在当年制定的"档案事业'七五'计划"中再次明确提出以中央档案馆、中国第一历史档案馆、中国第二历史档案馆为主分别筹建明清、民国、革命历史档案资料目录中心的任务。1991 年，为加强对三个全国历史档案资料目录中心的组织领导工作，国家档案局成立了全国明清、民国、革命历史档案资料目录中心领导小组，是年 10 月，在南京召开了首次领导小组协调会。会议要求，"尽快建立中央与地方档案资料目录中心，逐步完善全国档案系统的档案资料检索体系"。

1992 年，第十二届国际档案大会在加拿大蒙特利尔市召开，会议主题是"信息时代的档案事业"，会上提出"信息时代给现代社会带来了诸多变化，也向档案事业提出了重大挑战。社会正想方设法管理日益膨胀的信息，这些信息是各行业取得成功的依靠，而档案事业面临的任务是在这一体系中找到自身的位置，确保本事业始终与现代化社会息息相关"。国际档案界同行提出的愿景，对于我国档案事业的发展具有重要的现实指导意义。如何面对"重大挑战"，使档案事业适应并服务于我国现代化建设成为关系到我国档案事业发展的重大课题。

国际档案大会提出的档案事业发展的愿景与我国日益增长的档案利用需求因缘和合，催生了全国明清、民国、革命历史档案资料目录中心的建立。1990 年 3 月，国家档案局印发《关于中国第二历史档案馆内部机构调整的通知》（国档字〔90〕21 号），批准我馆内设包括民国档案目录中心在内的 8 个处（室、部、中心）。经过两年多的酝酿和筹备，1992 年 4 月 8 日，我馆印发了《关于民国档案目录中心开始办公的通知》，明确"民国档案目录中心即日起正式办公，同时启用印章"。国家档案局刻印了"全国民国档案资料目录中心"字样的印章，由时任副馆长从北京带回。1994 年 9 月，计算机组从整理部分离出来归并目录中心，成立了"计算机民国档案目录中心"。1996 年 7 月，计算机业务从计算机民国档案目录中心分离出来，单独成立了计算机中心。

（二）职责定位

目录中心受国家档案局全国历史档案资料目录中心领导小组及中国第二历史

档案馆双重领导，担负着全国民国档案信息资源采集、管理、开发利用以及对全国各省市档案馆民国档案目录著录和采集管理进行业务指导的职能。随着机构的变化和民国档案事业发展的需要，目录中心的职责也相应发生了变化，职能不断扩大。概括起来，其职责主要有：一是统筹规划全国民国档案资料目录信息资源的采集、管理与开发利用工作；二是起草有关全国民国档案资料目录的编制、管理和开发利用方面的制度、标准、管理方法和实施细则；三是负责全国民国档案资料目录信息数据的采集、整合，信息检索系统的建设与维护，信息资源的开发利用；四是负责全国各省级档案馆民国档案目录工作的业务指导和培训；五是负责中国第二历史档案馆目录的统筹管理、标准制定、编辑出版；六是负责全国民国档案文件级目录的验收和结果认定工作。

二、全国民国档案目录检索体系建设

全国民国档案目录检索体系是全国民国档案资料目录中心建设的基础工程，其规模与质量对目录中心的社会服务效益将产生直接的影响。目录体系建设应本着谨慎、稳妥、从实际出发的原则，结合各个时期档案馆对民国档案信息的不断开发的契机，逐步由简单到完备，由浅入深，循序渐进地推进。

目录中心建立之初，曾对全国各级档案馆的民国档案基础状况及管理水平做过一次摸底调查，其结果是各级档案馆保存的民国档案的基础状况参差不齐，整体状况不如人意。究其原因，一是民国档案的数量非常庞大，总量远远超过了明清和革命历史档案，客观上给管理工作带来了一定的难度；二是民国档案的管理手段、方法和技术相对来讲也较为薄弱，表现在民国档案的基础状况落后，存在着全宗混乱、全宗内缺乏科学的分类、组卷不合理、档案案卷题名和案卷的实际内容不相符的现象；三是由于以往档案馆将大部分注意力放在对档案实体进行管理和保护上，在工作方法上更多地注重对档案的实体进行有序化的整理，但在揭示档案内容的深度和广度上比较粗犷，与利用需求相去甚远；四是尽管当时有部分档案馆已经开始尝试运用计算机对档案进行管理，但由于计算机才被运用于档案界，在检索的形式和手段上也较为单一，不能全面、系统地揭示蕴藏在档案实体内的信息，没有真正形成系统完备的档案检索体系。诸多因素集合，就给目录中心目录数据采集和目录体系建设工作带来非常大的难度。

鉴于上述情形，全国民国档案目录体系建设应遵循"积极稳妥、先易后难、统一协调、分阶段建设"的原则，循序渐进地进行。第一阶段，开展全国民国档案全宗级目录数据的采集，建立全国民国档案全宗级目录信息管理系统，编纂《全国民国档案通览》；第二阶段，开展全国民国档案案卷级目录信息数据的采集，建立涵盖全宗级和案卷级目录数据的"全国民国档案国家总目管理系统"；第三阶段，开展全国民国档案文件级目录数据采集，建立"全国民国档案文件级目录数据管理平台"。

（一）全国民国档案全宗级目录数据的采集以及工作目标的实现

1. 全宗级目录数据的采集

全宗级目录是介绍档案馆所藏立档单位基本情况的一种检索工具，是了解和掌握档案馆馆藏全宗名称、数量、主要内容和保管状况的基本信息数据。采集全国民国档案全宗级目录信息和数据是完成建立民国档案全宗级目录信息管理系统、编辑《全国民国档案通览》的前提，是建立全国民国档案目录体系必不可少的基础性目录数据。根据1992年国家档案局历史档案资料目录中心领导小组制定的《档案、资料目录报送方案》规定，全宗目录以卡片的形式向目录中心报送。基于档案基础工作任务繁重的情况，方案要求各档案馆在填报民国档案全宗卡片时要与当时正在进行的档案馆指南编写工作相结合，以减轻各档案馆填写全宗卡片的负担。

全宗卡片著录项有：档案馆代码、全宗号、全宗名称、立档单位的性质和职能、全宗内档案的起止日期、实有案卷数量和长度、检索工具种类及全宗内档案内容的概述，其中全宗档案内容概述栏要求简要地将反映全宗构成者的基本职能活动，涉及具有全国和国际意义的知名人士、历史事件及具有地方特色的重要档案以及特殊载体档案情况加以介绍。

在全国1000余个档案馆同行的共同努力下，到1996年为止，目录中心完成了全宗级目录卡片的采集任务，共采集到来自全国各级档案馆报送的全宗级卡片14522余张。从质量来看，除少数卡片存在档案馆代码、排架长度、全宗内容概述缺项的问题，绝大部分的卡片栏目数据齐全，书写认真，符合报目质量要求。总体来看，基本实现了既定的工作目标。

2. 建设全国民国档案全宗级目录信息管理系统

民国档案全宗级目录信息管理系统是民国档案目录检索体系的一个最基本的组成部分。随着全宗级目录数据采集工作的不断深入，为充分发挥全宗目录的作用，提高目录数据的管理水平，目录中心制订了《民国档案全宗级目录数据管理系统建设方案》，要求目录中心人员负责对全宗级目录信息和数据进行整理、标引，计算机人员负责编制应用程序，然后将经过前期处理的全宗级信息和数据录入计算机，建立起全国民国档案全宗级信息数据管理系统。该系统具有管理、统计和检索功能，实现对全国民国档案的数量、排架长度、实体状况、形成时间、内容的重要程度和分布状况进行调查与研究、对数据进行定性和定量分析、评估，对全国各级档案馆典藏的民国档案进行价值评估和价值发现，从而达到对全国民国档案信息数据进行系统统计和全面普查的目的。

3. 编辑《全国民国档案通览》并开展相关课题研究

为了早日建立资源共享、互惠互利的机制，目录中心有计划、按步骤地着手编辑出版采集的全宗目录。1995年2月，全国历史档案资料目录中心领导小组成立了以时任国家档案局局长、中央档案馆馆长毛福民为主任的历史档案资料目录中心编委会，将编辑出版《全国民国档案通览》纳入《全国历史档案资料目录丛书》的编写计划当中，于 2005 年 12 月由中国档案出版社正式出版发行。全书共 10 册，约有 450 万字，在内容上收录涵盖包括中国第二历史档案馆在内的全国 1000 余家档案馆所藏民国档案全宗级目录信息 14500 余条。该书系统介绍了全国各级档案馆收藏的民国档案数量、内容等有关情况，是一部内容丰富、编排有序、叙述简明、检索方便的大型工具书。1998 年，《全国民国档案通览》研究课题被确定为国家社科基金资助项目（98BTQ002）。2001 年 8 月，全国哲学社会科学规划办公室核准结项。《全国民国档案通览》的编纂及课题研究成果是民国档案信息资源共享的重要实践，它从宏观上向全社会全面宣传、报道了民国档案，并为国内外利用者提供所需档案的典藏处所，从实际工作上为民国档案案卷级目录信息、数据采集、管理和宣传报道开辟了新途径，具有广泛的社会效益和实践意义。

（二）全国民国档案案卷级目录数据的采集及全国民国档案国家总目管理系统的建立

案卷级目录信息数据管理系统是全国民国档案目录体系中重要的组成部分，属于目录体系建设的中间环节。目录中心第二阶段的战略目标是建立涵盖全国各级档案馆所典藏的民国档案目录信息数据的民国档案目录管理系统，它的建成将使全国民国档案资料目录中心真正成为名副其实的全国民国档案目录信息数据检索中心。目录中心在第一阶段工作实施的后期就着手进行第二阶段的工作准备。

1. 制定采集标准和方案并开展相关课题研究

（1）《民国档案目录中心数据采集标准》的制定

《民国档案目录中心数据采集标准》是规范民国档案著录、标引以及数据交换的依据，标准由《民国档案著录细则》《民国档案分类标引细则》《民国档案主题标引细则》《民国档案机读目录软盘数据交换格式》组成。标准的研制工作始于1995 年下半年，1996 年初报经全国档案标准化技术委员会立项，1998 年 10 月通过全国档案标准化技术委员会第七次年会审查，并作为中华人民共和国行业标准由国家档案局批准发布，标准号为DA/T20-1999，1999年12月1日正式施行。这套系列标准的特点是能适应全国民国档案目录中心采集标准化的机读目录数据和建立全国统一的机读目录数据库的需要，在著录列项上以揭示档案内容和形式特征为主，采用了主题法和适合于档案所含情报因素的分类法。

（2）《全国民国档案案卷级目录数据采集方案》的制定

《全国民国档案案卷级目录数据采集方案》是有计划、有组织地开展民国档案案卷级目录采集的可靠保证。1997年，目录中心开始着手制定《全国民国档案案卷级目录数据采集方案》。为使方案更为切合各级档案馆民国档案的管理现状，目录中心做了大量的调研工作。一是向全国各省、自治区、直辖市档案局馆发出调研提纲，并对收回的材料进行分析；二是到馆藏民国档案数量大的档案馆实地调查；三是运用全国民国档案全宗级目录信息管理系统对全国各档案馆的民国档案数量、排架长度、整理编目状况等进行整体分析和评估。在此基础上完成了《全国民国档案案卷级目录数据采集方案》制定工作，并上报国家档案局。1998年7月，全国历史档案资料目录中心领导小组会议上决定从2000年开始启动案卷级目录数据采集工作，并于2003年逐步建设一个拥有1000多万条标准化案卷目录的数据库，"十五"期间不断充实完善，投入运行。1999年9月，方案正式经国家档案局批准，并以中央档案馆国家档案局127号函的形式下发到各省级、副省级及计划单列市档案局馆。方案规定了报目时间从1999年开始，至2003年结束。其中省级、计划单列市、副省级市档案馆在2002年须完成报目工作，其他馆可根据实际情况，在总的时限内完成报目任务。在报目工作和组织管理上规定以省为单位，目录中心协调到省级负责报目单位；各省级档案局馆负责协调本省各级档案馆及其他部门的报目工作。方案还规定了报送民国档案案卷级目录的工作目标、报送范围、方法步骤。

（3）《民国档案分类标引自动转换办法与程序》的研究

《民国档案分类表》早在 1987 年编制完成并出版发行，1997 年进行了修订，时隔十年后修订的分类表无论从体系结构还是在内容上都较第一版更为合理适用。为使采集到的民国档案案卷级目录数据在分类检索语言和表达方式上一致，方案要求各地报送目录数据务必以 1997 年版《民国档案分类表》为分类标引的依据，以确保建成的民国档案案卷级目录数据检索体系具有统一性。然而，从目录中心掌握的情况来看，全国部分省市档案馆按 1987 年版的《民国档案分类表》对馆藏民国档案进行了分类标引，约为 500 万卷，占全国民国档案总量的 40%，且大都已经录入了计算机。手工办法势必要投入大量的人力、物力和财力，且易挫伤各档案馆报送目录的积极性。为此，我们进行了研究，论证了大部分分类号是可以运用计算机进行自动转换。于是向国家档案局作了汇报并提出了课题的立项申请，1999 年 5 月，该项研究被确定为国家档案局科研项目。我们通过对两个版本分类表进行比较，将概念的内涵和外延相等或相近类目编制成《民国档案分类表新旧版本分类号对应关系表》，研制一套民国档案分类表分类标引自动转换程序。2001 年，课题研究工作完成并结项。翌年，获国家档案局科技进步奖。

中国第二历史档案馆的领导十分重视成果的推广，决定将其无偿赠予有需要的档案馆，要求目录中心对档案馆在转换过程中遇到的技术问题给予支持与帮助，先后有北京、上海、河北、云南、吉林、辽宁、广东、海南、河南、广西、青岛、厦门等 19 个省市档案馆应用了本课题研究成果对馆藏数据进行了有效转换，共计转换数据约 350 万条。

（4）民国档案分类主题快速标引程序的研制

为了提高档案著录标引的速度，有效解决制约档案自动化水平的瓶颈问题，目录中心还与青岛市档案局合作，共同研制、开发了民国档案分类主题快速标引程序。该项研究的目的是要解决分类号、主题词一体化、规范化的问题，也是对档案分类与主题一体化的探索，该系统的特点是运用计算机强大的数据处理能力，并结合人的逻辑判断能力，有效提高档案著录标引的自动化程度，提升档案著录标引的速度与质量。2001年5月在国家档案局立项，2002年月12月完成研究并通过专家验收。

2. 案卷级目录数据采集工作的全面展开

（1）加强组织落实，统筹规划协调

全国民国档案案卷目录采集工作是一项浩大的系统工程，国家档案局要求各级档案局馆把民国档案报目工作纳入议事日程，从人力、物力、财力上统筹规划，精心安排，还把各省市档案局馆完成报送目录的情况纳入档案馆升级达标的考核指标，与当年国家档案局核拨档案抢救经费相挂钩。各省、自治区、直辖市档案局馆领导也高度重视本地区民国档案目录采集与报送工作，北京、天津、江苏、湖北、湖南、河南、云南、福建、山西、新疆、宁夏、甘肃、四川等省区市档案局馆相继成立了目录中心领导小组和目录中心，上海、重庆、吉林、浙江、广东等省市档案局馆亦将此项工作落实到具体部门。有的档案局馆领导还亲自担任目录中心领导小组组长，具体负责报目工作的组织、实施、资金筹措和设备准备等工作。有的档案局馆还把报目工作列入档案工作目标管理考评内容，并多次召开专题会议，对所辖市县档案馆馆藏民国档案的档案实体状况及管理情况进行分析，制定出目录数据的著录、标引及数据采集、汇总的具体步骤和实施细则，把任务落实到具体单位、部门和人员。此外，有的档案局馆还主动派出专门人员，到目录中心及兄弟省市局馆交流取经。

（2）加强思想统一，积极培训骨干

民国档案著录标引工作是一项专业性很强的工作，为了提高各档案局馆报送目录数据的质量和著录标引的准确性，目录中心在南京举办了两期目录数据采集工作培训班和研修班，对各地档案局馆负责报目的同志以及著录标引人员进行业务培训。此外，目录中心还多次派出人员参加国家档案局历史档案资料目录中心领导小组及江苏、内蒙古、新疆以及辽宁等省、自治区、直辖市档案局举办的民国档案目录数据采集工作培训班的授课，为开展民国档案目录数据采集工作在人员业务素质上提供了有力的保障。

（3）加强督促指导，解决实际问题

为了能在既定时限保质保量地完成目录采集工作，目录中心加强了对全国民国档案目录采集工作中各个环节的指导。一是与各省档案局馆目录中心或负责报送目录的部门共同协商，根据各省的实际情况，制定该省的报目计划和进度表；二是对各档案馆遇到的难题，譬如题名规范、划控标准如何掌握、分类表类目内涵与外延、报送目录的数据格式诸问题通过电话、信函、E-mail 等方式提供档案业务咨询和技术支持；三是编印《目录中心简报》，推广浙江、福建、北京等省市目录采集与报送工作的先进经验，对各省提出的共性问题予以解答，通报各省目录加工制作的进度和动态；四是对于采集工作开展难度大、问题多、进度缓的档案局馆，全国历史档案资料目录中心领导小组及中国第二历史档案馆的领导还亲自带队赴实地进行督促指导，帮助他们解决实际问题。

通过有力的组织领导和各方相互协作，目录中心在既定的时间内共采集民国档案案卷级目录数据 1100 多万条。其中北京、江苏、湖北、武汉、新疆、河南等省、自治区、直辖市档案局馆在 2002 年就已经完成全省各档案馆报目任务，浙江、黑龙江、内蒙古、海南、广西等省、自治区、直辖市档案局馆完成省档案馆报目任务；浙江、吉林、福建、宁夏、甘肃、内蒙古、江西等省、自治区、直辖市档案局馆在 2003 年完成全部报目任务，其余省份基本上都在 2005 年前完成或部分完成了报目任务。

（4）加强规范管理，优化数据整合

随着全国民国档案案卷级目录数据采集工作不断深入，目录中心按照前期制定的《全国民国档案目录数据安全管理办法》《全国民国档案目录数据接收、整合、管理流程》，对从各档案馆陆续采集来的目录数据进行规范化、有序化管理。每当新数据采集进中心，立即由专人签收、登记，并及时对照民国档案目录数据采集标准与方案的要求进行检查，对不符合要求并在后期整合过程中无法纠错的数据提出整改意见反馈给报目单位，请其修改后重新上报。对符合或基本符合的数据进行备份，并在原有基础上进行规范性优化整合。原始数据与整合后数据在专用电脑主机和移动硬盘各备份一套，光盘备份两套，一套存目录中心保险柜由专人负责保管，一套移交保管部异地存放。定期对其进行检查，对存放时间久的光盘重新刻录并置换。

3. 建设涵盖全宗级和案卷级目录数据的全国民国档案国家总目管理系统

2003年，国家档案局颁布了《全国档案信息化建设实施纲要》后，建设全国民国档案目录检索系统事宜就提上了议事日程。2004年，目录中心与清华紫光股份有限公司正式合作，共同开发研制全国民国档案国家总目管理系统。该系统在结构上分别由国家总目、保密分目、中国第二历史档案馆分目以及34个省级分目组成。国家总目涵盖了中国第二历史档案馆及各省级分目所有的民国档案目录数据。国家总目和省级分目内所存储的数据是经过鉴定可以对社会开放的档案目录，保密分目内收录的数据属于控制使用的档案目录，在系统结构上与总目及其他分目分开，进入保密分目，利用这些数据必须履行更加严格的手续。从省级分目入手进行检索，可以查询到该省区域内各级档案馆所庋藏的所有的民国档案目录信息；从国家总目入手进行检索，可以打破馆际、地域甚至全宗界限在全国范围内为利用者查询所需的目录信息。除保密分目外，国家总目及其他分目又都由全宗级和案卷级两部分组成。全国民国档案目录检索系统具有系统设置、数据导入、数据导出、数据转换、数据备份、目录查询、权限管理、系统维护等功能。该系统信息容量之大、信息覆盖的范围之广，都是我国档案界仅有的，是其他档案数据管理系统无法比拟的。

在全国民国档案国家总目管理系统建设的过程中,我们始终遵循《全国档案信息化建设实施纲要》及国家档案局提出的安全体系建设的要求,把确保档案信息的安全完整置于首位。目录中心制定了《全国民国档案目录数据安全管理办法》《全国民国档案国家总目系统安全管理规定》,从目录数据的接收、登记、统计、整合、管理各个工作环节以及硬件和软件方面加强安全防范措施,并在国家总目管理系统与网络之间建立防火墙,严防病毒、黑客对系统的恶意攻击和侵害。登录国家总目管理系统必须正确输入利用户名、密码,系统在确认用户身份和所赋予权限后,才允许其进入相应的库区。

4. 汇聚一堂,共谋民国档案信息资源建设新模式

为探索全国民国档案目录体系建设的新思路,谋划民国档案信息资源由共建向共享转型的新模式,2013年5月9—10日,全国民国档案资料目录工作研讨会在海南省海口市召开。中央档案馆国家档案局副馆局长段东升、馆室司司长孙刚以及来自全国各档案局馆会议代表共计74人参加了会议。会上,孙刚代表全国历史档案资料目录中心领导小组,传达了中央政治局委员、国务院副总理刘延东"要采取有效措施,加强对文献的保护工作"的重要指示以及中央政治局委员、中央办公厅主任栗战书对《国家档案局就继续保留中国第二历史档案馆武警执勤点的请示》所作的重要批示。段东升副馆局长要求与会代表把贯彻中央领导同志的重要指示贯穿会议始终。他充分肯定了民国档案在服务党和国家中心工作、维护国家完整统一和核心利益方面所发挥的独特作用,并就新形势下如何做好民国档案目录工作提出具体要求。他指出,目录中心的工作在国家系统加强民国档案资源的保护和开发利用方面发挥了不可替代的积极作用,取得了较好的成效,希望全国民国档案资料目录中心进一步通过更深层次的探索和挖掘,不断提升目录数据库的建设水平,实现民国档案资源共享。中国第二历史档案馆翟玉霞馆长作了题为《回顾与展望——全国民国档案资料目录中心工作报告》的主旨报告。报告从标准确定、数据采集、队伍建设、

资源共享、开发利用等五个方面，对全国民国档案资料目录中心20多年来的工作进行了全面的总结，认为目录中心在"十二五"期间，在全力做好民国档案信息资源由共建到共享方面转型的同时，积极寻找发挥民国档案价值和作用的路径，紧紧围绕党和国家中心任务，主动作为，在传承中华文明、促进海峡两岸交流方面发挥了积极作用。在面向未来，如何推进工作方面提出了一些设想。目录中心应在以下四方面下功夫：一是进一步丰富和完善全国民国档案目录检索体系；二是着力构建全国民国档案信息资源共享平台；三是加强台湾地区和海外珍贵档案资料的普查和信息采集工作；四是建设民国档案重要文献库。

目录中心汇报了"全国民国档案国家总目管理系统"建设过程，并作了现场演示。各省、自治区、直辖市档案局馆分别交流和分享了区域目录中心建设、目录数据采集、目录体系建设以及数字档案馆建设、利用平台建设等方面的工作经验和遇到的困难，提出了一些建议。此次交流和研讨增进了馆际协作和配合，开拓了档案工作者的视野，各地档案局馆对于目录中心的地位和价值有了新的认识，对于运用新理念、新技术构建民国档案信息资源共享平台起到了较好的助推作用。

5. 全国民国档案国家总目管理系统的进一步丰富和完善

海南会议后，一方面各地档案局馆开始重新审视本单位的目录报送数量和质量情况，另一方面目录中心也加大了对边远地区档案馆的帮扶力度，专门申请了经费用于对边远地区档案馆的培训和指导，先后组织贵州、新疆等档案馆档案工作者到我馆培训，还选派专家赴外授课指导。2014年4月，为帮助贵州省档案馆解决民国档案在档案整理著录、保管保护、鉴定划控、数字化等工作中的困惑和难题，目录中心牵头专门组织了一期"民国档案业务培训班"，贵州省档案局馆曾健副局馆长率省、市、县三级档案工作者40余人来南京参加培训。目录中心精心设置课程，有针对性地安排专家就民国档案基础知识与整理、档案保管与库房管理、民国档案目录数据采集与著录、档案保护工作理论与实践、民国档案的修裱技术及方法、民国档案数字化系统工程等课程授课。通过培训和观摩，贵州省档案工作者开阔了眼界，提高了技能，解决了他们工作中长期困扰的难题。培训结束后，贵州省档案局馆发来感谢信。贵州省档案局馆在其官网上发布了二史馆"情系西部，服务基层"的报道。中国第二历史档案馆翟玉霞馆长多次亲自带队奔赴云南、重庆、湖北、内蒙古等地档案局馆，还走进县级档案馆，深入基层调研并实地指导档案工作。这些举措激发了部分档案馆报送案卷级目录的热情，贵州、四川、新疆等档案馆陆续增报了一批案卷级目录，目录中心及时对目录数据进行整合并导入数据库，全国民国档案国家总目管理系统得到进一步的丰富和完善。

（三）全国民国档案文件级目录数据的采集

随着党和国家中心工作以及社会各界对档案需求的不断提高，案卷级目录自身概括性、笼统性、主观性等不足特性影响了档案信息深入化、精细化揭示。2016年4月，国家档案局在《全国档案事业发展"十三五"规划纲要》中提出："实施'十三五'时期国家重点档案保护与开发项目……加强明清、民国和革命历史档案目录中心建设，开展国家重点档案目录资源基础体系建设，建立国家层面的国家重点档案文件级目录数据库和专题数据库。"2016年5月，国家档案局印发了《"十三五"时期国家重点档案保护与开发总体规划》，提出"十三五"期间国家重点档案保护与开发的总体目标是"推进国家重点档案目录基础体系建设，逐步实现国家重点档案目录资源的共享……为实现'让历史说话，让史实发言'提供坚实保障，为文化强国建设和'中国梦'的实现发挥重要作用"。要求"加强明清档案目录中心、民国档案目录中心、革命历史档案目录中心建设，组织推进文件级目录采集，对国家重点档案进行系统整理和编目，建立国家重点档案文件级目录数据库、专题档案目录数据库、开放档案目录数据库，实现对国家重点档案有效监管。建立国家重点档案资源共享平台，渐次实现行业内资源共享，依法向社会提供利用"。在国家重点档案专项资金的支持下，开展国家重点档案文件级目录著录与采集工作被提上全国档案事业"十三五"规划议事日程。

1. 认识文件级目录，深度揭示档案信息

国家重点档案是指由各级国家档案馆保存，在中国各个历史时期形成的在政治、军事、经济、科学、技术、文化、宗教等方面具有重要的研究和利用价值，国家需要永久保存的珍贵档案。民国档案属于国家重点档案范畴。

民国时期战乱频仍，政权更替频繁，民国档案历经战火，辗转迁徙，造成案卷归档方法不一、案卷组成内容庞杂。庞杂的案卷内容信息无法在案卷题名中得到全面揭示，民国档案信息资源的深度开发和利用受到制约。开展文件级目录著录和采集，建立统一规范的文件级目录数据库，成为深层揭示民国档案信息、深度开发民国档案资源、深入推进民国档案信息化建设、服务党和国家大局、服务抗战研究的必然选择。

文件级目录著录是对每一卷案卷内的每一份文件或主题内容相同的每一组文件进行著录，是对案卷级目录的细化。它规避了案卷级目录著录粗放笼统、人为性认知提炼、选择性揭示等不足，可以更全面、客观地揭示案卷内的信息。但著录的难度比案卷级目录著录难度更大，对人员的要求也更高。面对挑战，我们决定迎难而上。

2. 成立领导小组，明确目标任务

2016年4月5日，国家档案局在北京组织召开了全国历史档案资料目录中心工作协调会，中央档案馆国家档案局王绍忠副馆局长主持会议，李明华馆局长出席会议并讲话。国家档案局馆室司、法规司，中国第一历史档案馆，中国第二历史档案馆有关领导及明清、民国和革命历史档案资料目录中心负责人参加了会议。会议决定成立全国历史档案资料目录中心领导小组，明确组长由中央档案馆国家档案局副馆局长王绍忠担任，副组长由中央档案馆国家档案局馆室司、法规司负责人和中国第一历史档案馆、中国第二历史档案馆副馆长担任，成员由国家档案局馆室司、法规司有关人员以及全国明清、民国和革命历史档案资料目录中心负责人组成。会议指出，"十三五"时期国家重点档案目录基础体系建设的目标是推进1000万卷国家重点档案文件级目录的采集，建立文件级目录数据库。会议明确了三个目录中心在国家重点档案目录基础体系建设中的职责：制定文件级目录采集标准规范，面向全国管理收集国家重点档案文件级目录，参与组织相关培训，参与国家重点档案文件级目录编制工作的抽查、验收，完善采集软硬件环境，建立国家重点档案文件级目录管理平台等。

3. 制定著录办法，推动落实措施

民国档案文件级目录数据的采集工作要求严格遵循标准化、规范化的原则。为贯彻落实全国历史档案资料目录中心工作协调会议精神，目录中心起草了《全国民国档案文件级目录著录与采集工作方案》，内容涵盖全国民国档案文件级目录著录与采集意义、采集目标、实施计划、采集原则、范围、著录项、组织管理和保障机制。方案经全国历史档案资料目录中心工作协调会议讨论后，于2016年5月3日由国家档案局向各省、自治区、直辖市档案局馆，有关计划单列市档案局馆，新疆生产建设兵团档案局印发了《国家档案局办公室关于做好国家重点档案文件级目录报送工作的通知》（档办函〔2016〕111号）。通知就报送原则、范围、报送著录项、报送形式等提出具体要求。

为有效推动全国民国档案文件级目录著录与采集工作，目录中心牵头组织专家成立了"全国民国档案文件级目录著录工作小组"，以《民国档案目录中心数据采集标准 民国档案著录细则》（DA/T 20.1—1999）为依据，结合民国档案文件级目录的特点，加班加点，几易其稿，制定了《民国档案文件级目录著录操作办法》。该办法要求各档案局馆以全宗为单位、逐卷逐件为原则开展著录，明确了文件级目录的著录项目、要求、标识符号和著录文字，并附文件级目录数据库结构表和著录范例。该办法经国家档案局批准并于2016年7月26日通过定稿后，由目录中心印发各省级档案局馆，同时挂在国家档案局官网，以方便各地档案局馆下载使用。《民国档案文件级目录著录操作办法》规定文件级目录著录项目分为必要项目和选择项目，其中必要项目有档案馆代码、档案馆名称、全宗名称、全宗号、目录号、案卷号（含宗号）、文件（序）号、文件题名、责任者、时间、页数、控制使用标识、语种、载体形态、政权标识、附注；选择项目有受文者、文种、起止页码、文本、分类号、缩微号、电子文档号、主题词或关键词（人物、机构、会议、事件等）、电子画幅数。文件级目录著录项目比案卷级目录著录项目增加了页数、电子画幅数、抗战档案标签等著录项，体现了文件级目录在著录方式上更加注重时代特征、用户利用需求，契合国家档案治理和抗战档案研究需要的特点。

各地档案局馆开展的文件级目录体系建设还被国家档案局纳入每年的综合评估中，成为档案馆综合评估的一部分。为此，各地档案馆纷纷成立民国档案文件级目录著录领导小组，分管局馆长担任领导小组组长，有的档案局长亲自挂帅担任组长。各地档案局馆根据各自馆藏档案有以下特点，制定了相应的《民国档案文件级目录著录实施细则》，开发了著录、验收软件，有的档案局馆还将文件级目录著录工作纳入民国档案数字化工作中统筹推进。与第一、二阶段相比，第三阶段开展的文件级目录著录有以下特点：一是有国家财政专项资金的支持，著录工作经费有保障。二是有计划性。国家档案局每年印发《组织申报国家重点档案保护与开发工程项目有关通知》，各地档案局馆根据通知精神，填写《年度国家重点档案目录基础体系建设任务申报表》，报经目录中心审核、国家档案局批准后组织实施。三是各地档案局馆基本采取外包的方式开展著录工作，档案工作者主要承担组织、指导、验收、报目和协调等相关工作。

4. 加强著录培训，培养业务骨干

文件级目录的特点决定了目录著录的难度。为推动文件级目录的著录工作，尽快培养业务骨干显得十分紧迫和必要。为此，目录中心负责人在 2016 年 7 月初国家档案局于山东济南举办的首期"全国历史档案文件级目录著录培训班"上授课，内容包含文件级目录著录基本原则、件的区分、各著录项目应注意的问题、著录格式、民国公文的种类、公文套语的分辨等。各省级档案馆70余人参加了培训。此后，目录中心负责人每年均应邀在国家档案局组织的全国性业务培训班上负责讲授全国民国档案文件级目录著录课程。目录中心还主动作为，采取走出去、请进来的方式有针对性地开展培训，先后赴四川、陕西、广州、天津、辽宁等省市档案局馆授课，邀请湖南、贵州、河北、陕西、西藏等档案局馆组织本省区内各市、县档案局馆负责文件级目录著录工作人员到中国第二历史档案馆接受培训和实地参观，中国第二历史档案馆专家分别授课，内容包括《民国公文解读》《民国档案文件级目录著录》《民国档案文件级目录验收办法解读及实例解析》《档案整理工作中的划控与鉴定》《民国档案文件级目录分件环节培训》《海内外民国档案概述》。

2018年10月，值中国档案学会年会和档案整理与鉴定委员会年会召开之际，目录中心负责人分别作了题为《国家重点档案保护与开发框架下的全国民国档案文件级目录题名问题探析》和《书目控制思想下的国家重点档案目录体系建设》专题发言。一系列的培训和专题报告有效地增强了档案工作者对文件级目录著录工作重要性的认识，传授了民国档案文件级目录著录操作办法，培养了一批国家重点档案目录著录方面的业务骨干，推动了文件级目录著录工作的有序开展。

5. 研发采集工具，严把数据入库关

考虑到各省级档案局馆以及下属市、县档案局馆开发或使用的计算机软件、数据库组织形式不一的现状会导致出现数据格式不统一、数据重复报送等问题，目录中心会同中信公司研发了"民国档案文件级目录著录采集工具"，及时通过邮箱发送给各省级档案局馆。要求他们报送的目录数据必须是通过该采集工具导入后再导出的有效数据，确保了导出后的数据档案馆代码和名称一一对应，档号完整且唯一，必要著录项目不为空项，报送的目录不重复，较好地起到了对报送文件级目录数据导入目录中心数据库的前端控制作用。为配合全国抗战档案汇编工作需要，采集工具增设了"抗战（特色）档案标签"著录项，要求各地档案局馆在著录的同时标注抗战档案或馆藏特色档案。

为规范各省级档案局馆报送目录数据的手续，确保目录数据及相关报送材料的完整性、规范性，目录中心采取了以下措施：一是要求各省级档案局馆在向目录中心提交数据时须提交"本省档案局馆报送民国文件级目录数据情况报告""全国民国档案文件级目录数据报送审核表""全国民国档案文件级目录报送明细表"。报告中需具备组织开展情况、完成数量情况、验收情况等要素。"全国民国档案文件级目录数据报送审核表"要求各级档案局馆报送的文件数量需经该馆馆长签字并加盖档案局馆公章。二是将编制的"全国民国档案文件级目录数据报送审核表""全国民国档案文件级目录报送明细表"挂在国家档案局的官网上，以方便各地档案局馆下载使用。三是要求各地档案局馆报送的目录数据必须通过"民国档案文件级目录著录采集工具"导入并导出的数据。四是报送的材料必须兼备电子和纸质两种类型。目录中心已接收全国民国档案文件级目录数据共计7000余万条。

6. 组织交流探讨，破解业务难题

目录中心建立了国家重点档案文件级目录报送群，适时通过微信、电话、电邮等方式传达有关要求，开展交流探讨，解答疑难问题，破解业务难题。

2017年9月，由中国第二历史档案馆主办、黑龙江省档案局馆协办的"全国民国档案文件级目录著录与采集业务工作研讨会"在黑龙江省哈尔滨市召开，中央档案馆国家档案局副馆局长、全国历史档案资料目录中心组长王绍忠，中国第二历史档案馆副馆长、全国历史档案资料目录中心副组长曹必宏，中央档案馆国家档案局馆室司副司长、全国历史档案资料目录中心办公室主任刘芸出席会议并讲话，全国各地档案局馆具体负责文件级目录著录与采集工作的业务骨干60余人参加了研讨会。王绍忠副馆局长在讲话中强调了民国档案文件级目录著录与采集工作的重要性，要求全国历史档案资料目录中心领导小组发挥引领作用，做好科学规划；目录中心要加强对各省区市档案局馆报送目录的验收，确保目录数据的质量；加强目录数据平台建设，实现对目录数据的科学安全管理和有效开发利用，为党和国家大局服务，为抗战研究服务；各级档案局馆要严格按照规范要求著录，及时报送目录数据，确保"十三五"规划任务的顺利完成。目录中心作了题为《从规范化角度推进民国档案文件级目录著录与采集项目》的主题报告。与会代表就本地区档案著录组织情况、完成任务情况、工作中遇到的困难及解决办法进行了广泛的交流和探讨。

7. 组织目录验收，加强问题反馈

为确保文件级目录数据的质量，目录中心起草了"民国档案文件级目录数据验收办法"。2017 年 5 月 6 日，国家档案局以档发〔2017〕2 号文印发了《国家档案局关于印发〈国家重点档案文件级目录数据验收办法（试行）〉的通知》。通知分别从总则、验收程序、验收要求和附则四个方面，明确了各省级档案馆和目录中心各自的验收职责、抽检验收比例、审核检查重点、差错率范围以及合格的认定等要求。

为贯彻国家档案局关于文件级目录数据验收办法的落实，目录中心制定了《全国民国档案文件级目录质检验收办法》，细化了验收流程和验收数量。先后组织 20 期专家验收近 7000 万条，每期验收结束后及时形成验收报告上报国家档案局，同时向有关档案馆反馈存在的问题，责成整改，重新报送。验收目录中心及时发现了存在的问题；问题的反馈促进了各地档案馆对存在问题的认识和整改，推动了目录质量的提高。从验收的情况来看，各地档案局馆报送的文件级目录数据质量呈现逐年提高的态势。

8. 开展绩效考核，加强项目管理

目标和绩效标准，采用科学的考核方式，评定与项目任务有关的绩效信息（业绩、成就和实际作为），并将评定结果反馈给项目任务单位过程。其本质强调的是一种过程管理，其目的是通过考核发现问题，改进问题，提升质量。

为加强对国家重点档案保护与开发项目的管理，2016年5月3日，国家档案局印发了《国家重点档案保护与开发项目管理办法》（档发〔2016〕7号），每年以不同方式组织专家对各地档案局馆开展绩效考核。目录中心负责人作为专家组成员参加了绩效考核工作。采取对各地档案局馆报送的《国家重点档案保护与开发项目绩效自评报告》材料审核和实地绩效考核等方式，从组织管理和绩效目标完成情况两方面进行全面考核。重点检查省级档案局馆是否成立国家重点档案专项资金任务实施相关管理协调小组，任务单位是否成立相关管理小组、分工情况如何；省级档案局馆是否与市、县任务单位签订委托协议书；省级档案局馆或任务单位是否制定国家重点档案项目管理相关制度；省级档案局馆是否召开国家重点档案任务实施相关会议或举办培训班；省级档案局馆是否组织对市县任务单位的监督检查；目录项目成果汇总、验收和报送情况；目录项目成果质量，达到绩效目标规定的合格率情况等。绩效考核进一步促进了项目的执行力度，提升了目录著录质量。

9. 强化安全措施 确保数据安全

档案安全工作是推动档案事业科学发展的前提，是构建国家基础性战略的重要保证。民国档案目录数据属于档案信息范畴，其安全包含防止档案信息的泄密、丢失和破坏给党和国家以及民族利益造成不可挽回的损失。目录中心始终坚持"安全第一"的思想，从源头抓起，采用人防和机防相结合的手段，明确安全主体和安全责任，强化档案信息全过程安全管理。一是要求各省级档案局馆通过机要渠道或专人（双人）报送目录；二是数据接收和入库保管采用双人制办法，并做好数据审核、交接、登记、导入数据库、存入库房保管等台账；三是制定《全国民国档案文件级目录管理办法》，目录数据导入单机服务器和我馆中心服务器，同时适时做好相应数据的备份工作；四是在专门的验收场所开展验收，配备专门电脑，并制定了验收场所安全管理规章制度；五是在全国民国档案文件级目录管理平台建成后实行线上验收，采取系统登录绑定IP地址，用户名密码登录、设置用户权限管理等信息技术手段确保信息安全。

10. 运用信息技术，开发管理平台

2020 年是"十三五"规划的收官之年，为提高民国档案文件级目录数据信息化管理水平，目录中心会同中信公司开发了"全国民国档案文件级目录管理平台"。平台页面以地图形式展示民国档案文件数量，以折线图、柱状图等形式展示年度接收总量，以省为单位，可呈现数据库文件目录总数，该省档案馆、全省其他档案馆的全宗、案卷、文件目录总数。页面的蓝色色调与中国第二历史档案馆民国建筑色调交相辉映，页面上的时间隧道图标体现了"以史为鉴，鉴往知来"的愿望。该平台设有民国档案文件级数据同步导入、质检验收、利用检索、统计分析、系统管理等模块，初步建立了全国民国档案全宗、案卷、文件之间的层级关系，实现了目录数据导入、质检验收、各类统计等一体化、流程化管理目标。

三、全国民国档案目录信息资源开发利用和价值体现

采集全国民国档案目录数据的最终目的是在加强对全国民国档案管理的同时，有效开发利用档案资源，实现民国档案信息资源共享。这也是全国民国档案目录体系建设的核心所在。

（一）全国民国档案全宗级和案卷级目录信息资源的开发利用

1995 年 3 月，全国明清、民国和革命历史档案资料目录中心基本上完成了全宗级目录的采集工作，标志着目录中心已进入由单纯目录采集向采集与开发并重转型的新阶段。全国历史档案资料目录中心领导小组适时提出"边建设，边服务"的指导原则，目录中心遵照这一原则对采集到的档案资料目录进行深度加工，编写专题介绍、编制专题目录，为党和国家的中心工作及社会各方面提供服务。

全宗级和案卷级民国档案的开发利用主要体现在：一是在《民国档案》等杂志上宣传。主要宣传介绍全国民国档案资料目录中心的性质、任务，让全社会知道目

录中心、了解目录中心，为目录中心发展营造良好的工作氛围和社会环境。二是编辑出版了《全国民国档案通览》。利用采集到的全宗级目录编辑出版了《全国民国档案通览》，作为工具书分送相关档案馆供其工作参考之用。三是在《民国档案》上连续刊载了《民国时期商会档案介绍》《民国时期东北铁路档案介绍》等档案专题介绍。四是围绕党和国家中心工作主动开展档案信息服务。充分挖掘西部矿藏资源、水利资源、农牧业资源情况以及工业、交通、邮电建设等方面情况的档案信息资源，编纂了《民国档案信息资源为西部大开发战略服务》专题报告，为中央西部大开发决策提供参考。2001年，辛亥革命90周年，目录中心为配合国家纪念活动，整理出《全国辛亥革命档案资料信息指引》，供有关部门及学者参考。"非典"疫情暴发期间，目录中心在最短时间内作出反应，整理出《民国时期有关疫情防治档案介绍》供有关部门参考。2004年，目录中心根据所采集的目录信息，促成了黄河水利委员会与中国第二历史档案馆的合作，共同开发民国时期黄河治理档案信息资源。结合时事，编制了《辛亥革命档案专题目录》《民国时期世博会档案专题目录》《民国时期灾害及防治、赈济档案专题目录》以及《民国时期工商登记档案》等专题目录。五是建设全宗级目录数据网络。2008年，国家档案局提出了建立覆盖人民群众的档案资源体系和建立方便人民群众的档案利用体系的指导思想。根据这一指导思想，在确保档案目录信息安全保密的前提下，目录中心拟建一个全国民国档案全宗目录数据网络查询系统，为社会公众自助查询民国档案信息提供一个便捷的平台。

（二）"十三五"时期全国民国档案文件级目录数据的开发利用

"十三五"时期，目录中心在指导各地档案馆开展文件级目录著录时，强调将民国档案文件级目录著录与各地档案馆馆藏抗战档案和馆藏精品档案的挖掘和利用有机结合起来，抗战档案在整理著录的同时不断得到挖掘，发挥了为全国抗战档案汇编持续提供史料补充的作用。目录中心还配合国家档案局馆室司于2019年

《中国档案》杂志第 1、2、3、5、8、11 期上推出"国家重点档案保护与开发成果撷萃"专栏，陆续以专题形式刊登了近 10 篇关于各地档案馆馆藏抗战及精品档案，如：沈阳市档案馆推出了"皇姑屯事件"档案《一段车站历史，百年沧桑岁月》、九一八事件档案《披露史实，责无旁贷》；南京市档案馆推出了《一座中山陵，见证百年中国历史风云》；云南省档案馆推出"滇军抗战"档案《浩气存天地，档案慰忠魂》；陕西省档案馆推出"抗战"档案《大学西迁档案，见证知识精英的家国情怀》。与此同时，民国档案中的一系列红色档案得到开发利用，成为各地开展党性教育的绝好素材。涉外档案的整理和翻译有效地服务了国家外交大局，推动了中外文化的交流。档案文献遗产的挖掘为国家档案局档案文献遗产备用数据库提供了有力的信息支持。

（三）全国民国档案资料目录中心的价值体现

目录中心的建成标志着我国档案目录信息管理由分散管理向集约型、网络化管理的转变，对于国家档案馆网的合理延伸、民国档案基础建设标准化、信息资源共享化发挥了积极作用，奠定了档案在国家情报系统中的地位和作用。

1. 完善并延伸了国家档案馆网建设

从我国档案事业的发展历程来看，从中央到地方普遍建立了综合性档案馆，改革开放后又新建了一批专门档案馆和部门档案馆，全国范围内的档案馆网布局渐趋丰富和多样。但这种档案馆网的建设基本体现在档案馆的个体建设上，并没有建立起馆际信息沟通和资源共享的机制。目录中心的建立从本质上打破了民国档案信息按地区、按级次、按全宗的分类管理、检索的现状，逐步健全了馆际信息交流与开发利用机制，一定程度上合理完善并延伸了国家档案馆网络体系，成为我国档案馆网建设重要而不可或缺的组成部分。

2. 促进了档案馆基础工作的规范化、标准化和信息化程度的提高

目录中心通过制定标准、开展培训、加强指导等措施，推动了全国各地档案馆

基础工作，促进了民国档案著录规范化、标准化工作的落实与提高，从而改变以往各档案馆在整理和编目工作中各自为政的做法，以此带动并促进了各档案馆自身检索体系的不断完善和信息化建设的快速推进，推动了全国范围内档案馆自身基础业务和档案资源信息化建设迈上新台阶。

3. 建成了全国民国档案目录资源中心库

目录中心用现代化技术手段建成的全国民国档案目录资源中心库，使各级档案馆的检索系统与全国民国档案目录中心这个大系统相融合，成为这个信息网络系统的一个有机组成部分。目录中心通过采集全国民国档案信息资源并建成数据库，实现对全国民国档案信息资源的集成化管理。同样，各级档案馆也可以从目录中心汲取与自身馆藏相关的民国档案目录信息，通过馆际交流，弥补自身馆藏档案信息不完整的缺憾，实现民国档案信息资源的共享以及馆际协作交流和互通。

4. 确定了档案系统在国家情报系统中的地位

民国档案目录作为一种重要的情报信息源，是通过揭示档案所蕴藏的情报信息而产生的，具有重要的情报价值。档案目录可以在某种程度上疏通浩瀚无序的档案信息与用户特定需求之间的障碍，为档案和用户搭建多维沟通的纽带，达到信息快速查找、定位、检索、组配、输出和开发利用的效果，提高民国档案信息资源的开发利用水平，增强全民档案意识，奠定档案系统在国家情报系统中的地位。

目录中心 30 年来所走过的历程，是如何将档案资源共享的理想变为现实的过程。在整个建设过程中，我们遵循了"积极稳妥、先易后难、分阶段建设"的基本原则以及"边建设，边服务"的指导思想，已在全国形成了以目录中心为核心的，包括相继建立的省、市、县级目录中心的三级民国档案目录中心网络体系。民国档案目录体系信息化建设初具规模，民国档案信息资源共享的目标初步实现。

2021 年是"十四五"规划的开局之年，也新《档案法》正式实施之年。新《档案法》第二十八条指出："档案馆应当通过其网站或者其他方式定期公布开放档案的目录，不断完善利用规则，创新服务形式，强化服务功能，提高服务水平。"明确了档案馆网站是公布开放档案目录的形式之一。专门增加的"档案信息化建设"一章，将信息化建设提高到一个新的地位，标志着档案信息化建设将成为今后档案工作的重点。目录中心将抓住《"十四五"全国档案事业发展规划》和新《档案法》实施的机遇，在"十四五"期间重点支持副省级以上国家综合档案馆民国档案文件级目录著录和采集。紧紧围绕党和国家的中心任务、重要活动、重大部署，加强与各地档案馆的合作，充分挖掘和利用民国档案信息资源，主动寻找发挥民国档案中的红色档案，建立相关专题数据库。加强与高校、科研单位的合作，探索编制适合档案开发所需的知识图谱。

展望未来，目录中心将进一步整合"全国民国档案国家总目管理系统"和"全国民国档案文件级目录管理平台"资源，建成"全国民国档案信息资源总库"；结合各地档案馆数字化建设，逐步推进全国民国档案全文数据库和专题数据库建设；借鉴智库管理经验，拓展海外民国档案征集渠道，结合海外民国档案征集工作，建立海外民国档案征集数据库。目录中心将不断顺应时代需求，努力推动民国档案资源在深度和广度方面的开发利用，不断提高民国档案为党和国家中心工作服务能力，发挥民国档案在海峡两岸交流的特殊作用。积极主动为弘扬社会主义核心价值观、传承中华文明、服务国家发展，挖掘并发挥民国档案在国家治理、红色基因传承、民族记忆构建等方面的独特作用。

征程扬帆，砥砺前行。让我们在新的历史时期坚持习近平新时代中国特色社会主义思想，牢记档案工作姓党的政治属性，以"踏石留印，抓铁留痕"的工作作风真抓实干，为铸就国家重点档案目录体系建设新辉煌，实现国家重点档案资源共享而努力。

（潘涛、许茵　撰稿）

第十二章
海外交流

二史馆建馆以来，在开展海外交流方面进行了积极的尝试和实践，取得了一系列合作成果。特别是改革开放以来，二史馆积极加大对外交流的力度，从被动接待逐步发展到主动开拓，海外交流与合作的领域和范围不断扩大，内容和形式不断丰富，在促进民国档案资源体系建设和利用体系建设、面向海外树立二史馆中央级国家档案馆形象等方面产生了积极的作用。

一、南京史料整理处时期（1951—1964）

建馆伊始，百废待兴。正值我国社会主义建设初期，大批苏联援华专家活跃在各条战线上，为各行各业的发展作出了巨大贡献，在档案工作领域也是如此。新中国的档案事业，正是在借鉴学习苏联的基础上发展起来的，苏联档案专家们发挥了重要的作用。这一时期，出于学习苏联先进档案工作理论和实践的需要，二史馆主要接待了苏联为首的社会主义阵营国家的档案学、历史学专家和少量国际友人。10余年间，尽管只有少量专家学者来访，且没有一人迈出国门，但这种单向的业务指导和工作访问，还是为二史馆打开了一扇学习海外先进经验的窗户。

（一）接待苏联专家

1954年1月27日，二史馆迎来了第一位外宾——苏联档案专家谢列兹聂夫。

他在中国人民大学历史档案系系主任吴宝康陪同下来史料整理处参观并作报告，介绍了苏联档案科学的成就和管理档案的重要原则，对如何进行分类、立卷等进行了指导，特别指出今后的工作方向，认为史料整理处保管大批档案，应作为档案馆看待，大批档案虽作了初步整理，但进一步的整理须依照苏联先进的管理档案的经验。苏联专家的来访对于史料整理处来说，"是一次很大的启发和鼓励，增加了搞好工作的信心"。之后，根据苏联专家的教材，史料整理处组织全体人员进行有计划的上课学习，进一步将苏联先进档案理论结合运用到具体工作中。

1955年5月9日，苏联科学院东方研究所远东部主任、中国近代经济问题专家阿斯达菲叶夫前来史料整理处参观，并对工作提出建议：（1）要特别注意保存目录；（2）史料整理工作主要任务是供历史学家能找到材料，因此希望史料工作同志尽量使自己工作接近历史学家，使工作符合五年计划要求，也符合长远的科学发展的要求；（3）希望出版历史档案杂志；（4）应注意库房空气及温度；（5）整理工作人员不仅停留在技术工作，还应逐步提高到研究工作方面，等等。史料整理处主任王可风在发言中谈到，在档案方面学习苏联也要与中国实际相结合，要创造性地学习。

此外，在20世纪50年代，史料整理处还接待了苏联科学院总顾问、科学院院士柯夫达，苏联社会科学院卡东诺娃，苏联历史学家阿斯塔兹耶夫、杜曼·奥赛宁·曾秀夫，语言学家谢尔裘琴科夫妇。

（二）接待东德专家

1955年11月19—23日，根据中德文化合作协定，民主德国近代史学家约·尼赫特魏斯前来南京访问、讲学，在参观史料整理处后发表重要意见。他对中共中央、中央人民政府高度重视档案工作、建立国家档案局表示赞赏。谈到德国统一社会党中央某些历史学家忽视档案工作时，他认为，档案库就是废物库的思想应当进行纠正，在档案馆进行的工作是历史研究的基础。尼赫特魏斯还介绍了东德整理史料的经验，指出照相又快又省，而且可靠，手抄易错，许多原件上的注释、符号不能保持原状，并预示随着中国工业化的发展，将来一定会大规模采用这个方法。

1959 年 6 月 24—27 日，史料整理处接待了民主德国洪堡大学历史系助教王安娜博士。王安娜出生于德国，本名安娜·利泽，因与著名外交家王炳南结婚而改姓王。王安娜在史料整理处得到了精心的查档服务，共查阅了 33 卷档案，主要内容是中德关系方面的资料。

（三）接待阿尔巴尼亚档案工作代表团

1963 年 5 月 13 日，阿尔巴尼亚档案工作代表团团长季米特尔·科蒂尼，团员爱沙特·雷索、扎维特·斯卢加一行三人，在国家档案局局长曾三、副局长郝化村的陪同下，前往史料整理处进行了为时一天的参观。

二、中国第二历史档案馆时期（1979—2020）

改革开放以后，中国向世界敞开了大门。1980 年，中共中央书记处作出了开放历史档案的决定，档案对外开放的历史进程迈出了关键性的一步。随着海内外档案服务工作的不断开展，二史馆在民国档案利用方面的国际交流合作也得到显著发展，取得了不少成果。概括起来，主要有接待参访、学术研讨、项目合作、海外征集[①]等四个方面。因本章根据二史馆文书档案撰写，在参考的外事工作档案中存在详略不一的情形，故择其要者，分述如下。

（一）接待参访

二史馆的发展历史，代表了我国历史档案馆的发展水平，故被列为首批接待他国档案界人士来华访问的单位。1980 年 6 月 25 日，国家档案局给二史馆下达文件，主要内容为"现将党中央、国务院批准外交部和我局关于可以接待外宾参观的

---

① "海外征集"详见本节第一章《档案接收与征集》。

档案馆的请示报告（复制件）一份抄送你们，请你们作好对外接待的准备工作"。自此后40年来，二史馆接待了美国、加拿大、墨西哥、英国、法国、联邦德国、民主德国、波兰、意大利、荷兰、比利时、苏联（俄罗斯）、南斯拉夫、澳大利亚、日本、韩国、朝鲜、老挝、新加坡、马来西亚、约旦、吉布提等数十个国家档案、历史、图书或其他名义的访华团数千人次前来参观考察，双方围绕档案馆的基本职能、发展思路等多方面内容进行交流，扩大了二史馆与国际档案界、史学界及国际组织的交往，增进了彼此的友谊。

1. 接待美国专家

美国是这一时期参访二史馆时间最早、数量最大、批次最多的国家。早在中美建交的当年，1979年6月20日，美国明清史代表团团长、副团长和三位团员就在江苏省社会科学研究所副所长姜志良等陪同下来二史馆访问①，成为二史馆由于时代原因封闭多年后再次接待外宾的开端，其后更是在较短的时间内迎来了多批美国客人，计有：（1）美国加州洛杉矶分校历史学副教授黄宗智（1980年4月10日来访）；（2）美国明清史代表团阿尔伯特·费维恺等7人（1980年11月7日来访）；（3）美国美中学术文化交流委员会代表团约翰·路易斯等3人（1981年1月6日来访）；（4）美国社会科学和人文科学规划代表团温弗雷德·莱曼等4人(1981年1月17日来访)。他们都是根据中外文化学术交流协定，由中国社会科学院介绍，经江苏社会科学院安排并派专人陪同访问和参观的。美国来宾了解到二史馆保存档案的范围和成分，很感兴趣。对于新中国成立后在很短时间便将全国民国时期的中央一级机关档案集中起来，感到非常惊奇，认为是一件了不起的事，这在西方国家是不可想象的。他们共同的希望是今后要扩大中外文化学术交流活动。

其中，1980年11月7日来访的"自宋至1900年中国社会经济史"中美史学讨

---

① 该代表团成员姓名不详。

论会美方代表团规模最大，代表了其时相关领域的最高学术水平。而 1981 年 1 月 17 日来访的美国社会科学和人文科学规划代表团规格最高。该团是根据中国社会科学院和美中学术交流委员会 1980 年交流项目协议，由美中学术交流委员会组织的，成员由美国从事美中社科交流的决策人物包括官方人士及科学头面人物组成。在华期间分作三组，来南京访问的是代表团第三组，由团长莱曼等 4 人组成，与二史馆的档案工作者进行了座谈。代表团特别对美国留学生和美国学者来二史馆使用档案资料问题很感兴趣，并介绍斯坦福大学保存有不少民国档案。访问结束后，代表团评论说：二史馆的工作，对各国人民都是很有价值的，希望双方加强交流和合作。

1982 年 5 月，按照国家档案局"关于接待美国档案工作者协会学习旅游团的计划"，二史馆热情接待了该团一行 27 人。该团顾问，时任马萨诸塞州波士顿肯尼迪图书馆首席档案馆长威廉·W. 莫斯专门发来感谢函，称"感谢你们在我们参观贵馆时所给予的殷勤的接待。简短的介绍会及参观是非常圆满的，给我们留下深刻的印象。此次参观有助于建立一个互相了解的牢固基础，并为未来国际档案工作合作创造条件。我非常希望，在不久的将来，南京的档案工作者访问美国，届时我会帮助他们到美国各地档案馆参观的"。

四年后，以美国档案文件管理局前任局长沃纳为团长的美国档案工作者协会学习旅游团一行 37 人于 1986 年 4 月再次来访，美国客人对二史馆保存的档案资料很感兴趣。离别前，邀请二史馆派员去他们那里访问，以加深中美两国档案工作者之间的相互了解和友谊。

此后来访的美国团组，较重要的尚有美国大学东亚图书馆馆长代表团、北美东亚图书馆代表团、美国密歇根大学本特利历史图书档案馆代表团、美国斯坦福大学胡佛研究所代表团等。值得一提的是，1997 年 10 月，沃纳再次率领美国民间大学代表团一行 13 人（主要由美国各地档案工作者组成）来二史馆参观。而胡佛研究所更是分别于 2006 年 11 月、2008 年 3 月、2017 年 3 月三次来访，其中第二次由常务副所长查德·苏萨率该所研究员以及宋子文后代等一行前来，双方特别就关注的"蒋介石日记"保藏及档案保护技术问题进行了交流。

2. 接待日本来宾

作为一衣带水的邻邦，日本是参访数量、批次仅次于美国的国家。1982年6月22日，二史馆迎来了第一批日本学者。根据国家档案局接待计划，日本近代史研究学者代表团在来南京访问期间访问了二史馆。来宾参观了档案库房，浏览了档案卷宗，详细询问了查阅档案手续。表示在日本研究民国史的人越来越多。过去日本人研究民国史，侧重研究共产党，而现在研究国民党的越来越多了。当年12月，又一批日本研究中国近代史学者访华团前来，他们参观二史馆档案库房后，感到档案确实很多，团长石田感慨二史馆资料真多，在日本是看不到这么多资料的。访华团成员都希望以后有机会到中国来进修。

特别需要说明的是，作为南京大屠杀档案的主藏单位，二史馆以此为宣传阵地，接待了一批又一批爱好和平的日本友人。1988年8月，二史馆接待了第二次日本侵华实地调查团"南京大屠杀实地调查记录访华代表团"一行30多人，向其展示或提供有关侵华日军南京大屠杀档案材料150余份，照片30多张。代表团不仅把他们从日本带来的如"抓中国劳工去日本"等资料赠送二史馆，回国后还开始整理翻译记录资料工作，把历史事实告诉日本人民，还原历史真相，和歪曲、掩盖、篡改历史事实的右翼分子做斗争，相信这些活动能为真正的中日友好作出贡献。

1990年8月，按照南京市人民政府外事办公室《关于接待"近百年中日关系国际研讨会"部分专家、学者的计划》，二史馆接待了日本来宁参观"侵华日军南京大屠杀遇难同胞纪念馆"、凭吊大屠杀地点的专家学者，我专家、学者与他们交流日本侵华和南京大屠杀等史实。二史馆开放了小型"侵华日军屠杀我同胞照片及档案资料展览"。

1996年8月，日本铭心会访华团访问二史馆。以松冈环女士为团长的"日本第

11 次南京和平集会访华团（铭心会）"一行 16 人查阅了有关史料。二史馆收藏档案的丰富性和权威性引起代表团成员的极大兴趣，该团的任务之一就是收集南京大屠杀证据的。因此他们在二史馆收集了大量档案资料，表示回国后将写出报告，广泛介绍日本侵华的历史真相，驳斥日本国内"南京大屠杀是虚构""死的不会有那么多"等不承认事实的论调。松冈环团长说：让年轻一代了解日本军国主义在南京犯下的不可饶恕的罪行，对下一代的教育有重要的现实意义。

3. 接待国家级档案代表团

1981 年 4 月 6 日，接到国家档案局关于接待南斯拉夫档案代表团的任务后，二史馆进行了精心准备，专门拟定具体的接待计划，除报国家档案局外，还分别报送江苏省人民政府、江苏省委宣传部、省外办等。5 月 17 日，经中共中央办公厅和外交部批准，由国家档案局邀请，南斯拉夫档案馆馆长西达·马利扬诺维奇（女，副部长级）率领的南斯拉夫档案工作代表团一行 5 人，由国家档案局副局长李凤楼等陪同参访二史馆，警卫工作由江苏省公安厅、南京市公安局统一布置。该代表团除交流档案工作经验外，主要是了解二史馆关于史料编辑和研究工作方面的情况，并参观二史馆档案库房和其他一些设施。二史馆本着热情友好、内外有别的精神，圆满完成了接待工作。

2015 年 4 月 15—16 日，波兰共和国国家档案馆馆长乌拉狄斯洛·斯戴普尼亚克等一行 5 人来馆参访，杨继波副馆局长陪同。来宾参观特藏陈列库后，双方围绕档案资源开发等共同感兴趣话题开展馆际交流。

4. 接待国际组织和国际会议代表、培训班学员

（1）接待国际档案理事会主席

应国家档案局邀请，国际档案理事会主席、联邦德国档案馆馆长汉斯·布姆斯博士偕夫人于 1986 年 5 月 7 日至 21 日来华进行为期两周的正式访问。他此次对我国的参访，是国际档案理事会正式接纳我国为会员国以来，该会最高首脑对我国进

行的首次访问，加强了中国档案部门与国际档案理事会的联系，扩大了国际影响。因此，在接到接待任务后，二史馆高度重视，进行了精心准备。在国家档案局李凤楼副局长等陪同下，布姆斯夫妇参观了二史馆并给予了较高的评价。布姆斯对本馆运用计算机进行检索编目很感兴趣，在留言簿中赞扬道："具有实用的装备和仪器和现代化的工作方法，并且大胆地利用计算机管理档案。这里有一支和蔼可亲的档案工作者队伍，在具有历史意义的信息资源领域内工作。……在世界档案工作领域内，也是值得人们作为楷模的。"他还说："作为国际档案理事会主席，我很高兴看到档案馆利用档案为现实服务，这就为将过去和现在结合起来提供了保障，这是1978年以来中国在建设美好的未来中所取得的进步。"

（2）接待联合国教科文组织

2014年5月19日，世界记忆工程国际咨询委员会专家一行7人赴二史馆考察馆藏南京大屠杀有关档案资料申报"世界记忆名录"事宜。李明华副馆局长专程来宁主持接待。二史馆陪同察看拟申报档案原件并汇报申遗材料，为南京大屠杀档案成功申遗打下了坚实基础。2015年3月27日，李明华副馆局长等陪同"联合国教科文组织世界记忆工程亚太地区工作坊"会议代表一行18人来二史馆参访，参观了数字化工作场所和特藏陈列库。2016年3月7日，二史馆陪同接待联合国教科文组织对外联系与公共信息助理总干事埃里克先生一行在宁访问。

（3）接待国际会议代表、培训学员

2018年10月，二史馆接待参加第六届东亚史料研究编纂机构国际会议代表35人，陪同参观数字化场所及档案史料陈列展。2019年8月，应中央文化和旅游管理干部学院商请，二史馆接待了2019年国家援外人力资源开发合作项目——"吉布提档案管理研修班"和"约旦文化机构负责人研修班"学员共60余人。学员们参观了档案史料陈列展、数字化工作场所和档案利用大厅。

（二）学术研讨

与海内外同行开展广泛的学术研讨与业务交流，可以开阔视野，向世界先进水平看齐，提高历史档案业务工作水平，从而促进各项工作开展。二史馆这一时期的海外学术交流活动，呈现出多姿多彩的样态，既有以东道主名义举办国际学术研讨会，亦有个人或团组赴海外参会，或邀请国际专家来馆举办学术讲座、小型学术交流会等，极大地推动了二史馆民国档案及民国史研究，与国际上档案学和历史学界的联系和协作也不断增强。

1. 举办民国史学术讨论会

1984 年 5 月第一次民国史学术讨论会召开以后，海外学者来二史馆查阅民国档案时，都谈及这次会议在海外学术界震动很大，希望二史馆能继续举办民国史学术讨论会，并邀请海外学者参加。为进一步在民国档案史料方面和民国史学术活动方面开展"文通"工作，1987 年 10 月 7 日—10 日，二史馆和南京中华民国史研究会联合主办了"民国档案与民国史学术讨论会"，中心议题为抗日战争时期的中国政治、军事、经济和对外关系及人物活动诸问题。出席学术会议的中外学者共 110人。海外著名的历史学家有美国易劳逸教授、于子桥教授、陆培涌教授，日本卫藤沈洁教授、山田辰雄教授，法国学者毕仰高、白吉尔，加拿大陈志让教授，民主德国学者安悟行，澳大利亚历史学博士费约翰等共 20 余人。会议期间，代表们参观了二史馆。这次会议受到媒体的广泛关注，成为民国史学界的一次盛会，不仅进一步推动了中华民国史研究，还加强了海内外学者的联系，促进了中外学术交流。

2. 举办学术座谈、讲座、成果交流会

1987 年 5 月，应中国科协邀请，以弗莱德·狄尔斯为团长的美国国际人民交流协会组织的档案管理及缩微摄影代表团一行 13 人参访二史馆，并举行了 40 人规模的小型学术交流会。阿尔登女士、亚当斯先生相继就档案管理人员的培训和报纸缩微技术作了专题学术报告。亚当斯还具体介绍了怀俄明州档案馆缩微报纸的情况，对二史馆开展相关工作具有较高的参考价值。业务学术交流会后，代表团成员参观了二史馆缩微复制、档案库房、阅卷大厅等业务工作部门，细致地观看了档案修复的全过程以及电子计算机的操作，并就一些具体的技术问题交换了意见。

1993年10月，应中国科学技术协会邀请，经江苏科学技术协会介绍，美国档案技术代表团一行18人来二史馆进行学术访问。代表团与二史馆同行举行了小型学术座谈会。二史馆保管部、利用部、技术部等相关部门参加了接待，介绍了本馆的基本情况，以及保管、整理、利用等方面工作。美国科罗里达州档案保护联盟的档案工作者雪利和新泽西州联合大学历史学者罗伯特，分别就"加强全民档案保护意识""档案工作者与历史学者之合作"等议题作了发言。会上，代表们还就档案保护、信息开发、计算机运用等问题与二史馆同行进行了交流。

座谈后，客人们参观了二史馆档案缩微、裱糊、保管、利用等项工作，对二史馆在档案保管与利用工作方面取得的成果表示赞赏，尤其对丝网加固档案的技术表现出浓厚兴趣，表示此次访问收获很大，中美双方档案工作者应加深了解，增进友谊，今后在档案技术保护等方面加强合作与交流。

2001年5月29日，二史馆邀请新加坡国家档案馆档案开放委员会委员、新加坡国立大学历史系副教授黄坚立主讲题为《新加坡社会动态及其国立大学的历史教学与研究》专题学术讲座。黄坚立教授曾多次来二史馆查档，此次是来查阅有关东南亚华侨照片档案资料并专程作学术交流。与会交流的专家学者共有30余名，讲座取得较好的反响。

2009年9月7—8日，受馆局委托，由二史馆承办的中美档案工作座谈会暨赴美培训项目成果交流会在本馆举行。国家档案局杨继波副局长出席会议，来自美国密歇根大学本特利历史图书档案馆、中国国家档案局和全国21个省市的代表60余人出席了会议，多人提交了论文或心得体会。自1995年以来，二史馆有多名年轻档案干部参加了该赴美培训项目，扩大了眼界和学术视野，多人成长为业务骨干。

2016 年 6 月 16 日，联合国教科文组织社会处博洋·罗德科夫在二史馆举办关于世界记忆工程项目的讲座，并解答疑问。二史馆干部职工踊跃参加，江苏省档案局、南京市档案局部分干部受邀旁听。

2017 年 3 月 24 日，美国斯坦福大学胡佛研究所第一副所长暨档案馆特聘馆长魏肯博士一行 4 人来二史馆参访，并作了"胡佛档案馆馆藏及现况"专题讲座。

3. 赴海外参加学术会议

（1）个人参会。如 1995 年 5 月，派员赴新加坡参加"海外华人与新加坡历史档案"研讨会；2003 年 9 月，我馆有 4 名学者参加了在英国北爱尔兰贝尔法斯特女王大学召开的"赫德与中国海关学术国际研讨会"；2004 年 1 月，派员赴美国夏威夷出席哈佛大学亚洲中心举办的"抗战军事史国际学术讨论会"；2005 年 12 月，派员以侵华日军南京大屠杀研究者身份随团（侵华日军南京大屠杀遇难同胞纪念馆组团）赴日参加日本熊本县日中友好协会"南京证言集会"并进行学术交流；2016 年 11 月，派员赴日本参加在东京大学召开的"第五届东亚史料研究编纂机构国际学术研讨会"。

（2）参加"世界和平博物馆会议"。世界和平博物馆会议是由日本民间爱好和平人士组织，以加强博物馆、展览馆、档案馆等机构国际交流，控诉军国主义侵略罪行，教育人民维护世界和平为宗旨的国际性会议。1991 年 9 月，二史馆派员出席了第一届会议，在大会上作了题为《历史工作者应为世界和平作出贡献》的发言；1998 年 11 月，又应日本"第 3 届世界和平博物馆会议"组委会邀请，组团赴大阪和东京参会，提交《中国第二历史档案馆馆藏日军侵华暴行档案资料及利用情况概述》《从历史研究者的视角看中国历史教育——介绍关于日本侵华问题的中国历史课本内容》等论文。

（3）参加"孙中山、宋庆龄纪念地联席会"。孙中山宋庆龄、纪念地联席会是海内外孙中山宋庆龄纪念地相关机构在自愿的基础上组织起来的一年一度的例会，形成了一种工作交流合作机制，联席会成员发展到 5 个国家的近 40 家单位。二史馆应邀分别组团参加了 2012 年 11 月在新加坡晚晴园举行的第 24 次联席会议和 2018 年在日本神户举行的第 30 次联席会议。通过这个平台与同行交流工作经验，进行学术研讨，不仅可以共享资源，增进感情，还对促进孙中山、宋庆龄的研究宣传事业和各纪念地的发展，起到了积极的作用。

（三）项目合作

进入新世纪后，二史馆在夯实档案基础工作的前提下，加强对外交流合作，特别是在开展国际合作项目方面坚持"安全保密、综合效益、优势互补"的原则，进行了有益的尝试。主要有与英国开展的海关合作项目，与新加坡开展的馆藏新马地区档案及海关历史文献资料合作项目，以及在国家档案局领导下开展的中俄档案合作。这些项目代表了国家的文化交流形象，不仅提升了二史馆国际影响力，还促进了各项工作与世界先进水平接轨。

1. 馆藏海关历史档案对外合作项目

1999 年 8 月，二史馆组团赴英国国家档案馆、剑桥大学东亚研究所等地访问，就合作整理英方所藏中文档案及二史馆海关档案等达成了初步意向。2000 年 12 月，二史馆与英国剑桥大学达成协议，合作整理研究民国时期海关历史档案。主要任务为对馆藏 5 万多卷海关档案进行系统整理，编制原始英文目录，建立若干专题数据库，并以研究中国海关为切入点，对专题史料进行研究。为此，二史馆专门成立项目组，对馆藏海关历史档案进行了大量调研，开发了有关海关职员等若干馆藏海关历史档案目录数据库，合作完成《海关档案史料选编》。还与英国 Gale 国际有限公司合作《中国与西方——海关档案选编》，拍摄完成 350 盘缩微胶片，在海外以 *China and the West* 冠名出版发行。这次合作对加强对外交流，推进民国海关历史档案研究，以及提高二史馆现代档案管理水平起到积极作用。

2. 馆藏新马地区档案及海关文献资料对外合作项目

有关孙中山先生的档案史料在二史馆堪称镇馆之宝，而中山先生在南洋进行革命宣传活动时，在新加坡等地区也留下许多重要史料。为此，二史馆与新加坡相关历史档案、文博部门均保持良好的互动关系。1999年，二史馆在接待新加坡档案代表团时，双方就合作出版馆藏新加坡档案资料以及举办展览等事宜达成初步协议。此后二史馆经反复洽商，与新加坡国家档案馆达成协议，合作开发馆藏新马地区档案资料项目。之后二史馆各相关部门分工协作，严格按照开放内容提供复制，认真细致保质保量完成项目任务。陆续为新加坡国家档案馆编制、拍摄《馆藏新加坡及南洋地区历史档案汇编》缩微片，受到新方档案界和学术界的欢迎。为进一步促进双方在档案史料收集和出版方面的交流与合作，新加坡国家档案馆多次邀请二史馆去新访问，彼时正值二史馆加紧建设民国档案目录系统，为学习和借鉴新加坡信息管理方面的经验，同时了解新加坡及东亚地区收藏民国档案情况，二史馆以项目合作为契机组团前往，加大了相关史料收集与交流力度。新加坡晚晴园——孙中山南洋纪念馆也组团分别于2013年7月与2019年2月来访，双方就加强馆际合作等事宜展开交流。

2016年11月，二史馆接待新加坡圣智集团盖尔公司国际部学术出版总监塞斯·凯利等一行4人，就双方合作项目进行商讨。2017年2月，二史馆与新加坡圣智亚洲学习公司签署授权协议，双方就开发海关历史档案资料文化产品达成共识。

3. 参与中俄档案合作项目

中俄人文合作机制自2000年建立以来，档案合作成为中俄人文合作的重要内容。2004年9月，馆局下发《俄中档案合作工作小组2004—2009年工作大纲（草案）》后，二史馆结合工作实际，拟定《关于我馆参与中俄档案合作项目的报告》，提出可承担和参与的项目有合作编研、举办展览等9项，并提出通过交流收集补充馆藏，对俄方所提"大纲"中的内容，我馆就其中可开放部分提出合作可能。该项目延续至今,中俄两国档案部门通过共同举办档案展览、联合筹备出版档案文献汇编、举办档案学术研讨会、交换档案复制件等形式开展了深入务实的合作,取得了丰硕的成果,进一步加深了双方的友谊,推动了双方档案领域的合作。其中,二史馆以服务党和国家中心工作为己任,多次圆满完成馆局下达的项目任务,包括2005年为俄罗斯联邦档案局提供有关二战档案资料,用于俄方举办纪念卫国战争胜利60周年展览;2006年,派员赴俄罗斯参加"中俄教文卫体合作委员会档案合作工作小组第三次会议";2009年,为国家档案局主办、俄罗斯联邦档案署和中国外交部档案馆协办的"中苏关系档案展"提供档案文献复制件;2015年,协助国家档案局和俄罗斯联邦档案署共同举办"中苏联合抗击法西斯胜利70周年档案展",二史馆举全馆之力,从撰写大纲、选材、制作复制件到赴京协作布展,全程参与,有力地配合了中央宣传大局。

纵观二史馆建馆以来的海外交流,渠道从单向到双向,来宾从零散到密集,出访从参与到自主,形式从单一到复合,交流的深度和广度与二史馆民国档案事业的向前发展密不可分,特别是近10年来,呈现出加速前行的良好态势。相信随着档案工作国际合作与交流的不断加深,随着一批批极具史料价值的民国档案征集接收进馆,不仅能配合民国档案资源体系建设需要,还将对确立二史馆海内外民国档案保藏中心的地位产生积极深远的影响,为民国档案事业的可持续发展打下坚实基础。

(杨智友 撰稿)

附录一

中国第二历史档案馆机构沿革

1949 年 4 月 23 日，南京解放。同年 11 月，政务院指导接收工作委员会华东工作团南京临时办事处下设立档案组，负责接管、集中国民党政府的档案。后改组由中央文化教育委员会指定中国科学院近代史研究所接管。同时接收原国民党政府的国史馆，于 1951 年 2 月 1 日正式成立了中国科学院近代史研究所南京史料整理处，其任务是收集、整理和保管 1912 年至 1949 年期间南京临时政府、广州国民政府、武汉国民政府、民国北京政府、国民党政府和汪伪政权中央机关的档案，并从档案中选编各种史料。

1964 年 3 月，经中央办公厅批准，南京史料整理处划归国家档案局领导，改名为"中国第二历史档案馆"，并明确为中央级档案馆，党的工作和行政工作委托中共江苏省委领导，业务上由国家档案局直接领导。1967 年 10 月，经江苏省委批准成立馆党组。

1967 年 5 月 27 日，江苏省军事管制委员会对中国第二历史档案馆实施军事管制。1967 年 10 月，成立了"江苏省清查敌伪档案办公室"。清档办公室初期由省军管会领导，省革命委员会成立后，由省革委会直接领导，1969 年后由省公检法军管会代管。1973 年 7 月，江苏省委决定撤销清档办公室，恢复"中国第二历史档案馆"的名称，改由省公安厅代管。这十年期间，馆的一切行政业务经费一直由中办拨给。

1978 年 3 月，经中央批准，由中国社会科学院近代史研究所接管中国第二历史档案馆，恢复为中央级别档案馆，司局级建制。

1980 年 1 月，经中央批准，中国第二历史档案馆再度划归国家档案局领导，仍为中央级档案馆，司局级建制。

组织机构演变及负责人任职序列详述如下。

一、组织机构演变

1951 年 2 月　正式成立中国科学院近代史研究所南京史料整理处。

主　任	王可风　1951.02—1964.04

1964 年 3 月　国家档案局接管南京史料整理处，改名为"中国第二历史档案馆"。1964 年 3 月 27 日，召开成立大会，1964 年 4 月 1 日，启用中国第二历史档案馆印章。

馆　长	胡敬一　1966.02—1974.01.03（病逝）
副馆长	王可风　1964.04—1975.03.04（病逝）
副馆长	施宣岑　1964.09—"文化大革命"

1967 年 5 月　江苏省军管会对二史馆实行军管，同年底成立"清查敌伪档案办公室"，由军管会主任兼清档办主任。后缩小班子，由省公检法代管，为"江苏省革命委员会政法办公室清档办公室"。1973 年，军管结束，恢复"中国第二历史档案馆"名称。

1972 年 12 月　江苏省革命委员会政法办公室清档办公室。

负责人	施宣岑　1972.12—1973.03
	滕墨林　1972.12—1973.03

1973 年 3 月　中国第二历史档案馆。

负责人	施宣岑	1973.03—1973.07
	滕墨林	1973.03—1973.07
馆　长	石明灿	1973.07—1975.02（军队干部调回）
	陈济民	1975.05—1977.12
副馆长	施宣岑	1973.07—1985.12（离休）
	滕墨林	1973.07—1982.12（离休）

1978 年 3 月　中国社会科学院近代史研究所接管中国第二历史档案馆。

1980 年 1 月　重新划归国家档案局领导。

馆　长	李昌文	1978.03—1983.12（离休）
代馆长	徐　灏	1990.03—1992.01
馆　长	徐　灏	1992.01—1996.10（病逝）
馆　长	周忠信	1997.06—2003.11
馆　长	杨永建	2003.12—2012.02
	翟玉霞	2012.02—2016.10
	马振犊	2016.10—
顾　问	厉国桢	1980.04—1982.12（离休）
副馆长	唐　彪	1978—1983.12（离休）
	王葆权	1983.12—1992.01（1983.12—1990.03 主持工作）（离休）
	于鸿模	1983.12—1990.01
	万仁元	1986.06—1995.09
	赵铭忠	1986.06—1993.02（离休）
	周忠信	1995.04—1997.06
	段东升	1995.04—1996.06
	涂克明	1996.06—2002.11
	王道智	1997.06—2006.03

	许寿林	1997.06—2002.01
	马振犊	2001.09—2016.10
	杨永建	2002.12—2003.12
	唐全兴	2003.12—2013.02
	曹必宏	2008.01—
	戚如高	2014.08—
副局级	杨明会	1999.04—2009.06
	林江信	2003.10—2005.09
	夏茂粹	2013.09—2014.04
	郭必强	2014.01—2016.06
	孙小华	2014.08—
	任　荣	2018.06—2019.01
	邵金耀	2019.05—
馆长助理	王道智	1995.04—1997.06
机关党委书记	马正宝	1997.12—2004.04
	唐全兴	2004.04—2010.10
	马振犊	2010.10—2014.11
	孙小华	2014.11—2019.11
	戚如高	2019.11—
机关党委副书记	马正宝	1991.03—1997.12
	章建宏	1997.12—2004.04
	万东宝	2004.04—2010.08
	夏茂粹	2010.08—2014.04
	蒋　耘	2014.04—
机关纪委书记	蒋　耘	2019.10—

二、内设机构

办公室

主　任	焦亚轩	1978.07—1984.08
	郜成琦	1984.12—1991.01
	杨德明	1992.02—1993.04
	王道智	1993.04—1997.10
	庄兴标	1997.10—2004.03
	夏茂粹	2004.03—2010.08
	孙小华	2010.08—2014.08
	王俊明	2014.10—2019.11
副主任	陈兴唐	1980.01—1985.01
	徐伟忠	1984.12—1991.10
	杨德明	1988.06—1992.02
	李文云	1988.06—1995.12
	卢俊英	1991.03—1994.09
	金绍庆	1991.10—1995.06
	倪东华	1994.09—1995.12
	庄兴标	1995.12—1997.10
	郦玉明	1997.10—2004.03
	杨　斌	1997.10—2001.10
	师振民	2002.04—2015.11
	杨智友	2010.07—2016.08
	金敏荣	2016.11—2020.01

	刘鼎铭	2017.02—2019.05
	罗　娟	2019.12—
	张启波	2021.02—

机关党委办公室

1990年3月同意成立机关党委办公室，但当时未设，与人保处合署办公，一个机构，两个牌子；2004年正式成立机关党委办公室；2014年10月与人事处合并成立党办人事处；2019年8月撤销党办人事处，成立机关党委办公室和人事处。

主　任	庄兴标	2004.05—2010.08
	夏茂粹	2010.08—2013.09
	蒋　耘	2014.08—2014.10
	蒋　耘	2019.09—
副主任	蒋　耘	2013.09—2014.08
	潘　捷	2019.08—

人事处

1978年7月人事处改为政工组；1979年改为人事处；1990年3月为人事保卫处；2005年9月更名为人事处。2014年10月人事处与机关党委办公室合并成立党办人事处，2019年8月撤销党办人事处，成立机关党委办公室和人事处。

处　长	华　明	1978.07—1982.07
	杨明会	1991.03—2004.03
	孙小华	2005.09—2010.08
	任　荣	2010.08—2014.10
	宋庆阳	2021.04—
副处长	缪天益	1978.07—1980
	戴鸿模	1981.09—1984.12
	杨明会	1984.12—1991.03

	林江信	1991.03—1995.08
	孙小华	1997.10—2005.09
	宋庆阳	2019.08—2021.04

党办人事处

2014年10月，机关党委办公室与人事处合并，成立党办人事处，2019年8月撤销。

处　长	蒋　耘	2014.10—2019.09
副处长	宋庆阳	2015.08—2019.08

安保处

2014年10月成立。

处　长	任　荣	2014.10—2018.06
	查重春	2020.01—
副处长	潘　涛	2014.10—2015.11
	查重春	2018.07—2020.01
	束长秋	2017.08—
	骆存龙	2019.12—

行政财务处

1995年4月成立。

处　长	林江信	1995.08—2003.10
	万东宝	2004.03—2010.08
	倪东华	2010.08—2013.08
	戚如高	2013.08—2014.08
	邵金耀	2014.10—2019.05
	胡震亚	2019.07—
副处长	李文云	1995.12—2000.11

倪东华	1995.12—2004.04	
王　鹏	1997.10—2000.11	
任长宝	2000.11—2015.11	
谢英龙	2010.07—2019.08	
袁　明	2016.11—2018.10	
岳　斌	2019.04—	
王顺明	2021.02—	

离退休干部办公室

1995 年 4 月成立，2013 年 2 月更名为离退休干部处。

主　任	钱杏春	1994.09—1998.07
	肖如成	2003.09—2004.03
	倪东华	2005.09—2010.08
	孙永鑫	2012.09—2013.02
处　长	孙永鑫	2013.02—2016.09
	文俊雄	2017.02—
副主任	肖如成	1997.10—2003.09
	倪东华	2004.04—2005.09
	孙永鑫	2011.03—2012.09
副处长	刘鲁滨	2015.08—2019.11
	杨智友	2016.08—2017.02
	袁　明	2018.10—
	王小林	2021.02—

保管处

1978 年 7 月档案保管利用部成立；1981 年 4 月与整理部合并，成立档案管理部；1984 年 12 月恢复保管利用部；1990 年 3 月更名为保管部，另新成立利用部；

2013 年 2 月更名为保管处。

档案保管利用部主任	章　坚	1978.07—1981.04
	黄丽辉	1988.06—1991.03
保管部主任	米士龙	1991.03—2001.07
	万东宝	2003.09—2004.03
	王俊明	2005.09—2010.08
	文俊雄	2012.09—2013.02
保管处处长	文俊雄	2013.02—2016.02
	胡震亚	2016.02—2019.07
	陈江涛	2020.01—
保管利用部副主任	徐松山	1978.07—1981.04
	杨雪琴	1978.07—1991.03
	黄丽辉	1984.12—1988.06
	王道智	1988.06—1991.03
	米士龙	1988.06—1991.03
保管部副主任	钱杏春	1991.03—1994.06
	黄成仁	1991.03—1997.04
	王俊明	1995.08—2005.09
	文俊雄	2009.11—2012.09
	•陈江涛	2010.07—2013.02
保管处副处长	陈江涛	2013.02—2020.01
	查重春	2013.11—2018.07
	蔡全周	2019.04—
	费晓峰	2019.12—

利用处

1990 年 3 月成立，2013 年 2 月更名为利用处。

主 任	王道智	1991.03—1993.04
	许寿林	1994.09—1997.09
	邵 玲	1997.09—1999.04
	马振犊	1999.04—2001.12
	曹必宏	2001.12—2004.03
	任 荣	2004.03—2010.08
	杨 斌	2010.08—2013.02
处 长	杨 斌	2013.02—2016.02
	文俊雄	2016.02—2017.02
	杨智友	2017.08—
副主任	吕 平	1991.03—1997.12
	郭必强	1995.08—1999.07
	孙永鑫	1997.10—2011.03
	张开森	2002.05—2013.02
副处长	张开森	2013.02—2014.10
	陆 君	2013.11—2019.04
	杨智友	2017.02—2017.08
	孙 莉	2017.08—
	林周佳	2021.02—

整理编目处

1978 年 7 月档案整理部成立；1981 年 4 月档案整理部和保管部合并，成立档案管理部；1984 年 12 月恢复整理部；1990 年 3 月更名为整理编目部；2013 年 2 月更名为整理编目处。

档案整理部主任	赵铭忠	1978.07—1981.04
档案管理部主任	赵铭忠	1981.04—1984.12
整理编目部主任	赵铭忠	1984.12—1991.03
	邵　玲	1991.03—1997.09
	张玉岭	1997.10—2002.05
	任　荣	2003.09—2004.03
	杨　斌	2003.04—2010.08
	王俊明	2010.08—2013.02
整理编目处处长	王俊明	2013.02—2014.10
	张开森	2015.12—2019.01
	陆　军	2020.01—
档案整理部副主任	黎庆一	1978.07—1981.04
档案管理部副主任	黎庆一	1981.04—1984.07
	杨雪琴	1981.04—1984.07
	邵　玲	1984.12—1990.03
整理编目部副主任	邵　玲	1990.03—1991.03
	张玉岭	1991.03—1997.10
	任　荣	1994.09—2003.09
	冯　敏	1997.10—2002.05
	张强林	2000.11—2013.02
	孙　武	2002.05—2005.05
	蒋　耘	2002.05—2013.02
整理编目处副处长	张强林	2013.02—2014.10
	蒋　耘	2013.02—2013.09
	陆　军	2013.11—2020.01

	张开森	2014.10—2015.12
	龙　锋	2017.08—
	谢英龙	2019.08—2021.02

史料编辑处

1978 年 7 月史料编辑部成立；1990 年 3 月与研究室合并更名为编研部；2008年 4 月恢复史料编辑部名称；2013 年 2 月更名为史料编辑处。

主　任	唐　彪	1978.07—1982.03
	王　涛	1982.03—1985.01
	方庆秋	1985.01—1994.02
	蔡锦松	1995.04—1999.12
	曹必宏	2000.11—2001.12
	杨　斌	2003.09—2004.03
	郭必强	2004.03—2013.01
	戚如高	2013.01—2013.02
处　长	戚如高	2013.02—2013.08
	孙　武（孙秋浦）	2014.08—
副主任	戴琼瑗	1979.11—1980.04
	高新农	1980.11—1981.12
	国长远	1980.11—1981.04
	邹明德	1981.04—1985.01
	魏振民	1982.03—1985.01
	郑会欣	1985.01—1988.09
	殷　华	1991.03—1996.12
	曹必宏	1995.08—2000.11
	杨　斌	2001.10—2003.09

	冯　敏　2002.05—2004.08
	孙　武（孙秋浦）2005.05—2013.02
副处长	孙　武（孙秋浦）2013.02—2014.08
	沈　岚　2015.08—
	李　宁　2017.08—

研究室

1981 年 4 月研究室成立；1990 年 3 月与史料编辑部合并更名为编研部；2008 年 4 月研究室恢复。

负责人	万仁元　1981.04—1985.01
主　任	华　明　1982.07—1985.01
	万仁元　1985.01—1988.06
	陈兴唐　1988.06—1990.03
	戚如高　2008.06—2013.01
	郭必强　2013.01—2014.01
	胡震亚　2014.08—2016.02
	杨　斌　2016.02—2019.11
副主任	国长远　1981.04—1985.01
	陈兴唐　1985.01—1988.06
	胡震亚　2008.10—2014.08
	夏　军　2015.08—
	蒋　梅　2017.08—

《民国档案》编辑部

1985 年 8 月《民国档案》编辑部成立，2008 年 4 月更名为研究室。

主　编	施宣岑　1985.08—1989.12
	万仁元　1989.12—1991.03

	陈兴唐	1991.03—1996.04
	马振犊	1997.10—1999.04
	郭必强	2003.09—2004.03
	曹必宏	2004.04—2008.04
副主编	陈鸣钟	1985.08—1989.12
	陈兴唐	1985.08—1991.03
	马振犊	1995.08—1997.10
	郭必强	1999.07—2003.09
	戚如高	2002.05—2008.04

技术处

1981年4月技术室成立；1990年3月更名为技术部；2013年2月更名为技术处。

主　任	章　坚	1981.04—1984.07
	李思本	1994.09—1999.12
	王跃年	2000.11—2004.03
	王　鹏	2004.04—2005.12
	郝达琴	2007.09—2010.11
	邵金耀	2012.09—2013.02
处　长	邵金耀	2013.02—2014.10
	王跃年	2014.10—2017.09
	郦钰明	2019.01—2020.01
	陆　君	2021.04—
副主任	徐松山	1981.04—1982.12
	钱杏春	1984.12—1991.03
	李思本	1984.12—1994.09
	许寿林	1988.06—1994.09

	王跃年	1995.08—2000.11
	郝达琴	2000.11—2007.09
	邵金耀	2006.06—2012.09
副处长	郑国斌	2013.11—2019.04
	阙海斌	2016.12—
	陆　君	2019.04—2021.04
	邹素珍	2019.12—

信息化处

1994 年 9 月成立计算机目录中心；1996 年 7 月撤销计算机目录中心，增设计算机中心；2008 年 4 月更名为信息中心；2013 年 2 月更名为信息化处。

计算机目录中心主任	卢俊英	1994.09—1996.07
计算机中心主任	卢俊英	1996.07—2000.03
	王　鹏	2000.11—2004.03
	王跃年	2004.03—2008.04
信息中心主任	王跃年	2008.04—2013.01
	郦钰明	2013.01—2013.02
信息化处处长	郦钰明	2013.02—2019.01
	张开森	2019.01—
计算机中心副主任	宋　荣	1997.10—2008.04
信息中心副主任	宋　荣	2008.04—2010.12
	潘　捷	2010.07—2013.02
信息化处副处长	潘　捷	2013.02—2019.08
	刘鼎铭	2013.11—2017.02
	胡啸海	2017.08—

民国档案目录中心

1990 年 3 月同意设立，当时并未成立，1994 年由计算机目录中心统一管理。
1996 年 7 月正式成立民国档案目录中心。

主　任	殷　华	1996.12—1997.12
	夏茂粹	2000.11—2004.03
	郦玉明	2005.9—2013.01
	王跃年	2013.01—2014.10
	张强林	2015.11—2019.05(去世)
	许　茵	2020.09—
副主任	夏茂粹	1997.10—2000.11
	郦玉明	2004.04—2005.09
	潘　涛	2008.10—2014.10
	张强林	2014.10—2015.11
	许　茵	2015.08—2020.09
	赵云澜	2019.12—

（备注：因资料不全，内容略有出入，谨表歉意。）

（孙小华、宋庆阳整理）

中国第二历史档案馆历史照片

一、馆史回顾

中国第二历史档案馆现址为1936年落成的中国国民党中央党史史料陈列馆。

原国民政府国史馆，成立于1947年1月，收存大量历史档案，1949年南京解放后被人民政府接管。

1949年12月10日，中央人民政府政务院指导接收工作委员会华东区工作团抵达南京接收民国档案。

1950年4月24日，中央人民政府政务院指导接收工作委员会华东区工作团驻南京办事处档案组全体工作人员合影。

1950年5月18日，南京文教工联科学研究工作者工会国史馆分会成立大会留影。

中国第二历史档案馆主要创建人、中国科学院近代史研究所南京史料整理处主任王可风（1911—1975）。

1951年1月26日，中央人民政府政务院指导接收工作委员会华东区工作团南京办事处主任罗青，与中国科学院近代史研究所南京史料整理处主任王可风工作交接合影。

1951年2月6日，中国科学院近代史研究所南京史料整理处成立典礼摄影。

南京史料整理处淮海路办公地。

南京史料整理处中山东路办公地。

新中国成立初期，南京史料整理处接收民国档案场景。

　　南京史料整理处淮海路工作区因大雨积水，工作人员为确保档案安全，站在水中转移档案。

新中国成立初期，南京史料整理处清理民国档案场景。

南京史料整理处档案整理情形。

南京史料整理处档案整理情形。

南京史料整理处档案分类。

南京史料整理处档案编目。

业务讨论场景。

南京史料整理处档案照相复制。

南京史料整理处档案史料录入。

南京史料整理处组织编纂大型档案文献史料集《中国现代政治史档案资料汇编》。

南京史料整理处组织编纂大型档案文献史料集《中国现代政治史档案资料汇编》。

南京史料整理处编纂的《中国现代政治史资料汇编》《中国现代政治大事月表》《五四运动史料汇编》等。

1957年，南京史料整理处接待指导高校学生实习。

20世纪50年代末期，南京史料整理处接待社会各界查阅档案情形。

1961年2月1日，南京史料整理处成立10周年纪念摄影。

1964年3月，南京史料整理处改隶国家档案局，更名为中国第二历史档案馆。图为中国第二历史档案馆成立纪念摄影。

中国第二历史档案馆建馆卅周年合影 一九八一年九月

1981年9月，中国第二历史档案馆成立30周年纪念摄影。

庆祝中国第二历史档案馆成立三十五周年大会

1986年2月，中国第二历史档案馆召开庆祝建馆35周年大会。

1986年2月，中国第二历史档案馆成立35周年纪念摄影。

1991年9月，中国第二历史档案馆召开庆祝建馆40周年大会。

1991年9月，中国第二历史档案馆建馆40周年纪念摄影。

2001年5月，中国第二历史档案馆召开庆祝建馆50周年座谈会。

2001年5月，中国第二历史档案馆建馆50周年纪念摄影。

2006年9月，中国第二历史档案馆召开庆祝建馆55周年大会。

2006年9月，中国第二历史档案馆成立55周年纪念摄影。

2006年9月，中国第二历史档案馆成立55周年馆领导与离退休老同志合影。

中国第二历史档案馆成立六十周年
1951-2011

2011年9月，中国第二历史档案馆成立60周年纪念合影。

中国第二历史档案馆成立六十周年
1951-2011

2011年9月，中国第二历史档案馆成立60周年馆领导与离退休老同志合影。

2016年9月，中国第二历史档案馆成立65周年纪念合影。

2016年9月，中国第二历史档案馆成立65周年离退休老同志合影。

二、领导视察

　　2001年11月20日，中共中央政治局常委、中纪委书记尉健行同志（右一），在中共江苏省委书记回良玉（右二）等陪同下，视察中国第二历史档案馆。图为本馆馆长周忠信（左一）向尉健行等领导同志介绍馆藏珍贵档案。

　　2003年12月10日，中共中央政治局原常委、国务院原副总理李岚清同志（左二）视察中国第二历史档案馆。

1986年5月21日，全国人大常委会副委员长阿沛·阿旺晋美同志（中）视察中国第二历史档案馆，与副馆长王葆权（左三）、施宣岑（右三）、于鸿模（右一）等合影。

1994年3月31日，全国政协副主席、中国社会科学院原院长、著名历史学家胡绳同志（右）视察中国第二历史档案馆。图为本馆副馆长万仁元向胡绳同志介绍馆藏档案。

2004年5月16日，中共中央政治局原委员、中宣部原部长丁关根同志（前左二）视察中国第二历史档案馆。

2012年6月，全国政协副主席孙家正同志（右二）一行来馆调研，参观特藏陈列室。

2016年5月5日，最高人民法院院长周强同志（前排坐者左一）一行在中央档案馆国家档案局原馆局长杨冬权（前排坐者右一）、江苏省委及江苏省高级人民法院等有关领导陪同下，考察海峡两岸司法案例交换项目。

1999年1月19日，中共中央办公厅常务副主任胡光宝同志（前左二）、中共中央办公厅副主任兼中央档案馆国家档案局馆局长王刚同志（前左三）视察中国第二历史档案馆。

2019年7月24日，中央办公厅副主任陈世炬同志（左三）来馆调研并参观"共产党人的初心与使命"档案文献展。

2012年9月，全国政协常委、外事委员会主任赵启正同志（右二）来馆调研。

2010年4月22日，中央档案馆国家档案局馆局长杨冬权（前坐者）来馆检查指导工作。

2017年12月11日，由本馆承担编辑的《世界记忆名录——南京大屠杀档案》和《拉贝日记》两书首发式在南京举行，中央档案馆国家档案局馆局长李明华（中排右四）参加。

2020年8月，中央档案馆国家档案局馆局长陆国强（右三）参观南京市南部新城，考察本馆新馆建设情况。

2009年1月8日，中央档案馆国家档案局副馆局长段东升（右二）来馆检查指导工作。

全国民国档案文件级目录著录与采集业务工作研讨会

2017年9月5日，本馆主办的"全国民国档案文件级目录著录与采集业务工作研讨会"在哈尔滨召开，中央档案馆国家档案局副馆局长王绍忠（左二）莅会并作重要讲话。

2018年11月3日，中央档案馆国家档案局副馆局长付华（左四）来本馆参加"民国档案酸度普查研究项目验收会"。

　　2019年6月10日，由本馆主办的"共产党人的初心与使命"档案文献展正式开展，中央档案馆国家档案局副馆局长魏洪涛（左三）莅临活动现场，并为展览揭幕。

2019年9月12日，中央档案馆国家档案局副馆局长刘鲤生（前排左三）到本馆进行安全检查。

2020年5月21日，中直管理局局长纪峥（右三）到南京市南部新城调研本馆新馆地址。

2012年3月，江苏省委常委、纪委书记弘强(左四)来馆调研，参观本馆编研成果。

2012年5月，江苏省委常委、省委秘书长樊金龙（左三）来馆调研。

三、档案业务

1997年，本馆实施2188袋积存零散档案整理工程。

2002年，本馆启动民国财政档案整理工程。

1998年2月14日，本馆召开"邮电档案整理工程"动员大会，启动与原邮电部邮电文史中心合作整理开发民国时期邮电档案工程。

1999年11月19日，原邮电部邮电文史中心与本馆举行民国时期邮电档案整理工程验收仪式。

　　2001年11月30日，本馆与中国银行合作整理抢救开发中国银行历史档案成果移交仪式在北京举行。中国银行行长刘明康（前左六）、中央档案馆国家档案局馆局长毛福民（前左七）、本馆馆长周忠信（前右五）出席仪式。

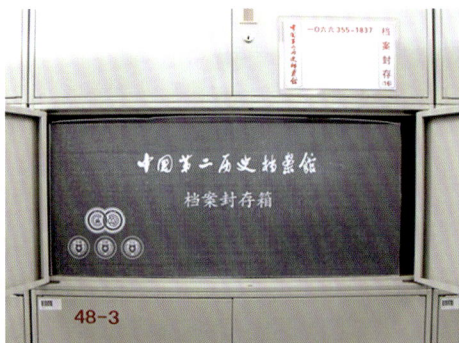

档案库房内景

珍贵档案库房内景

低温库

特藏档案陈列室

字画库

民国图书库房内景

档案安全保卫总监控室

恒温恒湿试验箱和老化试验箱

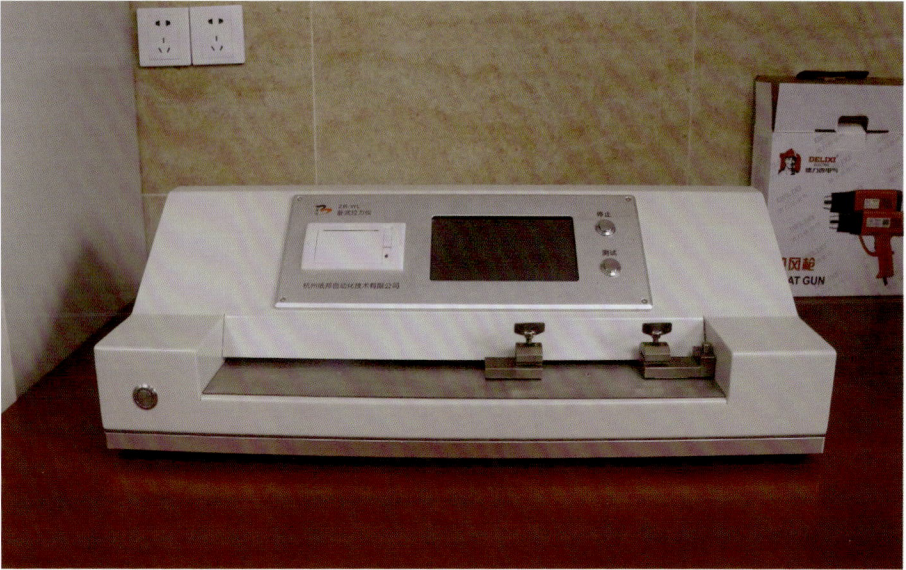

拉力仪

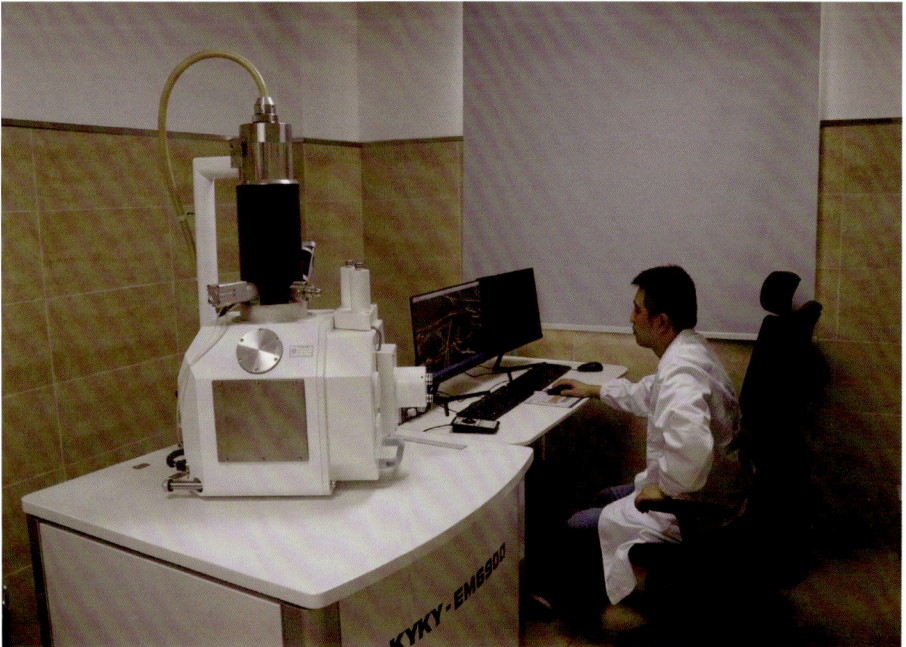

扫描电镜

　　本馆五年数字化工程（2013—2017年）进入实施阶段。图为2013年4月1日，数字化工作大楼正式启用仪式现场。

数字化工作大楼外景

档案整理。

档案文件级著录。

档案数字化扫描。

档案数字化扫描。

手工修裱档案。

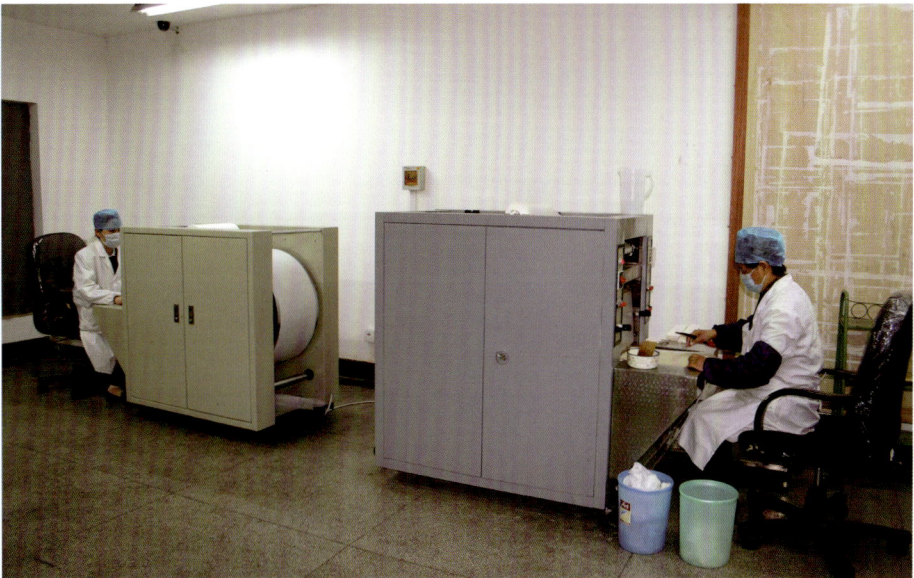

机器修裱档案。

档案缩微。

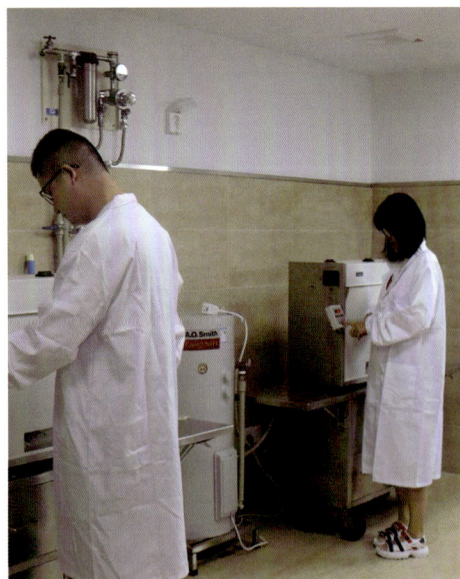

数转模冲洗与打印。

分布式存储

UPS机房

蓝光库

磁带库

档案异地备份。

档案阅览。

档案阅览。

利用者检索纸质目录。

利用者查阅档案缩微品。

利用者查阅已数字化档案。

查档服务广受好评。

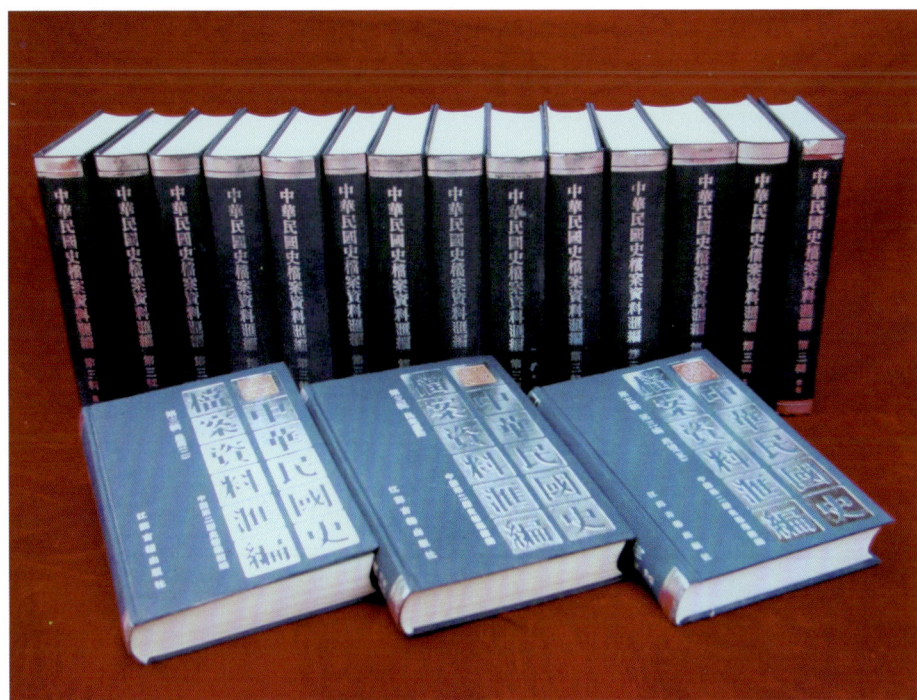

本馆编辑的《中华民国史档案资料汇编》，共90册，收录档案史料逾50000件，计5000万字。

本馆部分档案编研成果。

本馆《抗日战争档案汇编》部分成果。

本馆档案史料汇编项目部分成果。

　　本馆与海峡两岸出版交流中心合作编辑的《馆藏民国台湾档案汇编》，共计300册，由九州出版社出版。

2007年11月12日，本馆与海峡两岸出版交流中心合作编辑的《馆藏民国台湾档案汇编》出版座谈会在北京召开。国务院台湾事务办公室主任陈云林（中）等领导同志出席。

2007年11月12日，国务院台湾事务办公室主任陈云林同志（中）代表台湾文献史料出版工程编辑出版委员会向本馆赠送纪念鼎，并与中央档案馆国家档案局副馆局长李明华（右二）、本馆馆长杨永建（左三）等合影留念。

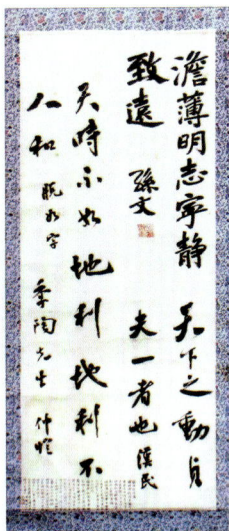

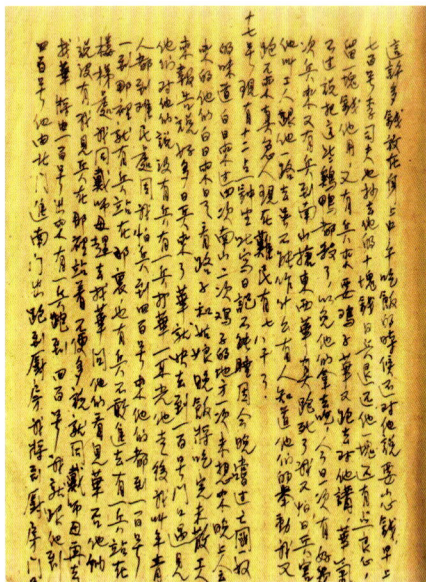

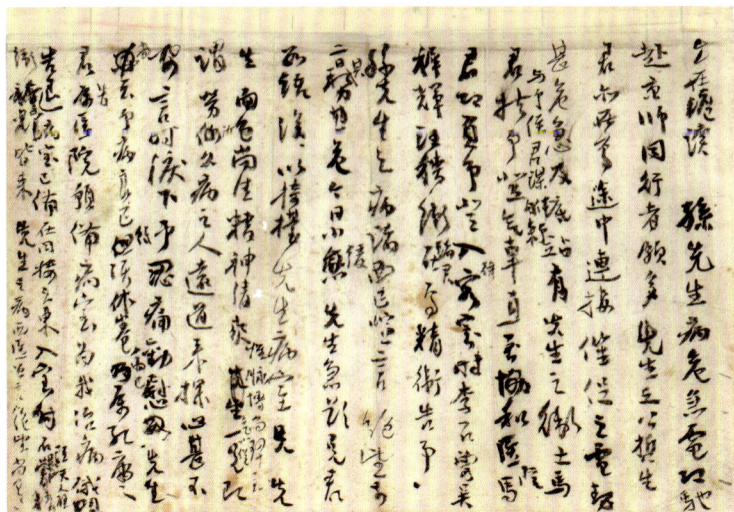

本馆馆藏部分珍贵档案入选《中国档案文献遗产名录》。

UNITED NATIONS EDUCATIONAL, SCIENTIFIC
AND CULTURAL ORGANIZATION

Certifies the inscription of

Documents of Nanjing Massacre

The Second Historical Archives of China

(Institution)

Nanjing   **China**

(Town)   (Country)

ON THE MEMORY OF THE WORLD INTERNATIONAL REGISTER

9 October 2015

(Date)

Irina Bokova
Director-General, UNESCO

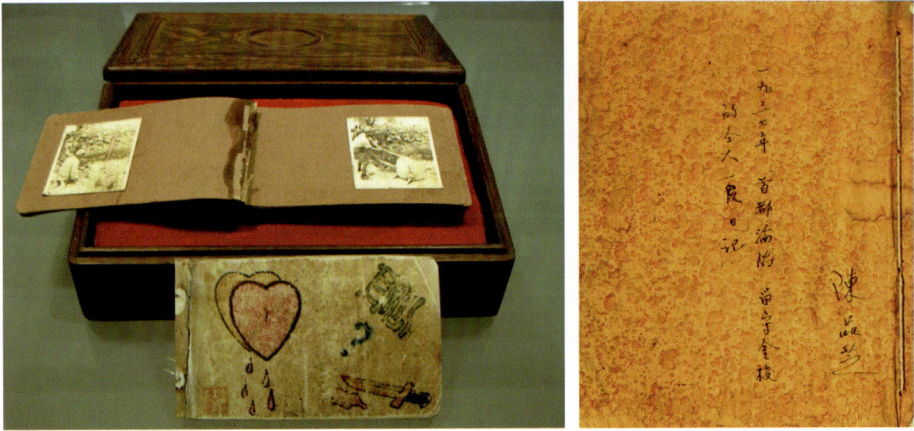

　　2015年10月9日，本馆所藏《南京大屠杀档案》列入联合国教科文组织《世界记忆名录》。

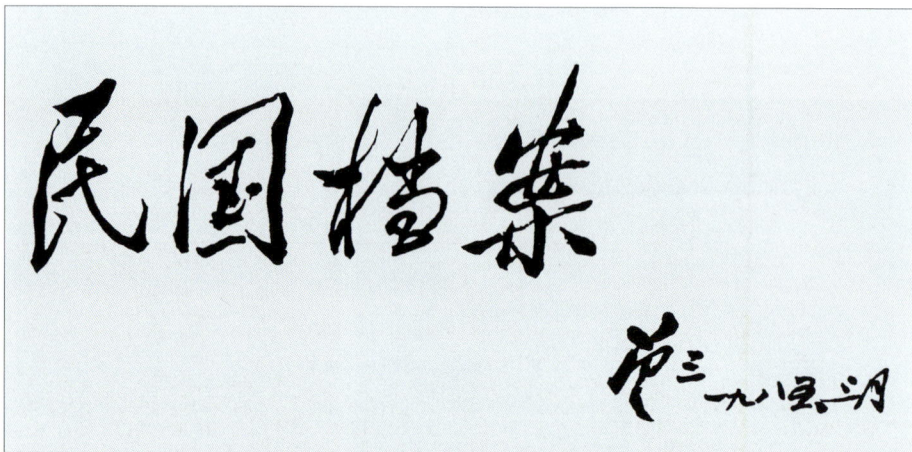

1985年3月，中共中央办公厅原副主任、国家档案局原局长曾三同志为本馆创办的《民国档案》题写刊名。

历年编辑出版的《民国档案》。

2012年10月21日，本馆副馆长唐全兴（中）接受原国民政府蒙藏委员会委员长关吉玉重要档案捐赠。

2019年11月8日，本馆副馆长曹必宏（右一）向捐赠其父陶耀鑫档案的台胞陶基强先生（左一）颁发捐赠证书。

2004年10月，本馆信息管理系统通过专家评审。

2004年11月，本馆外部网站开通。

全国民国档案目录中心纸质卡片目录库与工作流程图。

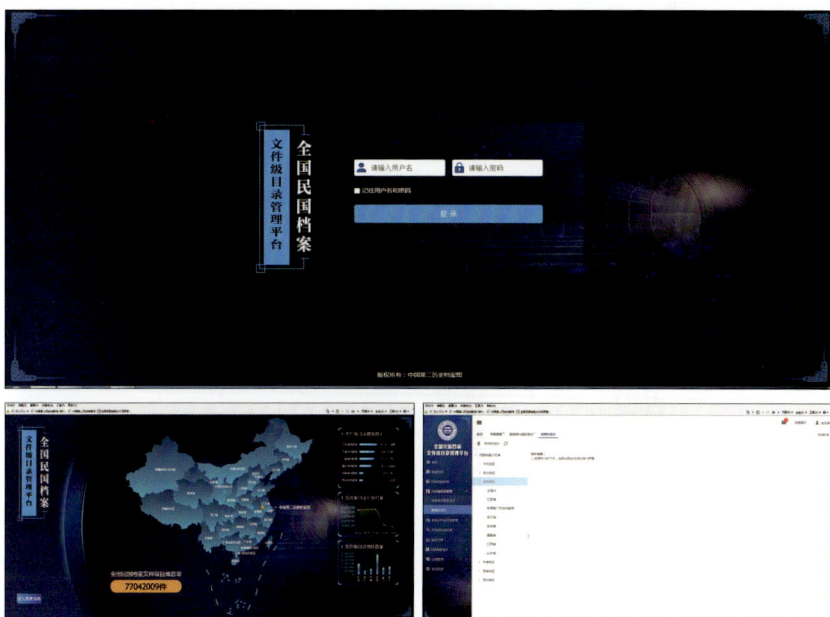

全国民国档案文件级目录管理平台。

全国民国档案文件级目录质检现场。

档案仿真复制。

1997年6月至7月，本馆举办"喜庆香港回归祖国档案图片展"。

本馆爱国主义教育基地展览免费向社会公众开放。

　　2014年12月，本馆在台北举办"孙中山档案文献特展"，中央档案馆国家档案局副馆局长胡旺林（右五）、本馆馆长翟玉霞（右四）出席开幕式并剪彩。

　　2015年8月10日，本馆与南京市文化广电新闻出版局共同主办的"中国战区受降档案史料展"在南京开幕，本馆副馆长马振犊（左二）出席活动并致辞。

2017年10月，本馆与香港特别行政区政府康乐及文化署联合主办的"字里行间——档案中的孙中山"展览在香港开幕，本馆馆长马振犊（左一）出席开幕式并致辞。

2003年4月21日，国家档案局主持召开本馆承担的《纸质民国档案数字化转换的工艺、管理技术及相关技术要求》课题研究成果鉴定会。

2015年9月，本馆在西安举办"历史档案修复与保护学术研讨会"。

　　2017年11月，本馆与国家档案局档案干部教育中心在南京联合举办"档案修裱技术理论与实践培训班"。

1987年10月，本馆与南京中华民国史研究会、中国社会科学院近代史研究所、南京大学、江苏省社科院、中国现代史学会联合举办"民国档案与民国史学术讨论会"。

2005年5月，本馆举办"档案与抗战史研究学术研讨会暨《民国档案》创刊20周年纪念座谈会"。

2015年7月，本馆在长春举办"民国档案与抗日战争研究学术研讨会"，图为"《民国档案》创刊30周年作者·编者·读者座谈会"现场。

2020年11月，本馆在南京举办"《民国档案》创刊35周年暨民国史学术研讨会"。

2021年5月，本馆《民国档案》杂志社与山东大学历史文化学院在济南举办"首届'档案与民国史研究'学术讨论会"。

2013年5月，本馆在海口举办"全国民国档案目录工作研讨会"。

2015年5月，本馆在南京举办"海峡两岸档案数字化工作学术研讨会"。

2018年3月，本馆承担的2017年度国家社科基金重大项目《国民参政会档案文献整理与研究（1938—1948）》开题报告暨工作研讨会在南京召开。

2019年3月，本馆承担的2018年度国家社科基金重大项目《中国远征军档案整理与研究》课题开题论证会在云南腾冲举行。

本馆已成为国内众多高等院校教学实习基地。

2010年7月20日，本馆与南京市档案馆、共青团南京市委联合主办第四届"牵手历史，感悟未来"档案夏令营。

2017年6月9日，本馆举办首个"公众开放日"。

2016年，本馆新馆建设筹备工作取得实质性进展。6月8日，本馆副馆长戚如高（前排右一）与南京市南部新城管委会常务副主任黄颖（前排左一）签署新馆建设项目框架协议书。

2020年12月，中直管理局、南京市委市政府在南京召开本馆新馆项目基础工程施工动员会。

本馆新馆正面效果图。

本馆新馆俯瞰图。

四、海峡两岸交流

1988年10月24日，台湾《自立报》副总编吴戈卿（右三）、记者宋自强（左二）来馆访问。

1988年12月9日，台湾《联合报》记者王震邦（右）来馆访问。

　　1988年9月27日，本馆副馆长万仁元（中）会见来访的原台湾"中国文化大学"黎东方教授一行（右三）。

　　1989年8月9日，本馆副馆长赵铭忠（左二）接待台湾中研院近代史研究所张玉法研究员（右一）来馆访问。

2010年10月25日，台湾蒋经国基金会董事长毛高文先生（右三）率团访问本馆。

　　2011年3月28日，中国国民党中常委何庆纹为团长、国民党中常委颜婵娟为顾问的中国国民党青年工作委员会总会暨青年论证联盟"辛亥革命百年访问团"访问本馆。

2005年5月20日，台北孙中山纪念馆狄德荫副馆长访问本馆，在特藏档案陈列室题词。

2011年9月14日，中国国民党荣誉主席连战（左三）一行参访本馆，并与中央档案馆国家档案局副馆局长段东升（左二）、本馆馆长杨永建（右二）等合影留念。

2014年2月28日，台湾政治大学校长吴思华（右四）一行访问本馆。

　　2011年5月，本馆副馆长唐全兴（左三）一行赴台北出席"第23次孙中山、宋庆龄纪念地联席会议"。

五、国际交流

1985 年6月3日，本馆副馆长施宣岑（右一）接待来馆访问的意大利档案代表团参观访问。

1991年5月13日，本馆副馆长赵铭忠(右三)会见来访的国际档案理事会执行主席凯斯凯姆蒂（中）一行。

1997年9月5日，英国友人阿南德先生（左二）向本馆赠送孙中山伦敦蒙难文献资料复印件。

1999年8月16日，本馆馆长周忠信（右一）率团访问英国国家档案馆，向对方赠送孙中山手迹"博爱"复制件。

2002年12月，本馆馆长周忠信（中）率团访问新加坡国家档案馆。

　　2004年5月23日至25日，老挝总理府档案馆馆长汶坎·洛苏提冯（左六）一行访问本馆，本馆馆长杨永建（左七），副馆长王道智（左五）、马振犊（右六）、唐全兴（左二）会见老挝同行并合影留念。

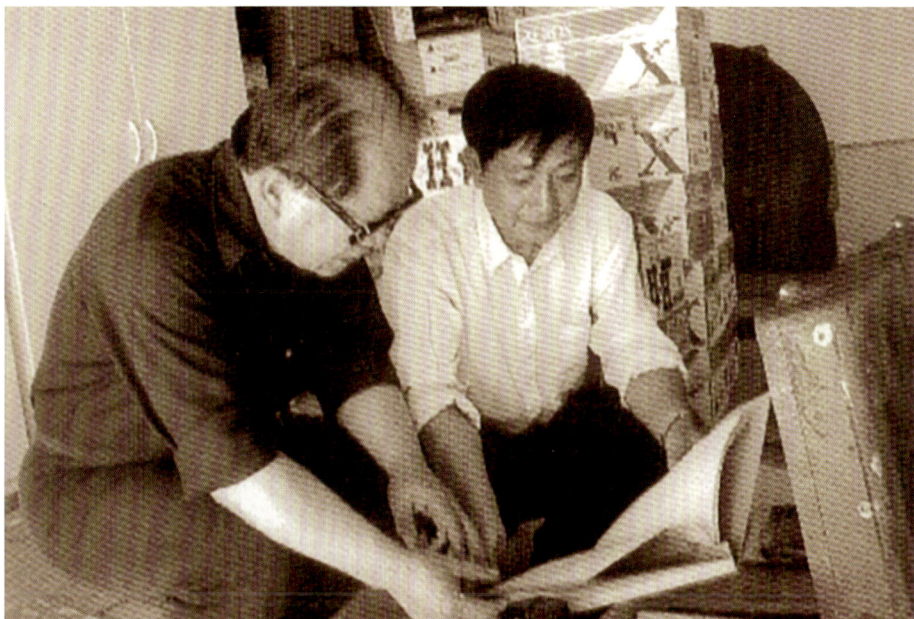

2004年11月，本馆副馆长王道智（右一）等赴美国征集民国时期外交官郭泰祺档案。

2005年5月，美国密歇根大学本特利历史图书（档案）馆代表团访问本馆。

2006年2月28日，本馆副馆长马振犊（右）会见英国里兹大学当代中国研究所所长费立民教授。

2007年3月，本馆副馆长马振犊（左二）率团访问美国斯坦福大学胡佛研究所。

2007年3月24日，美国斯坦福大学胡佛研究所副所长Richard Sousa（中）一行访问本馆，与本馆馆长杨永建(右三)、副馆长马振犊(右二)等合影。

2008年3月28日，本馆副馆长曹必宏（右）会见来访的日本国立公文书馆亚洲历史资料中心信息专门官森川博文。

2008年5月9日，斯洛文尼亚共和国档案馆馆长马蒂斯·科索尔（左）访问本馆，向本馆赠送纪念品。

2009年8月，国家档案局主办的"中美档案工作座谈会暨赴美培训项目成果交流会"在本馆举行。

　　2010年9月，本馆副馆长曹必宏（左二）率团赴瑞士日内瓦联合国欧洲办事处图书馆档案部，征集有关李顿调查团及九一八事变档案。

　　2010年11月22日，本馆副馆长曹必宏（右三）会见以蔡炳彧责任研究员（右四）为团长的朝鲜民主主义人民共和国文献局代表团。

　　2013年6月，本馆组团赴美国和加拿大征集档案。图为代表团在加拿大国家图书档案馆查阅中加关系相关档案。

　　2013年9月，本馆组团赴英国、瑞典征集档案。图为馆长翟玉霞（右三）向《傅秉常日记》捐赠者傅铱华女士（左三）颁发证书。

2014年5月19日，世界记忆工程国际咨询委员会专家来馆考察馆藏南京大屠杀有关档案资料申报《世界记忆名录》事宜。

2014年7月，本馆组团赴日本、韩国征集民国档案，调研档案数字化工作。

2014年9月，本馆组团赴美国、加拿大征集民国档案，调研馆库建设。

2014年12月17日，本馆馆长瞿玉霞（右四）会见俄罗斯外交部历史文献司司长库兹涅佐夫（左二）。

2015年4月16日，波兰共和国国家档案馆代表团来访。

2015年10月，本馆组团赴法国、意大利征集民国档案，考察档案保护技术和馆库建设。图为代表团在意大利外交部档案馆查阅中意外交档案情形。

2015年10月，本馆馆长翟玉霞（左三）率团赴俄罗斯征集民国时期有关档案。

2016年9月，本馆馆长翟玉霞（中）率团赴德国、瑞士征集民国档案，考察档案保管保护和馆库建设情况。图为代表团在苏黎世联邦理工学院现代历史档案馆查阅抗战档案情形。

2016年11月，本馆馆长马振犊（左四）率团赴巴西、智利、阿根廷，开展档案征集工作。

2017年3月24日，本馆馆长马振犊（左三）与来访的美国斯坦福大学胡佛研究所魏肯博士一行合影。

2018年10月19日，出席第六届东亚史料研究编纂机构联席会议的日、韩两国代表访问本馆。

后　记

2011 年，在本馆成立 60 周年之际，"为回顾 60 年来二史馆各项工作和取得的成绩，讴歌几代'二档'人艰苦创业、甘于奉献的精神，总结民国档案事业在各个历史时期发展变化的特点和规律，为今后的各项工作提供借鉴和参考"，我们编撰了《光辉历程——中国第二历史档案馆 60 年》一书。该书正式出版后，受到档案界、史学界特别是本馆离退休老同志的广泛好评。弹指一挥间，又是 10 年过去了，为了全面展示 70 年来特别是党的十八大以来，在习近平新时代中国特色社会主义思想的指导下，在中央办公厅、中央档案馆国家档案局的正确领导下，民国档案事业取得的新成就，馆长办公会决定对该书进行修订，增补最近 10 年的相关内容，并对原书中存在的不足进行修正。

本书的作者，以原作者为主，考虑到一些原作者已经退休或工作岗位调整，对新增加内容不太熟悉，因此，我们又增加了一批新作者。新、老作者对原书做了较大的修改和补充，原书中 "档案管理现代化"部分由新作者重写，并改为"档案信息化建设"。同时，考虑到进入 21 世纪后，特别是近 10 年来，本馆与国外档案界、史学界交流越来越多，本书增添了"海外交流"的内容。

本书修订过程中，得到馆领导和各部门的大力支持。马振犊馆长为本书撰写了前言，并审阅了全书；本书除选用了原书中由曹必宏、孙秋浦、王志良、邹素珍选编的照片外，办公室罗娟、徐延誉、石慧、陈宇及信息化处的吴永涛等同志，又为本书补选了不少照片；研究室蒋梅承担了与作者和出版社编辑的联系、协调工作；九州出版社副总编辑张万兴先生和责任编辑姬登杰先生，为本书的出版付出了巨大的辛劳。在此，谨向他们及所有为本书的编撰、出版给予帮助和支持的同志们表示最衷心的感谢！

本书力图全面、翔实地记录二史馆70年来发展壮大的奋斗历程，为后人留下一部值得借鉴的信史，但由于资料搜集不易，编撰者能力和水平有限，遗漏、不足乃至舛误之处在所难免，敬请各位领导、同仁和离退休老同志批评指正。

曹必宏

2021 年 6 月

图书在版编目（CIP）数据

光辉历程：中国第二历史档案馆 70 年 / 曹必宏主编 .
—北京：九州出版社，2021.8
ISBN 978-7-5225-0312-7

Ⅰ . ①光… Ⅱ . ①曹… Ⅲ . ①中国第二历史档案馆—
工作—史料 Ⅳ . ① G279.297

中国版本图书馆 CIP 数据核字（2021）第 148554 号

光辉历程：中国第二历史档案馆 70 年

作　　者	曹必宏　主编
责任编辑	张万兴　姬登杰
出版发行	九州出版社
地　　址	北京市西城区阜外大街甲 35 号（100037）
发行电话	(010)68992190/3/5/6
网　　址	www.jiuzhoupress.com
印　　刷	鑫艺佳利（天津）印刷有限公司
开　　本	720 毫米 ×1020 毫米　16 开
印　　张	27
字　　数	366 千字
版　　次	2021 年 8 月第 1 版
印　　次	2021 年 8 月第 1 次印刷
书　　号	ISBN 978-7-5225-0312-7
定　　价	298.00 元

1951-2021